映画に見る近代建築

［デザイニング・ドリームス］

D・アルブレヒト＝著
萩 正勝＝訳

DESIGNING DREAMS

Modern Architecture in the Movies

DONALD ALBRECHT

DESIGNING DREAMS
Modern Architecture in the Movies
by
Donald Albrecht

Published 2008 in Japan
by Kajima Institute Publishing Co., Ltd.
Japanese translation rights arranged
with Donadio & Olson, Inc.
through Japan Uni Agency, Inc., Tokyo.

映画に見る近代建築——デザイニング・ドリームス　目次

はじめに……1
序章……7
第一章　新しい建築の誕生……21
第二章　第七の芸術を建てる……57
第三章　先頭に立つヨーロッパ……69
第四章　ハリウッド無限会社……119
第五章　現代の神秘……169
エピローグ……249
訳者あとがき……261

はじめに

一九二〇年代と三〇年代の近代建築の映画セットを調査した本を書こうというアイディアは、一九六〇年代後半、ニューヨークの近代美術館の建築・デザイン部の部長ルードウィッヒ・グレーサーに始まったといえる。グレーサーは美術館の広範囲なファイルの建築写真と、膨大なコレクションの映画スチールとを比較することから始めることを提案した。そうすれば、あの不況時代の建築家や専門の歴史家が提出した公式の評価だけでなく、その時代に映画をポピュラーな芸術に仕立てた一般大衆の見方も考慮に入れた近代建築の新しい解釈を示唆できるのではないかと考えた。グレーサーの仮定は、しかし、一九七八年末、私が彼と美術館のミース・ファン・デル・ローエの資料室に志願して働くようになった直後まで、検証されることがなかった。彼の刺激的アイディアに私は夢中になり、私の建築家の目を子供のときからの情熱だった映画のデザインに向けるという期待にも、同様に夢中になった。

つぎに、数カ月にわたって私たちがこの広い主題を、焦点を決めた計画案に絞り込んでいくあいだに、私の探究をつぎつぎと深めていくことになる多くの疑問を生んでいった。映画製作者は映画のセットに近代建築の視覚的な特徴のどの部分を採用していったのか。その選択をさせたのはどういう要素だったのか、映画のデザイン美学だったのか、映画製作の経済面だったのか、テクノロジーだったのか、それともファッションだったのか。近代建築のセットとある種の映画のジャンル、プロット、キャラクター・タイプとのあいだに関係があったのだろうか。近代建築の映画セットはもっぱら映画のために時折デザインする近代建築家の努力の賜物であったのか、あるいは近代建築運動の建造物やイデオロギーを全然知らずに、映画に近代的セットを制作した一群の撮影所づきの映画デザイナーがいたのであろうか。これらの疑問に答えようとする私の努力の結果と、私の研究がもたらしたもっと数多くの疑問の集約が、本書『映画に見る近代建築――夢をデザインする《デザイニング・ドリームス》』である。

本書を構成するのに、私は後の章ほど素材をより深く読むような形にすることを選んだ。序文は本書の主題を一般的に述べ、それから時代の典型的な映画である"What a Widow!"(邦題『陽気な後家さん』、一九三〇年)の中にその主題が、どのように展開されているかを検討する。続いて第一章では一九二五年から三九年までの近代建築小史を述べる。第二章では一九二〇年代の半ばにデザイナーがモダニズムを採用する以前の映画装飾を概観する。第三章、第四章は、時代に従って一九一六年から三九年のあいだを四つの時代に分ける。第一段階、発展、流行、および映画における近代建築の没落である。これらの章は客観的であり、記述的であって、デザイナー自身に関していつ、どこで働くか、なぜスクリーンにモダニズムを採用したか、装飾はどのように見えたか、について述べている。

第五章は九つの特殊な型の近代映画装飾を検討し、主観的に映画製作者が近代建築に与えた意味づけを調べる。これらの意味づけが、その時代の大衆文化の個々の局面にいかに反映したかを述べている。エピローグは映画に見られる近代建築の最盛期の一〇年後に封切られた一本の映画のケーススタディーである。"The Fountainhead"(一九四九年、邦題『摩天楼』、一九五一年)は映画のモダニズムのもっともよく知られた例であるが、皮肉にもまったく成功しなかった例であった。この失敗は、なぜ先駆者らが成功したかに光を当てている。

本書を通して私は三つの基準によってセットのデザインを分析した。その主なものはセットのもつ建築的な質――そのセットのデザイナーが特筆すべき空間や形、劇的な照明、印象の強い平面やテクスチュアをつくり出しているか――であるが、またセットが映画の主題を具現化し、その性格を明確にし、心理的なニュアンスの裏づけとなる種々の方法を見ることにした。最後に、セットが質の高いデザインと表現の豊かさがいかに結合し、観客にとってのこの世の文化イコン、つまり共同幻想に化することに成功しているかどうかを見極めようと試みた。

この本は資金調達、調査、執筆、編集、出版に、私が考えてもみなかったほど長くかかり、八年という年月を費した。しかしながら、生涯もの書きを続けるには十分なほど、頭が良く学識もあり寛大な人たちと知り合ったという幸運を私にもたらした。その第一の人はなんといってもルードウィッヒ・グレーサーであって、師であり友である。近代美術館映画部の優れたスタッフ、とくにメアリー・リー・バンディーとロン・マリオッツィに感謝している。美術館出版部と建築・デザイン部、とくに部長のアーサー・ドレクスラーとメリー・ジェーン・ライトボウンにも感謝している。故マルガレータ・エイカーマークは、私の必要とした映画文書庫との大切な接触の機会をほとんどつくってくれた。彼女ほど本書を世に送り出すのに役立った人が、本書の完成を見ずに亡くなったことは誠に残念である。

絶えざる助力と時間を提供してくれたのはつぎの人々である。

(ニューヨーク) リー・キアラモント、ウィリアム・エバーソン、ジョアン・グリーンスパン、ブライアン・ホッチキス、デアードル・ハッチンス、リチャード・コスザルスキ、ジェイ・レイダ、ウィリアム・ラッキイ、ホーリー・マクニーリー、トーマス・ネーヴィン、ジュディス・リックマン、ジャニス・ラッセル、エリオット・ステーン

リンカーン・センターのパフォーミング・アーツ・リサーチ・センターとコロンビア大学アヴェリ・アンド・バトラー図書館のスタッフ

(ロスアンジェルス) 故ポーラ・アーメル、ヘンリ・バムステッド、エドワード・カーファァニ

ヨ、ウルサラとジャン・ド・スワート、エリカ・エドワーズ、トーマス・S・ハインズ、ハリー・オーナー、ウィリアム・ハバード、ユージン・ローリー、ジョン・マンズブリッジ、アル・ノザキ、ハーバード・ナスボーム、ボニー・ロスバート、デーヴィド・シェパード、マーク・ワナメーカー、マイケル・ウェッブ、ライル・ウィホーラー、エリック・ライト、モーリス・ズベラーノ

フィルム文書庫のスタッフ、シアター・アーツ・コレクション、ロスアンジェルスのカリフォルニア大学デパートメント・スペシャル・コレクション、アカデミー・オブ・モーション・ピクチャー・アーツ・アンド・サイエンスのマーガレット・ハーリック図書館スタッフ、南カリフォルニア大学デパートメント・オブ・スペシャル・コレクション

（ウィスコンシン州マディソン）ウィスコンシン州立歴史協会のスタッフ、ウィスコンシン大学フィルム・アンド・マヌスクリプト・アーカイブ

（サンタ・バーバラ）カリフォルニア大学スタッフ

（ワシントンＤＣ）議会図書館の映画課のスタッフ

（パリ）ダイアン・オカーラン・アクタン、故ロッテ・アイスナー、メアリー・メールソンシネマテーク・フランセおよびビブリオテーク・ナシオナルのスタッフ

（ボア・ダルシー）サントル・ナシオナル・ド・ラ・シネマトグラフィ、セルビス・デ・アルシーブ・デュ・フィルム

（ロンドン）ステファン・ベイリー、ケヴィン・ブラウンロウ、パトリック・ダウニング、およびブリティッシュ・フィルム・インスティテュートのスタッフ

（南フランス）アンヌとマーク・カンデルマン

（ベルリン）アルフレッド・クラウツ、ヤン・シュリュバッハ

ドイッチュ・キネマテークのスタッフ、バウハウス・アルヒーフ、シュタトリッヒェス・ア

ルヒーフ・デア・DDS
（コブレンツ）連邦文書館のスタッフ
（ワイスバーデン）ドイツ映画芸術研究所のスタッフ
（ローマ）ジョイス・ジョンソン、マリオ・ヴェルドーネおよび国立映画ライブラリーのスタッフ
（ブリュッセル）シネマテーク・ド・ベルジーク

『夢をデザインする』は潤沢な資金なしには研究も出版もできなかったであろう。ザ・グラハム・ファウンデーション・フォー・アドバンスド・スタディーズ・イン・ザ・ファイン・アーツはカーター・マニーの指揮下に執筆段階を支えてくれた。デザイン・アーツ・ディヴィジョンおよび芸術に関するニューヨーク州議会の下でザ・ナショナル・エンドウメント・フォー・ジ・アーツはジ・アカデミー・オブ・エデュケーショナル・デベロップメントを通じて研究を支えてくれた。そして最後にアーモンド・バートス夫妻のパインウッド・ファウンデーションは二度にわたりプロジェクトを助けてくれた。一度目はヨーロッパ全土にわたる調査の旅のために、二度目は出版に際して、本を質の高いものにするために必要な資金を与えてくれたのである。

私のエージェント、カンディダ・ドナディオ・アンド・アソシエイツのエリック・アッシュワースおよびハーパー・アンド・ロウの編集者リック・コットに感謝する。彼らは近代映画の、デザインに対する情熱と、優れた映画建築家に対する敬意について、本にすることを実現させてくれたのである。

●収録掲載図版・写真クレジット

Academy of Motion Picture Arts and Sciences (78, 91, 127, 133); American Museum of the Moving Image, Stanley Cappiello Collection (120); Mrs. André Barsacq (139); Bibliothèque Nationale (39, 46, 51, 53); Cheseley Bonestell (158); The British Film Institute (38, 49, 50, 62, 65, 113, 154, 156, 157); Chicago Historical Society, ICH, #19855 (21); Chicago's Museum of Science and Industry (22); Cinémathèque Française (40, 41, 43–45, 47, 48, 54–56, 115, 130); Joseph Urban Collection, Rare Book and Manuscript Library, Columbia Library (37); Mrs. Anton Grot (102, 103); The Kobal Collection (99, 112, 126, 144, 153); John Mansbridge (109); Metro-Goldwyn-Mayer Corporation (76, 95, 97, 98, 105, 114, 117, 122, 123, 132, 136, 159–163); The Museum of Modern Art (10, 12–14, 16, 17, 19, 60, 64, 92, 93); The Museum of Modern Art Film Still Archive (27–30, 32, 36, 42, 57, 75, 84–86, 89, 90, 94, 96, 110, 111, 116, 125, 128, 131, 137, 141–143, 145 (courtesy RKO General), 146, 148–151); The Museum of The City of New York (23–25, 147); Mrs. Paul Nelson (1–6, 140); Billy Rose Theatre Collection, New York Public Library at Lincoln Center, Astor, Lenox, and Tilden Foundations (124); Paramount Pictures Corporation (118); The Rank Organisation (108); The Royal Film Archive of Belgium (34); Sevenarts Ltd., London (88); Elliot Stein Collection (118); Dr. Franz Stoetner (155); Ezra Stoller © ESTO (26); Architectural Drawing Collection, The University of California at Santa Barbara (79); University of Southern California, Archives of Performing Arts (121); David O. Selznick Collection, Harry Ransom Humanities Research Center, The University of Texas at Austin (101, 129); Wisconsin Center for Film and Theater Research, University of Wisconsin at Madison (134); Richard Wurts (18).

●その他の図版・写真出典資料

Architecture (35); *Architettura* (73, 74); *Art & Politics in the Weimar Period: The New Sobriety, 1917–1933,* by John Willett. London: Thames & Hudson, 1980 (106); *Bianco e Nero* (31, 104); *California Arts and Architecture* (87); *Casabella* (69–72); *Country Life* (119); *Creation Is a Patient Search,* by Le Corbusier. New York: Praeger Publishers, 1960 (7, 11, 15); *The Decorative Thirties,* by Martin Battersby. London: Studio Vista, 1971 (138); *The Decorative Twenties,* by Martin Battersby. London: Studio Vista, 1961 (8); *How to Live in a Flat,* by K. R. G. Browne and W. Heath Robinson. London: Hutchinson, 1936 (107); *Progressive Architecture* (20); *Realites* (9, 52); Staatliches Filmarchiv der DDR (33, 68, 135); Stiftung Deutsche Kinemathek (59, 61, 63, 66, 67); Charles L. Turner Collection (58).

●日本公開スチール・フィルムの邦題出典

『日本公開 アメリカ映画総目録 一九〇八－一九四一(上)』畑暉男・和久田一・石田泰久編著、映画史研究会発行、㈱キネマ旬報社発売、一九七八年
『日本公開 アメリカ映画総目録 一九〇八－一九四一(下)』畑暉男・和久田一・石田泰久編著、映画史研究会発行、㈱キネマ旬報社発売、一九七九年

(財団法人 川喜多記念映画文化財団 所蔵資料より)

序章

二〇世紀の初めの数十年に近代建築家は歴史的にあまり前例のない新しい建築様式を生み出した。彼らの建築の際立ったところは、流れるようなのびのびした空間、奔放にして抽象的な形態、工場生産の材料の思い切った利用、人工照明をデザインの刺激的な要素にしたことなどである。国際的アヴァンギャルドのモダニストたちは産業社会での建築の新しい役割を定義した。イデオロギー的にはそれは元気よく楽観主義とユートピアを推し進めるものだった。「こうして我々のつくった環境は新しい文化をもたらすに違いない」[注1]と評論家ポール・シアーバートは言ったが、その言葉は多くの人に、これこそが近代主義運動だと思わせるものだった。

一九二〇年代と一九三〇年代を通してモダニズムを広めるのにいろいろな要素が役に立った。建築家自身が今までにない熱の入れ方で書物や宣言や展覧会で宣伝しただけでなく、他の分野の芸術家も新しい様式の特性を使い始めた。小説家と劇作家は超近代的なペントハウスで高尚なコメディーやドラマを上演した。ファッション写真家は豪華な外洋定期船でスナップショットを撮った。漫画家は未来都市の上空を飛んでいくスーパーマンを描いた。モダニズムの単純な表面・線・平面は、クライスラーの車といわず、シャネルの衣裳を着た『ヴォーグ』誌のモデルといわず、なによりも優雅さを引き立て、理想的な装飾豊かな背景となった。

しかし近代様式を楽しみ味わうことはグラフィックな価値にとどまっていなかった。一九世紀末に生まれた世代の多くの人々は近代様式をヴィクトリア様式や親の代のインテリアのもつうるささの解毒剤として歓迎した。彼らにとってモダニズムは、デザイン上の味わいのほかに

注1 "Glass Architecture," in *Glass Architectue; Alpine Architecture*, ed. Dennis Sharp, p.41. (London: November Books, 1972)

も、新しい建物の中で生活し、働き、楽しむことで得られる束縛されない人生の出直し点となり、雄たけび、目印しとなった。モダニズムは魅惑的でもあった。一九二〇年に銀行家ガイ・エマーソンが宣言したアメリカ企業の「ニューフロンティア」に始まり、一九二〇年代のドイツの芸術の「新客観主義運動《ノイエ・ザッハリカイト》」、建築家ル・コルビュジエが推し進めた「エスプリヌーヴォー」、フランクリン・ルーズベルト大統領の「ニューディール政策」にいたるまで、まさにモダニズムは「新しい」からであり、生活のあらゆる面であまりにも多くの人が新しさに夢中になっていた時代の、考慮に値しないとはいいきれない属性だったからである。

　大衆芸術が建築のモダニズムを採り入れたことは、二つの注目すべき効果を生んだ。第一に大衆芸術が近代様式を一般大衆に売り込むことに成功し、より近づきやすく、味わいやすくしたことである。もっと大事なことは、建築のための有力な図象学をつくるのに役立ったことである。つまり「モダン・ルックス」を同じ背景で、媒体を通じて何度も見せることは、必ずしも政治的信念と繋がるのではなく、生活の裕福さと趣味の上での進歩主義とに繋がってくるということである。

　映画を媒体にして建築のイメージを見せるのにもまして、有効でよく使われる手段はなかった。今世紀前半にとった映画の観客数の統計では、新しいデザインのコンセプトを推進する大事な手段として、映画は展示会に勝るとはいえないまでも、匹敵する力を示している。一九三九〜四〇年のニューヨーク世界博が一八カ月のあいだに四五〇〇万の入場者を引き寄せたのに、近代美術館の近代建築国際展が一九三二年にニューヨークで催されても、たった三万三〇〇〇人しか観に来なかったことを考えてみるがよい。(この国際展はアメリカ合衆国にとって新しい建築の定義に役立ったのである。)そして第一次世界大戦後間もなくシカゴのセントラル・パークのような一地区の映画館が商売を始めて一年目に七五万人もの観客があったことを考えよう。一九三九年までに、アメリカ中の一万七〇〇〇の映画館の一週間の観客数はなんと八五〇〇万だったが、七年後、ハリウッド物が米国内でもっとも入りの良かった年には映画観客数は九八〇〇万に達した。

新しい二〇世紀建築の魅力は、二〇世紀のもっとも新しい芸術の製作者にとっては、他の視覚芸術家にとってと同様、また多くの同じ理由から、抗しがたいものであった。モダニズムは斬新性、豊穣性および革新性に加えて、審美的な立場からも映画製作者にとって魅力があった。つまり近代建築と同じく、映画のデザインはもともと空間・光・動きといった要素をうまく組み合わせることにあった。シネマが膨大な観客に振るう絶大な影響力に気づいた映画のプロデューサー・監督・スター・美術監督たちは、建築の実験を促すように映画美学を発展させることができた。映画のデザイナーたちは、建物の映画セットを屋内のサウンドステージの上につくるのに、建築家が免れない構造とか経済性とか天候の制約から解放されて、勇んで奇想天外なデザインを試みるようになった。

一九二〇年と三〇年代の映画製作者が近代建築をシネマに使い出したことは、見た目にうっとりするような舞台装置を提供しただけでなく、映画ファンに社会の営みを楽観的に見るようにしむけた。第一次大戦と第二次大戦のあいだの大衆映画にはやったように、サウンドステージ上に建てられた様式化した建築を撮影することで、映画製作者は、未来の人生には夢にさえ見たこともない可能性と生き方があるかもしれないという観客の期待以上のものを追求した。当時の映画ファンの大部分が共通にもっていた上層志向の熱い願いは大不況による深刻な経済危機でさらに強いものとなった。にわか景気の一九二〇年代に目先のきかぬアメリカの投資家が無視した不吉な金融不安は、ついに一九二九年一〇月二九日のニューヨーク証券取引所の崩壊でその極に達し、六カ月以内に四〇〇万のアメリカ人が失業した。二年も経たぬうちにその数は倍増し数多くの人が食料を無料食堂に頼り、フーヴァー・ヴィル（フーヴァー米大統領の大恐慌時代、都市のはずれなどに建てられた失業者収容住宅地区）に寝に行かなければならなかった。合衆国が海外投資を引き上げ始めた後、ヨーロッパもまた大恐慌の被害を被った。

この荒涼とした現実に比べ、多くの映画館の中で見られる高揚した豪華版の現実の魅力が明らかになった。本書で論じる映画に登場する人物たちの社会的地位はまちまちである。つまり成功の梯子を上ろうとする野心的なセールスマンでも秘書でもよかった。シンデレラ物語は、誰でもがファッションモデルや純情女優に、プレイボーイや大立物に、つまり貧乏人から金持ちになれると約束してくれる。こうしたわけで近代建築は新たに手に入れた裕福さのお決まりの背景となった。ペントハウス、ナイトクラブ、重役のマンション、豪華客船などは成功した者の役得であり、多くの映画ファンのきびしい生活からはるかにかけ離れた夢の住まいであり、快楽の宮殿であった。

本書では主として、一九二〇～三〇年代の映画のセットの建築デザインに実現された大衆の夢と、同じ時代の近代建築家の図面や書きものに現れたユートピア観とを比べてみようと試みた。近代主義者のユートピアは、良いデザインは、主として伝統的にその恩恵を受けてきた上流階級だけのものではなく、すべての人の手に届くものであるべきだという平等主義者のユートピアであった。普通の人は衛生的な家に住み、日当りの良い工場で働き、塵一つないヘルスクラブで運動したいだろう。映画製作者は反対に、世間に同調しない金持ちのユートピアをつくり出した。大衆映画の多くは、労働者の集合住宅の代わりにデラックスなヴィラや屋上マンションを、工場の代わりに産業界の大物資本家の重役室を、スポーツクラブの代わりにきらびやかなナイトクラブを大々的に描いた。近代主義者の運動のアイロニーの一つは、二〇世紀のもっとも偉大な平等主義的視覚芸術であるシネマが、近代建築家の共通の議題を採り上げながら、それをセルロイド・ウェルシー（成金）だけが楽しめる特権のファンタジーに変えてしまったことであり、同時に、建築家が伝えようとした、社会のもっとも広い階層からなる観衆に平等主義のメッセージをまき散らしたことである。他のどの視覚媒体にもまして、映画は、観客が多いのと文化全般に影響を与えるおかげで、建築のモダニズムを一般にもわかるようにしていくのに役立った。

こうして一九二〇~三〇年代のシネマは近代建築についての挑発的な新しい展望を提供すると同時に、どのようにして大衆文化が芸術における革命的ヴィジョンと同化していくかの例外的なケーススタディをも提供している。近代主義運動一派の書いた近代建築に関する現代史と異なって、本書は、近代建築運動に直接かかわった専門家ではなく、それゆえ近代建築家がその様式を推進するのに使った雑誌や書物や展覧会を経由した二次的資料を用い、美術監督が描いたモダニズム像を提供するのが目的である。最後に、この考察はまたモダニズムが大衆に及ぼした影響を測定する。その大衆は、映画を通してモダニズム運動に触れてきたのである。しかもその映画は、モダニズム運動のもっとも先端的なイメージをまじめに採用すると同時に、近代建築家が一度も意図したこともなく、おそらくは心に描いたこともないイメージに基づく考えを常に採用してきたのである。

大不況期の一九三〇年に製作された典型的なハリウッドの長編映画、"What a Widow!" はアラン・ドゥワンが監督した作品だが、映画における近代建築のストーリーのためのパラダイムを提供し、本書の主要テーマの若干を提起している。

"What a Widow!" の最初のシーンはアメリカの金持ちのタマリンド・ブルックスである。彼女の快活さと遊び心は時ならぬ彼女の夫の死で一時的に影がさすが、豪華船イール・ド・フランス号に乗りフランスに向かい、ふたたび人生を楽しんでいる。タマリンドの大西洋渡航のお供は国際的なプレイボーイ連中で、中には有名な弁護士ゲリー・モーガンとナイトクラブのダンサーのヴィクターがいる。タマリンドは航海中にたくさんの男客の恋心をかきたてる。しかしゲリー・モーガンが結婚を申し込むと断る。彼女は自由になったばかりなのだ。結局一行がパリに着くと、タマリンドはフーブージェ侯爵夫人から借りた超モダンな邸に人を呼び集める。スペイン人のバリトン歌手ホセとちょっとお遊びしてから、ゲリーと口喧嘩をして別れたあげく、ヴィクターと密会する。ヴィクターと一緒に一夜を過ごした後、タマリンドは意識を失い、目が覚めたとき、彼と深い仲になってしまったのではないかと誤解してしまう。女のたしなみを重んじる彼女はヴィクターとの結婚に同意するが、誤解がとけると、自分がずっと愛していたのはゲリーだったことに気がつく。ドルニエDO-X機でニューヨークに帰って二人は結婚する。窓の外には自由の女神とマンハッタンのスカイラインが映る。

この時代に、"What a Widow!" のヒロイン、グロリア・スワンソンほど活躍したスターはいない。一九二〇年代にスワンソンはフェアバンクス、ピックフォード、ヴァレンチーノ、そしてもちろん、チャップリンとともにアメリカ映画界に君臨した。これらのスターの熱烈なファンは、ハリウッド最新作の映画を見ようと大映画館に殺到しないときは、スタジオが出す大量の宣伝文句を読んで、スターの私生活のあらゆるディテールを追った。映画の神々である女優たちのうち、メアリー・ピックフォードはアメリカの素朴な恋人であって、たいてい単純であどけない少女役を演じ、実際の年齢よりも半分も若く扮した。そしてモダニズムでもシックな凝ったものでもない、昔ながらのセットで演技した。スワンソンは反対に、アメリカの「新しい女」であり、性的に解放された大胆なコスモポリタンであり、一番グラマーで、同時代のファッションのためのハリウッドの専属マネキンであった。

"What a Widow!" で演じた近代女性のように、スワンソン自身も近代デザインに門外漢ではなかった。彼女のスクリーン・イメージは大部分セシル・B・デミル監督のつくったものであった。デミルの一九二一年作 "The Affairs of Anatol"* は、しゃれのめしたウィーンのビールの泡のような映画だが、デミルはこの若いスターをヨーロッパのデザイナーであるポール・イリブの浮き浮きするようなデコールで飾った。イリブの曲がりくねって、自然からインスピレーションを得たようなアールヌーヴォー様式は一九二一年にはとっくに盛りをすぎてはいたが、

* 邦題『アナトール』

それでもこの映画はスワンソンにモダニスト芸術の傾向を手ほどきする役を果たした。一九二四年にスワンソンはエドワード・スタイケンの有名な写真のモデルになった。同じ年、ヨーロッパ旅行のあいだに、スワンソンは前衛芸術運動に触れ、ヨーロッパの一流建築家の奥さんたちを出し抜いて、パリの芸術家ソニヤ・デローネからキュービスト的なファッションを委託された。五年後、スワンソンが近代建築家ポール・ネルソン（図1）に偶然に出会ったことが、やがてつくられる"What a Widow!"への決定的一歩を彼女が踏み出すきっかけとなった。そのとき、ネルソンは親戚の者と一緒にロスアンジェルスのパテ映画社のスタジオを訪れていたのである。ネルソンの新しい建築に対する熱意は、スワンソン自身の近代デザイン熱を燃え上がらせた。彼女は、もしかしたら切符の売上げを増やすのに役立つと思ったのかもしれな

図1　ロスアンジェルスのパテ映画社のスタジオ（一九二九年頃）のグロリア・スワンソンとポール・ネルソン

い。しかし保守的なプロデューサー、ジョセフ・ケネディを納得させることは容易であろうはずはなかったから、非凡なスワンソンの努力なしには、ネルソンのデザインがアメリカのスクリーンに現れることはなかったろう。[注2]

"What a Widow!"の宣伝ビラに「パリのポール・ネルソン」と書き入れたのは威厳をつけるためだった。ネルソンはシカゴ生れの三四歳、プリンストン大学卒で、エコール・ド・ボザールで名高い建築課程を終えてからパリに住んでいた。エコール・ド・ボザールで堂々たる新古典主義様式に熟練したのであるから、アメリカで建築の仕事をすれば、成功間違いなしであったろう。当時のアメリカでは、一流の建築家もクライアントもフランス文化にのぼせ上がっていたからである。しかしネルソンはそれまでの保守的なトレーニングを拒み、その代わり前衛派のリーダーで、一九二〇年代にその才能を花咲かせたル・コルビュジエのモダニズム建築を唱えた。五〇年間、合理的デザインに徹したキャリアを通じて、ネルソンは、いくつかの病院の設計あるいは「空中に浮いた家」(メゾン・シュスパンデュー、一九三六〜三八年[注3])のような革新的なプロジェクトによって二〇世紀のテクノロジーを大胆に実験した。後者は、浮いた階段、中二階、それに穴のあいた金属の殻の中に彫刻が吊り下がっている多層住宅であるが、実際に建てられることはなかった。

ネルソンの"What a Widow!"のための建築はアメリカで施工された新しい建築のもっとも早い時期の例の一つといえるが、室内装飾の特徴はリチャード・ノイトラのロヴェル邸を模している。パテ映画社のスタジオからわずか数マイル北東にあって、ロスアンジェルスの医者で健康コラムニストのフィリップ・ロヴェルのために建てられたロヴェル「健康」住宅はハリウッド・ヒルズの急斜面上に劇的に漂い、出たり引っ込んだりするヴォリュームは工場製のきちんとしたガラスとコンクリートの皮膚に包まれている。ロヴェルのような先駆的なクライアントが選んだ冷たく厳格な様式は、所詮ヨーロッパ的現象だった。それに比べ、多くのアメリ

注2　一九八一年四月二八日フランスのフレジュスでのアンヌ・カンデルマンとのインタビュー

注3　Maison Suspendueの模型は近代美術館の建築デザイン部のコレクションにある。

カ人は一九二五年にパリで催された装飾美術展の影響を受けたフランボワイヤン様式で建てていた。というのはこれらの新し物ずきのアメリカ人は、第一次世界大戦のため、最新のヨーロッパ芸術の趨勢から締め出されていたので、キュービストの機械から霊感を得たイメージ(アールデコとして知られるようになる)のもつ装飾の魅力は無視できなくて、一九二〇年代末期にはアメリカの都市部のシックな商売用のスタイルとなった。

ネルソンが九カ月間“What a Widow!”にかかっていたあいだの様式デザインの実験は主としてル・コルビュジエの「建築の五つの要点」を手引としている。ル・コルビュジエは、これらの定式化を一九二六年に新しい建築言語のシンタックスとして公刊した。そして、従弟のピエール・ジャンヌレと一緒にパリ郊外のスタイン邸(一九二六〜二八年)とサヴォワ邸(一九二九〜三九年)にこれらの定式を採用し、輝かしい効果を上げた。ネルソン自身のデザインではル・コルビュジエの影響はタマリンドのパリ邸の広々としたリビングルームにとくに顕著である。それは曲線の独立壁でかたどられ、さらに金属チューブ製の家具群で仕切られている(図2)。リビングルームは壁なしで、同じように広々としたテラスに通じ、テラスは田園風景が見えるように高くなっている(図3)。ネルソンは独立柱をうまく使って、細い連続窓がファサードに切れ目なく続くようにした。

“What a Widow!”のセットに広々とした流れるような空間を使ったことは近代建築がもっとも顕著に役立った一例である。すなわち、映画の平らな二次元のスクリーンに三次元空間を生き生きと表現したのである。空間の奥行を出すことが映画建築の第一のチャレンジで、これは主にムーヴィーカメラの録画能力に限界があるからである。人間は奥行と広がりを両眼で見ることによって立体感を感ずることができる。しかしカメラにはレンズが一つしかなく、記録した映像を平板化するように思われた。セット・デザイナーはこの現象を補正するのに数々の光学的トリックを用いて、奥行があるように見せかける。もっとも簡単なトリックは壁とか

仕切り、あるいは大きな物を画面の前景に置くことである。これらの要素がフレームとして機能し、前景と後景との距離感が強くなる。同じく有効なのは偽りの遠近法を使うことで、これは遠くの物を前景に置く物より小さくつくり、見せかけの奥行をつくるのである。

このような視覚のいたずら以外に、セット・デザインをうまく扱えば、空間を暗示することができ、近代建築はとくにこの目的に適っていることがわかった。もう一度ネルソンのタマリンド邸のデザインを見てみよう。リビングルームの独立壁（図2）は空間を区切るだけではなく、見る人の目を仕切りに垂直な軸に沿って画面の背後に引きつける。右側のS字型の壁面の背後の戸口を通っても、左側の広い開口を抜けたテラスの上にも、背後の半円形の階段の周囲にも、このフレームの外側にさらに広がっている空間があることが暗示されている。音楽室（図3）では、ガラスの広がりはほとんど無限の奥行に向かって開放されている。

ネルソンの革新的な空間の使い方は人工照明の試みにマッチしていた。映画のセットには膨大な量の照明が必要である。スタジオの撮影では普通いろいろのワット数の照明器具（ときに一万ワットのものもある）が使われ、セットの天井を横に走るパイプに取り付けられている。ネルソンは照明の多くを、彼のデザインしたセット自体の造作にうまく取り入れ、セットを明るい光で満たした（図4）。この時代のほとんどすべての近代建築より、ネルソンの"What a Widow!"のデザインは、初期のモダニズムの理論家たちが予見していた光によって世界は変わるという夢を実現させた。例えば独創的な半透明のパネル、奥まった空間の照明、タマリンドのリビングルームの金属仕上げ、とくにネルソンのデザインした一本立ちのネオンの照明器具を考えてみよう（図5）。映画でのオリジナルであると同時に素晴らしい建築的な新機軸は、照明器具のチューブを使って背景の絵のキュービズムのプロフィールを再現していることである。ネルソンはピカソの絵「三人の音楽師」を拡大したレリーフ（図6）をハリウッドの彫刻家に注文してつくらせることもした。そのレリーフの重なった立体的な面を人工照明がさらに

図2　"What a Widow!"（一九三〇年）アラン・ドゥワン監督、美術監督ポール・ネルソン
図3　"What a Widow!"（一九三〇年）

図4　"What a Widow !"（一九三〇年）
図5　"What a Widow !"（一九三〇年）（下右）
図6　"What a Widow !"（一九三〇年）（下左）

明確にしている。

ネルソンはまた黒白映画に色彩を連想させる問題をこと細かに研究した。近代建築家たち自身も作品を宣伝するのに主として黒白の写真を用いたが、にもかかわらず実際の建物の材料には豊富な色彩を使うことができた。例えばミース・ファン・デル・ローエのバルセロナ・パヴィリオン（一九二九年）は展示用の仮設建物だが、主として黒白で撮った写真で有名になった。しかし建物自体はミースが使った緑の大理石、青緑のガラス、赤いカーテンでも同じくらい有名になった。しかしながら一九二〇〜三〇年代の映画のデザイナーは、撮影技術上から黒白が支配的であったから、映画の装飾で外観を豊かにするために贅沢に色を使うことには制約があった。この欠陥を除くために、映画建築家は大胆な黒白のモティーフ、白ばかりのデザイン、劇的な照明効果を贅沢という栄光を伝えるために使った。ネルソンは"What a Widow!"のセットに広い範囲の灰色と黒を使い、純白の代わりに空色を用いた。当時、純白はぎらぎら光るので撮影が不可能だった。つやのある素材とつや消しのものを並べたり、織物の隣に固形物を置いたりして、豊かで生き生きとした色調をつくり出そうとした。

"What a Widow!"はポール・ネルソンがデザインした唯一の映画セットで、ネルソンはハリウッドでもフランスに帰国してからも、さらに映画の仕事を続ける気はなかったようだ。彼が去ったことはハリウッドの近代的な映画装飾の終わりを告げる以上のものだった。"What a Widow!"は卓越したセット・デザインの偉大な一〇年間の始まりの印となった。ある程度まで合衆国に新しい建築の輸入が成功したことが、創造性の時代の火付けになった。しかし一九二〇年末、映画スタジオのポリシーが変わって、近代的ルックをつくるのに、ネルソンのような前衛の保証書付きの魅力的な建築家の代わりに、専門的なスタッフ・デザイナーに依頼することになった。これらのデザイナーたちは、いうなれば生まれてからスタジオの塀の内側で育ち、芸術家、職人、技術屋、そしてビジネスマンの機能を果たしてきた。大部分は建築の職業にはほとんど縁がなく、実際に建築の設計をしたことがあるものはほとんどなく、近代運動の戦士と認められる者などは皆無であった。しかし彼らはみんな建築仲間の多くと同じく、強いモダニズムの感覚の持主だった。

映画デザインのスペシャリストたちは、新しい様式の作品を印刷物から展覧会にいたる二次的資料から吸収していた。ことに展覧会は、次章で示すように、ある主要なものは一九二〇年代から三〇年代にかけての新しい建築の簡潔な歴史をたどるのに便利な枠組を提供していた。これらは建築の実験を公表するだけではなく、二〇世紀を進歩的に生きていくための挑発的な示唆をも与える刺激的なフォーラムでもあった。新しい発明、新しいテクノロジー、そして新しいメディアが、いまや新しい建築によって形づくられるであろう近代の到来を告げたのである。

第一章　新しい建築の誕生

世紀の変り目に西部のおしゃれな街を見渡すと、過去の業績を偲ばせる都市建築の様式のメドレーが見えてくる。もっとも顕著な様式の一つである新古典主義は、古代ギリシアやローマの列柱、ペディメント、モールディングを模写して、美術館や鉄道駅に都市の威厳を与え、金持ちのヴィラには威信を添えていた。ほかの建物はネオゴシックからネオチューダー様式にわたる再生品であって、考古学的に正確なものもあれば、折衷主義的気まぐれもある。用いられた伝統的な建築材料は、装飾のディテールまで彫刻が施され、のみで削られ、砥石で研ぎ出され、光と影を使って生き生きした明暗をつくり出し、堅固で永遠性の感じを与える。

しかしすべての建築家が過去を入念に呼び起こすことに満足していたわけではなかった。それどころか多くの建築家は、近代世界の逃れることのできない現実となった産業革命のもたらした変化と彼らの芸術を和解させようと努力した。これらの建設者たちは新しい建築言語のためのインスピレーションを探し求め、それを一九世紀の偉大な工学の生んだ作品のうちに見出した。彼らは、例えば一八五一年のロンドン大博覧会に建てられたジョゼフ・パックストンの水晶宮のような建物に注目した。水晶宮は歴史的様式を安易に模倣することはやめて、構造と機能だけを表現し、鉄やガラスのような近代的材料が大胆に使われた。建築の新しい考え方は世紀の変わるころには、ヨーロッパやアメリカでより広く通用し始めた。ウィーンのオットー・ワグナーの郵便貯金銀行（一九〇四〜〇六年）のホールはリベットを打った鉄柱、つやのあるセラミックの壁、ガラスの天井、アルミニュームの家具を組み合わせ、機械のように正確

図7　救世軍難民院、パリ（一九二九年）、〈設計〉ル・コルビュジエ

でなめらかな建築となった。同時に、アメリカ合衆国の建築革新の指導的中心地であったシカゴでは、ルイス・サリヴァンが都心の活動的ビジネス地域のために正真正銘のコマーシャル・スタイルの開発の先鋒になった。サリヴァンのカールスン・ピリー・スコット（はじめはマイヤー・アンド・シュレジンガー）百貨店（一八九九～一九〇四年）は、鉄骨にテラコッタの軽量パネルだけを取り付け、枠の中に大きな板ガラスを入れたものであることがすぐわかる。

　このような建物は、一九二〇年代後期と一九三〇年代前期の近代建築様式の基礎となった特徴を導入していた。ル・コルビュジエの一九二九年の「救世軍難民院」は貧しい人のためのホステルであるが、モダニズムの頂点といえよう（図7）。隣接する昔ながらの建物と全然違って、道路に面して白タイルとガラスブロックのシリンダー、ドラマテイックな片持ち梁で保っているキャノピー、原色のパネルで覆われたキュービック・パヴィリオンといった独立した要素が非対称に構成されている。これらが金属とガラスの皮で覆われた多層の本館の前景となっている。多くの同時代の人に、この建物は弱々しくむき出しで、まさに「機能的」に見えたに違いない。

ル・コルビュジエは「難民院」のような建物ばかりでなく、建物の哲学的な土台を推敲可能な書物を通じて自分の建築理論を表明した。一九二三年に出版した書物『建築をめざして』において、彼が建築家に要望したことは、近代生活に歩調を合わせるように、建築家が自分たちの芸術を定義しなおすことだった。その近代生活を理想的に具象化しているのは自動車・豪華客船・航空機だと彼は考えたのである。『建築をめざして』の量産住宅についての章は、ル・コルビュジエの数多くのデザインで説明されているが、建築は広範囲の階層の国民に奉仕する平等主義の芸術でなければならないと提案した。

モダニズムはエリートの芸術ではないとするル・コルビュジエの定義は、新しい様式に改宗させる仕事を喜んで引き受けた多くのモダニストにとって重要な教義となった。建築家が宗教上のパトロンや貴族階級のパトロンといった伝統的な本道を通らずに、クライアントに近づこうとしたときに、自分たちの作品を巧みに辛抱強く宣伝し始めた。モダニストが好んだ公表の一つである宣言は、運動の論争好きの傾向を満足させ、建築家たちに過去の誤りを批判し、未来のヴィジョンを奨励する機会を与えた。例えば、一九〇九年に建築家・美術家・著述家のグループは、モダニズムの前触れであるイタリア未来派を、機械時代を称賛する宣言文をもって打ち出した。この宣言はパリの新聞『ル・フィガロ』紙の第一面に掲載された。モダニストの小冊子がこんなに晴れがましくデビューすることは二度とないだろうが、建築家たちは、その読者が主としてアヴァンギャルドの仲間に限られる傾向にあったにもかかわらず、自分たちの信念を広めるためにこの宣言文を使い続けた。

しかしながら書籍もまた読者が増え、建築家たちはアイディアをもっと詳しく発表する機会が与えられた。一つの効果的なフォーマットは、短い生き生きとした序説の後に、世界中の近代建築家からとった豊富なイラストをつけたものである。モダニズムは定期刊行物によっても広められた。前衛的な学術誌は一九二〇年代中期への重要な橋渡しとなった。しかし一九二〇年代の半ば以降、モダニストの建物がもっと建てられ、一般誌にデザインが載り始めるにつれて、多くのモダニストの雑誌はすたれ、消えてしまった。

印刷された文字による唱導がいかに効果的であっても、宣伝手段の主役はなんといっても建築写真であった。写真のイメージは、建築家が求めても現場ではめったに得られない純粋性と機械のもつ正確さをしばしば感じさせた。例えば赤色のフィルターはお好みの白漆喰仕上げをさらに白く見せるし、必要なら写真は修正して傷をなくすこともできる。もちろん視覚イメージ自体が、大衆をモダニストの美学に近づける手段であるとともに、その生き生きとした表現でもあった。

しかし近代建築家たちが自由に使えるもっとも効果的なメディアは展覧会で、近代建築の実物大のサンプルが大衆の前に展示された。展示館とその宣伝としての表現機能はまた、普通の設計業務ではもっと厳しい制約条件のために、通常は不可能な実験精神を養った。この点で展示会は、同じように仮設であっても、スタジオにとって有力な宣伝価値をもつ映画のセットに匹敵した。展示会は映画と同じ程度に観客を集めたことはなかったが、来場した観客のみならず、雑誌・新聞記事・記念パンフレット・宣伝用パンフレットによって計り知れぬ数のファンに建築家たちは接することができた。

モダニズムを自己宣伝するもっとも雄弁な方法としての展示会は、大衆はもちろんのこと、目につくものを映画に採り入れたがる映画デザイナーたちが観るものとして、近代建築の発展をたどるのに便利な手段となり得た。一九二五年から一九三九年のあいだは、モダニズムが花咲いた年々で、映画がモダニズムを舞台装置にもっとも巧みに採り入れた時代だが、とくに五つの重要な展示会がモダニズムの進歩をはっきりと示した。

一九二五年にパリがこれらの展示の最初のもの、「国際装飾美術近代工業展」の開催地となった。大体同じ時期に、近代運動に独自のデザインの特徴が一群の重要な建物にまとめられ、その多くはこの博覧会で大衆の前にデビューした。もっとも早く近代建築のデザインを採り入れた映画は、その前年に出現したが、この博覧会を予期して計画されたフランス前衛派のプロジェクトだった。パリ博覧会はまたアールデコを一般大衆に紹介した。その装飾モティーフは後に建物と映画デザインの両方に使われたのである。

パリ博の二年後、一九二七年にシュトゥットガルトで催されたドイツ工作連盟の展示会によってモダニズムのもっとも偉大な時代が始まった。そこには当時ヨーロッパで仕事をしていた主だった近代建築家のほとんど全員が貢献して開発された集合住宅のすべてが陳列された。一九三二年には、近代建築国際展がニューヨークの近代美術館で催され、モダニストの様式が称賛され、アメリカにおけるその出現のシグナルとなった。一方近代映画の背景装置は同じようなパターンを追い、一九二七年に始まる近代映画のセットの数は劇的に増加し、一九三二年にはピークに達した。この年、他のどの年よりも多くこのようなデザインのセットがつくられた。一方ヨーロッパは一九二〇年代後期の近代映画作品が大勢を占めていたが、一九三〇年代初めにはアメリカのデザイナーの台頭で衰退した。

一九三〇年代の他の二つのアメリカの博覧会がこの時代の合衆国における近代建築の発展の跡をたどり、アールデコの影響を広めた。角張った、キュービスト流のアールデコ様式は、一九二五年のパリ博によりアメリカに紹介され、一九三三年のシカゴの「進歩の世紀」展でその頂点に達した。アールデコの流線化もそこで進展し、六年後の一九三九年ニューヨーク世界博でその評価を博した。

パリ国際装飾美術近代工業展　一九二五年

第一次世界大戦の少し前にフランスの職人たちの多くは、装飾美術はフランスのほうが優れているとと考えたがったが、ドイツとオーストリアに発した新しいモダニズムの傾向はすでに自己主張を開始し、フランスの自信を揺さぶっていた。一九一〇年、例年催されるパリの「サロン・ドートンヌ」に展示されたドイツのデザインの大評判は、フランス自身の新機軸を生む才能を再確認できるような博覧会を計画させるほど、フランス産業界を恐怖に陥れた。しかしながら戦争が始まって、このプロジェクトは一九二二年まで見送らざるをえなかったが、戦争の荒廃の後、フランスは戦前のドイツの影響に対抗し、フランス自体の芸術的文化を主張する機会を摑んだ。

三年間の準備の後、「国際装飾美術近代工業展」が一九二五年四月についに開催されたとき、それは主催者にとって大成功だった。贅沢なショウケースには建物と装飾品が幅広く集められた。敷地はアレクサンドル三世橋とアンヴァリド橋のあいだのセーヌ河両岸にわたり、博覧会は参加各国・製造業者・商店あるいは個々のデザイナーがスポンサーになったパヴィリオンからなっていた。ソヴィエト連邦・日本および多くの西欧諸国は公式に参加したが、合衆国の参加のないのが目立った。時の商務省長官ハーバート・フーヴァーは主催者の招待を断ったのだが、合衆国は、展示物はすべてモダンなものであるべきだ、とする条項を満たすのが不可能だと指摘した。それでもフーヴァーは一〇〇人以上のアメリカの製造業者と美術家からなる使節団を送り、博覧会の六カ月の開催期間中に数千ものアメリカ人旅行者が訪れた。

この博覧会の支配的様式は、その頃アールデコという名のもとにグループ化されたデザイン・トレンドの寄せ集めであった。この装飾様式はフランスでは早くも一九〇九年に現れ、この博覧会で全盛期を迎え、大衆化し、その後に衰退した。その突飛な要素——多くの観客にこのデザインが「モダン」だと思わせる要素――にもかかわらず、アールデコは本質的に保守的な様式であった。アールデコのデザイナーたちは一八世紀後期の新古典主義のモデルを、象牙、木目鮮やかな木、べっ甲、とかげの皮といった珍しい、エキゾティックな材料を使って重厚な家具に変えた。八角形に組み立てられた様式化した花・植物・泉が繰り返し使われるモティーフであった。この種のデザインで抜きん出ているのは家具デザイナー、エミール＝ジャック・ルールマンの作品で、収集パヴィリオンにある彼のサロンは、批評家たちの惜しまざる称賛が与えられ、一般大衆にもっとも知れわたった展示であった。その部屋はルールマンのもっとも贅沢な家具のうちのいくつかを適当に品よく配置して、壁面の上部は単純な蛇腹、下部は繰形で装飾を施し、紫色と灰色の壁紙で蔽ってある（図8）。

図8　収集家館のサロン、パリ（一九二五年）、〈設計〉ジャック・ルールマン

さらにエキゾティックなテーマで、アールデコのデザインに影響を及ぼしたのはアフリカとエジプトのモティーフ（ツタンカーメンの墓は一九二二年に発掘された）と一九〇九年にパリで初演されたロシアバレエの舞台デザインである。バレエ団はパリジャンたちに、「シェヘラザード」では東方の神秘的な魅力を、ストラヴィンスキーの「春の祭典」では原始的な野性味を提供した。レオン・バクストのような美術家による舞台装置を通じて、アールデコのデザイナーたちは、アールヌーヴォーに特有だった微妙なニュアンスとは反対に、目の覚めるような色彩に夢中になった。またロシアバレエは、すでに人気のあったオリエント趣味をさらに高揚させた。枕を重ねた低い寝椅子セットと鋭い対照をなすパターンを特徴的に使った装飾なくしては、パリジャンのシックなサロンは完全とはいえなかった。オリエンタリズムはポール・ポアレのファッションと室内装飾において頂点に達したが、彼は第一次世界大戦前から一九二〇年代後期までフランス一流の服飾デザイナーであった。そのポアレはアラビアをテーマにして一連のパーティを催し、自分の服飾デザインを扱った贅沢な本を出版したが、その本がその時代の贅沢の基準となった。博覧会で、ポアレは彼らしいはなやかさで、三艘の屋形船——愛、快楽、狂宴——に乗って、セーヌ河から登場した。

第一次大戦前の絵画と彫刻の分野で大きな運動だったキュービズムはアールデコのデザイナーたちにもう一つの影響を及ぼし、彼らはキュービズム絵画の角張った形を装飾のモティーフに採り入れた。パリ博覧会では、キュービスト流のアップリケが書物やシガレットケースを覆い、さらには自動車の装飾にまで用いられた（図9）。これらのモティーフは博覧会ではマイナーな流れではあったが後のデザインの重要な素地となった。とくに合衆国ではそうであった。

アールデコのデザイナーたちの装飾豊かな作品とは対照的に、近代建築家のデザインは、博覧会での出品は少数ではあったが、刺激的なもので、驚くほど単純なデザインであった。実際驚くことに、ル・コルビュジエのエスプリヌーヴォー館（図10）は隅の敷地しか与えられずに、当初は六フィートの塀で目隠しされていた。この塀は博覧会の始まる前に撤去され、大衆は二〇世紀のもっとも革新的なデザイナーの一人のもっとも非凡な建物を見ることができるようになった。

一八八七年にスイスでシャルル・エドアール・ジャンヌレとして生まれたル・コルビュジエは、一九一六年にパリに移った直後に、この職業名を採用したのである。一九二〇年代はコル

図9　一九二五年型シトローエンB12とファッション、パリ（一九二五年）、〈設計〉ソニヤ・デローネ、後方は観光館、〈設計〉ロベール・マレ=ステヴァン

図10　エスプリヌーヴォー館、パリ（一九二五年）、〈設計〉ル・コルビュジエ

ビュジエにとって信じられぬほど実りの多い一〇年間であって、その間に近代運動の重要な創造力として浮かび上がった。その一〇年間の終わりに、コルビュジエは、主としてパリとその周辺に、仲間の芸術家や金持ちの芸術愛好家のためにデザインした邸宅によって、世紀の偉大な建築家の一人として地位を固めていた。これらの邸宅はル・コルビュジエの建築家としてのみならず、画家・彫刻家・理論家としても才能があることを示していた。彼の邸宅建築での業績は、パイプの手すり、金属製の窓枠、船の斜路ランプといった近代工業界が生産した日常の材料を用い、それらを今までと違った予期しない使い方をして、さらに時代の進歩的精神、すなわち「エスプリヌーヴォー」の表現にまで高めた。この「エスプリヌーヴォー」はル・コルビュジエと画家アメデ・オザンファンが一九二〇年に始めた前衛雑誌の名前に選ばれたのである。

ル・コルビュジエの展示パヴィリオンは、開いた空間と閉じた空間からなる非対称の構成になっており、それらの空間を包む表面は装飾のない漆喰と大きなガラス窓であった。その浮き上がった屋根には丸く切抜きが施されていて、その建物は風通しがよく、重力がないかのような幻想を抱かせる。この幾何学的な表現形式は内部にまで導入され（図11）、ルールマンの出品作のもつ曖昧な新古典主義的装飾とは対照的に、単色の壁、造付け家具、抽象画が秩序と明快さを与えていた。

もう一人の重要なモダニストの出品者はフランスの建築家ロベール・マレ=ステヴァンであった。彼の五つのプロジェクトのあるものはフランスの指導的なモダン・アーチストたちとの合作で、その中にはマーテル兄弟がセメントでつくった抽象的な樹木の庭園、浮かんでいる水平な平面と逆巻く垂直のひれを非対称に組み合わせた観光パヴィリオンが含まれていた。

同様にマレ=ステヴァンの注目すべき博覧会への出品作は、映画文芸協会のためにシャン・ド・マルに建てたスタジオで、彼自身がフランスの映画に携わっていたことを示す建物であ

る。その前年に、近代建築をスクリーンに採り入れた最初の重要な映画、"L'Inhumaine"（八三頁参照）のセットをデザインしていた。この映画に参加したのは、前衛的な建築家・美術家・映画製作者の同人であった。この博覧会は、近代的な映画装飾の先駆者たちが握っていた前衛派の支配力を解放して、他のどんなイベントよりも、大衆映画の製作者の注意をアールデコと近代建築の美点に向けた。この二つがともに映画デザインの主流に完全に引き込まれた。前者は直ちに、後者は数年経ってからだが。映画界でこのモダニズムがたまたま成功することを推測できたのは『芸術と装飾』誌の編集者くらいのものだった。この贅沢な雑誌は博覧会での流行、建築、映画装飾を下見し、モダン、つまり「立体的《キュービック》」なデザインとは事実上、映画装飾の「荒療治」ではないかと問いかけた。[注1] 近代建築をホームからスタジオに、ハリウッ

図11　エスプリヌーヴォー館

注1　"Introduction à l'Exposition," *Art et Décoration*, May, 1925, p.171.

ドからベルリンに運んだ映画製作者の答えは声を揃えて「イエス」であった。

ドイツ工作連盟展、シュトゥットガルト 一九二七年

一九二五年のパリでは端役しか演じなかった近代建築家は、一九二七年シュトゥットガルトで開催されたドイツ工作連盟の展示会では単独で出品者となった。ドイツ工作連盟は一九〇七年にドイツにつくられたデザイナーの組織で、美術と産業の共同作業を育成し、機械製品の美的質を高めることを目的にしていた。しかしそのメンバーの多くのデザインが実際に示すように、この目標は商業的な考慮を超えて、まさに機械時代の精神そのものを捉えるための哲学的探究へとメンバーを導いていった。

一九一四年にケルンで行われたこのグループの最初の展示のために、ヴァルター・グロピウスとアドルフ・マイヤーがデザインした連盟館は、産業をほとんど宗教的領域にまで高めた。そのモデル工場館で建築家たちが試みたのは、ガスタービンに光を当て、屋外に置いたモニュメンタルな彫刻のように扱うことによって、工業生産につきものとなった醜と汚の観念を消し去ろうとしたことである。建物自体は、煉瓦壁の律動的な縞模様、玄関脇にある螺旋階段を取り巻くぴんと張ったガラスのケージといった、こぎれいなディテールを使うことによって、効率と秩序というテクノロジーの奥義とでもいうべきものを伝えていた。

こうしたデザインの流儀はさらなる洗練と単純化をもたらし、一三年後の工作連盟二回目の展示会の建物に用いられた。一九二七年のシュトゥットガルト展は、一般大衆に対する近代建築のプレゼンテーションとしては、初めての大規模かつ凝集力をもったものと考えられる。今や産業社会のための近代的住居に的を絞って、連盟は一六人の優れた近代建築家個人あるいはチームに、ヴァイセンホーフという都市の一画に住宅団地を設計することを委託した。ドイツを

代表するのは、数ある中で、ワルター・グロピウスとルードウィッヒ・ミース・ファン・デル・ローエであった。後者は一九二六年に連盟の第一代副会長に任命され、翌年の展示会を指揮した。そのミースは出品作品としてアパートをデザインした（図12）。薄い金属枠にはめられた大きな数個の窓が、申し分ないプロポーションの一ブロックをなし、これらのブロックは、横帯状をはっきりと強調したなめらかで白い漆喰のファサードと同一平面をなしていた。

フランスからシュトゥットガルトに派遣された代表団の一人のル・コルビュジエは、住宅を二軒（図13）デザインし、彼が前年提唱した新しい建築のための「五つの要点」を堂々と実現した。その第一の要点は、在来の建物の重い荷重を支える壁の代わりに、細い構造柱、つまり「ピロティ」を用いたことである。鉄筋コンクリート造のテクノロジーが進歩した結果、ピロティによって構造内外の空間をどのようにも自由に扱うことができるようになった。家を地面からもち上げて、いうなれば地面を自然に返し、自由に植栽して庭にすることができた。ル・コルビュジエの第二の要点は「陸屋根」で、普通の勾配屋根を運動・日光浴・気晴らしのできる庭にもなる機能的空間に変えた。一階を取り巻く荷重壁を追放することを可能にしたそのピロティが、内部においても同じく荷重壁を無用にしたのだった。厚い壁に囲まれ、各部屋を分離して配置する代わりに、近代的なインテリアは開放的で、フロアと天井支持のためのピロティのグリッドがあるだけである。居間とか食堂のような空間は相互に自由に行き来ができ、低い壁と一群の家具だけで仕切られる。その結果が「フリープラン」で、ル・コルビュジエの第三の要点である。最後に、ル・コルビュジエの第四、第五の要点によって、内部空間と外部空間は本質的には溶け合ってくる。第四の要点は開放的な内部空間を包みこむぴんと張った皮膚そのものの役をする「薄いファサード」であり、内部に光を溢れさす「水平連続窓」である。

建築についてのル・コルビュジエの五つの要点は無重力という幻想をつくり出し、建物が地

図12　アパート、シュトゥットガルト（一九二七年）、〈設計〉ルードウィッヒ・ミース・ファン・デル・ローエ
図13　住宅、シュトゥットガルト（一九二七年）、〈設計〉ル・コルビュジエ

面の上に浮き上がっているように見せることにある。それゆえ近代住宅は、その世紀の科学の功績の抜きん出たダイナミックな産物の一つに評価される飛行機や飛行船の類似物として取り扱われた。豪華客船のデッキを思わせる屋上庭園と、照明の行き届いた科学者の清潔な環境をまねたようなインテリアによって、この時代の住宅は進歩するテクノロジーの新時代の最先端にあることを断固主張した。

将来を見通した、健康な生活様式に自分の作品を合わせたいという建築家の望みは、シェルドン・チェニーが一九三〇年に『ザ・ニュー・ワールド・アーキテクチュア』誌に書いたものによって、明確に表明された。

私は「開放的であること」が新しい住宅建築の理想であると、何度も言ってきた。私はその言葉に空間以外の意味をもたせて使っている。私にはっきりしているのは、物質的にも精神的にも我々の生活に自由化が進んでいるということである。古い壁に囲まれた家、まるで砦のような隠れ家的建物がより束縛のない住居空間を前に消えつつある一方、女たちは衣服をどんどん脱いでいったし、人間精神は古い迷信、古い窮屈な宗教、古くて狭い利己主義的な動機からしだいに自由になっていった。これは一般的に起こるべくして起こったことといえよう。私には、より健康であるため、人類のより大きな幸福のために意図されたもののように思われる。[注2]

一九二七年のドイツ工作連盟展に続く時代に、近代運動がヨーロッパで頂点をきわめ、つぎの六年間に今世紀のもっとも非凡な建物がいくつか建てられた。これらのデザインは一つの共通の建築言語をもっており、その語彙には単純な幾何学的形態の非対称な組合せが含まれていた。つまり、ガラスや漆喰や金属で張りつめた皮膚のように囲いこみ、装飾がなく、開放的な内部空間にする、などである。これらの特徴は、今世紀の第一、四半期に起こったモダニズムの種々雑多な前兆から精製し、瞬く間に様式を統一し、近代建築の理想となった。やがて一九

注2 Sheldon Cheney, *The New World Architectur* London, New York and Toronto: Longmans, Green and Co., 1930), p.272.

三〇年代初めに、ヨーロッパのモダニズムはすでにすたれていた。いや増して深まりつつあった世界不況のせいで、建築工事の削減が強いられた。さらにはドイツ、イタリア、ソヴィエトにおける独裁制の発生などの、イデオロギー上の理由から近代様式を拒絶した。少なくともドイツではもっとも優れた近代建築家を追い出し、建築の発展の中心は合衆国に移った。

近代建築国際展、ニューヨーク近代美術館、一九三二年

一九二〇年代末にヨーロッパの近代運動の功績を知っているアメリカ人は一握りのインテリに限られ、その多くは海外の芸術発展の最新ニュースを、小規模で専門的な印刷物の進取の精神に頼っていた。一九二七年には例えば、『ザ・リトル・レビュー』誌が目を見張るような「機械時代展」のスポンサーとなり、建築家コンスタンチン・メルニコフのようなソヴィエトの構成主義者、フランスの建築家アンドレ・ルルサ、ロシア生れの彫刻家アレグザンドル・アーチペンコの作品を含む海外のアヴァンギャルドの作品を集中的に扱った。おそらく新しい建築の思想のもっとも重要なフォーラムは『アーキテクチュラル・レコード』誌であった。この一〇年間の大部分の時期に『レコード』誌はヨーロッパのモダニズムにはほとんど注目しなかったが、一九二八年に『レコード』誌は編集方針を大幅に変更した。大胆な抽象的な図版が以前の絵のように美しい表紙にとって代わり、建築史家のヘンリー＝ラッセル・ヒッチコックがヨーロッパの近代建築家についての記事を寄稿し始め、アメリカの建築家の多くに彼らのデザインを初めて注目させた。

アメリカの大衆をモダニズムの前に連れ出す主要な役割を果したのもまたヒッチコックであった。彼は一九三二年にフィリップ・ジョンソンとともに、新しく建設されたニューヨークの近代美術館で「近代建築国際展」の監督を務めた。マンハッタンのど真ん中のオフィスビル

の五部屋に（美術館所有の敷地には一九三九年まで建てられなかった）展示された模型・写真・図面・プランによって、ヒッチコックとジョンソンは、近代建築の傑出したデザインの特徴が、全世界のコンセンサスの基盤になったこと、すなわち進歩する社会の関心事としばしば結びつくヴィジョンの統一のための基盤となったことを実証しようと試みた。第一の展示室はモダニズムが国際的な性格をもっていることを、一六の異なった国からほぼ五〇人の建築家とデザイナーの作品を展示することで強調した。建築によって社会を改良しようとするこの運動の責務が第二室の主題であって、ドイツと合衆国の量産住宅プロジェクトに充てられている。

今日のもっとも成功した近代的建物の大部分のデザインを担当した九人の著名な建築家と共同設計事務所が展示中の呼び物となった。この選ばれたグループのヨーロッパ人の中には、共通の近代建築言語を用いながらも、個性的な発明に注目すべきものがあった。ミース・ファン・デル・ローエの作品は一九二〇年代後期のあいだに、古典的な静かな落着きと、二〇世紀の建築家が自分たちの時代のシンボルにまで高度化したダイナミックな運動感との中間で釣合いのとれた様式へと進んでいった。一九二九年のバルセロナ国際展のドイツ館（バルセロナ館として知られている）はミースの傑作（図14）であった。後にヒッチコックが、「これをもって過去の偉大な時代と二〇世紀とを勝負させたいと思う数少ない建物の一つである」と称賛した。[注3] 豪華な色大理石の自立した壁、しまめのう、ガラスが、クローム板を貼った十字型の柱によって強調され、明らかに遮られることなく流れる空間をつくり出している。メインの屋根のかかった部分は公式行事用の特色あるセッティングとなり、開放的な屋根のない部分はプールと彫像のための中庭となった。

この時代のミースの建物では、居住者を、相互に水平に流れる空間に沿って移動させるのに反し、ル・コルビュジエの建物は居住者を垂直に移動させる。ともにパリ近郊にあるコルビュジエのサヴォワ邸とシュタイン邸は、建築に関する「五つの要点」の範囲内で可能な建築表現

注3　Henry-Russell Hitchcock, *Architecture: Nineteenth and Twentieth Centuries* (Harmondsworth: Penguin Books, 1977), p.504.

の限度を示した完全な実例である。それらの建物の簡素ではあるが優雅なファサードを見ただけでは、なだらかなスロープの斜路、曲線を描く壁、そして螺旋階段が、「建築の散歩道」とル・コルビュジエの呼ぶ、劇的な小道に沿って居住者を導くといった、華麗な内部空間を暗示するものはほとんどない。サヴォワ邸では、絶えず景色を変える鋏型の斜路に沿って家の中を歩き回る。ガラスに包まれた一階に始まり、ついでメイン・レベルを通って昇ると一方にテラスがあって開放的になる。最後に屋上テラス（図15）に達する。ここは部分的に曲線の壁で囲まれ、素晴らしい田園が眺望できる。

スタイン邸もサヴォワ邸もともに、ル・コルビュジエが脚本を書き、ピエール・シェナルが監督した前衛的記録映画『今日の建築』で重要な役割を演じた。映画のオープニングの場面で、新しい建築の主要なテーマは動きであると宣言し、この動きと交通の分野における今世紀の主要な功績を暗黙のうちに結び付けた。一台の自動車のショットのつぎに、挿入タイトルで「ドライブのための機械」と説明する。飛行機のショットには「飛ぶための機械」と続く。最後にサヴォワ邸のショットに「生活のための機械」というタイトルが出る。映画は首尾一貫してル・コルビュジエの建物は、単に見る側が見つめるために上手に建てられた芸術品として提供されたのではなく、アクションという観点からも見られる。人々は螺旋階段を回り、斜路を上り、屋上テラスで遊び、運動する。同様にスタイン邸の導入部は、自動車がこの邸に向かって飛ばしていくショットである。車が止まると、男（ル・コルビュジエ自身）が降り颯爽と家に入っていく。

ヨーロッパからきた三人組の第三の人物で、近代美術館を牛耳ったのがヴァルター・グロピウスであった。彼は今世紀のもっとも卓越したデザイン学校バウハウス（図16）の最初の校長に選ばれていた。バウハウスはもともとワイマールにあり、そこで一九一九年に創立されたが、一九二六年にはグロピウスが設計したデッサウの新しい教育・生活施設へ引っ越した。ガラス

図14　バルセロナ館、バルセロナ（一九二九年）、〈設計〉ルードウィッヒ・ミース・ファン・デル・ローエ

図15　サヴォワ邸、ポアスィー（一九二九〜三〇年）、〈設計〉ル・コルビュジエ

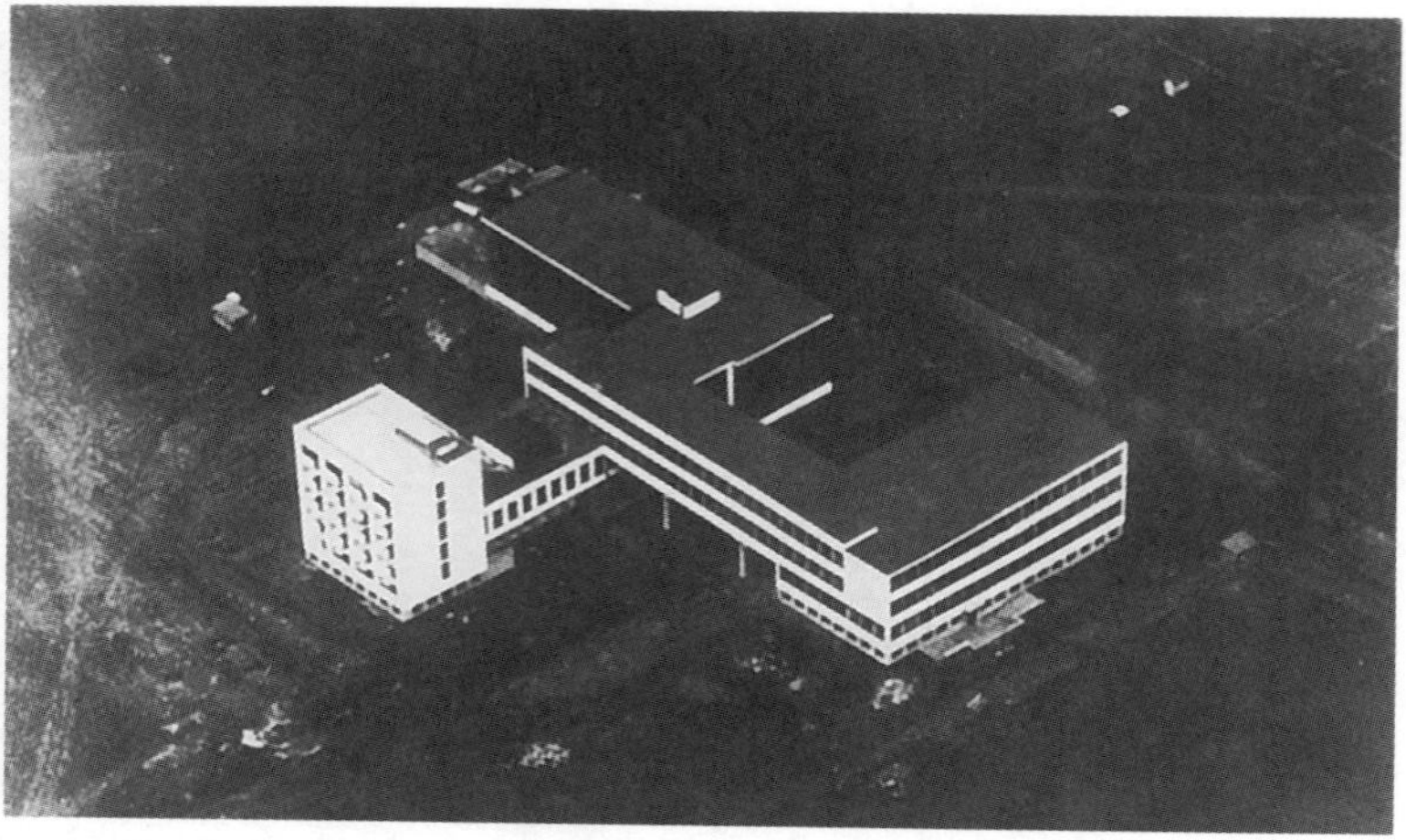

図16　バウハウス、デッサウ（一九二六年）、〈設計〉ヴァルター・グロピウス

図17　ロヴェル邸、ロスアンジェルス（一九二七年）、〈設計〉リチャード・ノイトラ

壁の工房棟は、グラフィックや絵画から金属加工や織物にいたる視覚芸術のほとんどすべての分野を扱う設備が収容されている。バウハウスでは設計過程は、全建築環境をともに創造する種々の芸術分野の共同作業と考えた。例えば学校の講堂はその近代的なシェルの中に、マルセル・ブロイヤーの革新的な金属パイプ椅子、ラズロ・モホリ＝ナギの量産可能な照明器具、オスカー・シュレンマーがデザインし振付けした抽象的な形の衣裳をつけたダンサーが踊る前衛バレエ上演のための完璧な舞台装置となっていた。グロピウスの指導のもと、バウハウスのスタッフはデザインと近代工業生産方式とを融合させる――あるいは少なくとも、そのような方式が用いられたことを暗示する――という学校の目標を成し遂げ、書籍、展示、特許、免許証を通じて彼らが創造したものを大衆にもたらした。彼らの作品のパブリシティがあまりに上首尾だったので、一九二〇年代末までには、単純な線と機能的な優雅さという「バウハウス様式」はドイツにおける近代デザインと同義語になった。一九三三年にナチの命令で学校が閉鎖された後、もっとも有力なメンバーたちが亡命したことによって、バウハウスの影響は世界中に広まった。

グロピウスは近代美術館展の栄えある第一室を、シカゴからきた二人の若いアーヴィングとモンローのバウマン兄弟と分かち合った。彼らの出品のほとんど大部分は建てられなかったプロジェクトで、合衆国には一般に近代的な建物が少ないことを証明していた。唯一の際立った例外は、オーストリア生れのリチャード・ノイトラの作品で、そのロスアンジェルスの作品のデザインは、新しい様式のもっとも完成されたアメリカの代表作であった。ノイトラは展覧会の好評、とくに展覧会がロスアンジェルスにきたときの好評の恩恵を蒙った。彼のロヴェル邸（図17）が一九二七年に完成したとき、四週連続して日曜日にロヴェル邸が開放されると、びっくりさせられたロスアンジェルスの住民が一万五〇〇〇人もなだれ込むという、センセーションをわき起こした。そしてこの美術館展によって、彼は多くの前衛派の中で、西海岸での指導的なモダニストとしての地位を確立したのである。

　近代美術館展は数多くの摩天楼のデザインによっても際立っていた。この真にアメリカ的な建物は一九世紀後期に力の組合せの産物として発達した。直立的拡張を助長した二つのテクノロジー要素は、軽量鉄骨構造の発達とエレベーターの発明である。大量のビジネス活動を比較的小さな都心の区画に集中することが可能になったことによって、投機家はさらに高く建てようとした。初期の摩天楼は、しばしば凝った歴史的な先例をモデルとし、例えば教会の鐘楼、ギリシア神殿風大伽藍、ゴシックの大聖堂に似せてつくられた。しかしながら、最初の世界大戦後には、建築家たちは非復古主義の超高層形式を開発し始めた。それは一九二〇年代半ばまでの、パリ博覧会ではやったモティーフを含めて、多くの源から引き出した混合形式であった。クライスラー・ビルディング（図18）はウィリアム・ヴァン・アレンが設計し、一〇年間続いたニューヨーク市の建築フィーバーの終わった一九三〇年に完成したが、大衆向け様式の

図18　クライスラービル、ニューヨーク市（一九二八〜三〇年）、〈設計〉ウィリアム・ヴァン・アレン

傑作であった。自動車製造業のウォルター・クライスラーのために建てられ、建物は高くなるにつれて何回もセットバックを繰り返し、三角形の窓の開いた半円形の銀の王冠で終わっている。ヴァン・アレンは建物の黒、白色、灰色の壁を精巧な幾何学的パターンにまとめ、それはホイールキャップや泥除けを思わせるところがある。この自動車のモティーフを使う計画は、超高層の一部の角を飾る巨大な銀色のボンネットで、その極に達しているといえよう。

近代美術館展は、単純なのみ仕上げのない、つまり装飾の少ない摩天楼様式を特色にしたので、ヴァン・アレンもクライスラー・ビルディングも含まれなかった。レイモンド・フッドの摩天楼に関する経歴は、展覧会では図版で示されたが、しだいに単純化されていく変化が実例で示されていた。フッドによる一九二四年のニューヨーク、アメリカンラジエーター・ビルディングは途方もないもので、黒色と金色のネオゴシック様式の塔であった。しかし彼がニューヨークにデイリー・ニューズ・ビルディングを一九三〇年につくった頃までに、脱衣とでもいうべきものが明らかに行われていた。フッドは装飾を一階だけに限定し、一連の簡素で、表面の平らなスラブとして建物をデザインした。そしてこのスラブには二色の途切れることのない煉瓦とガラスの垂直な縞模様をほどこした。一年後、フッドはマグローヒル・ビルディングをアンドレ・フウルホウと合作した。このビルは、アールデコ人気の衰退とモダニズムの受容上昇を反映して、アメリカにおける摩天楼デザインの変化の瞬間の目印となった。フッドはアールデコの遺産を保持して、一階に多色の縞模様を、最上階にセットバックをほどこしたが、モダニズムの将来を見越して、建物の青緑色のテラコッタ・パネルにぴったり置いた工場製の光沢材でタワーを包んだ。

展覧会に展示されたもっとも進歩的な摩天楼はニューヨークには一つもなく、一九三二年にはまだ工事中だった。フィラデルフィア貯蓄基金銀行（図19）は、アメリカの摩天楼様式の主流に、ヨーロッパ・モダニズムのデザインの教えをほとんど全部もち込んでいた。その建築家

図19　フィラデルフィア貯蓄基金銀行ビル、フィラデルフィア（一九二九〜三二年）、〈設計〉ジョージ・ハウおよびウィリアム・ラスカーズ

はアメリカ人のジョージ・ハウで、彼のフィラデルフィアでの確かな評判がこの仕事を獲得するのに役立った。もう一人はスイス生れのウィリアム・ラスカーズで、建物の大胆なモダニズムの特徴の多くは、彼がヨーロッパで受けた訓練に帰すことができる。これらの要素は、一九三〇年代に建てられた他のどの摩天楼建築よりも適切にフィラデルフィア貯蓄基金銀行ビルに表現され、第二次世界大戦後の近代高層ビルのデザインの支配的形態へと発達していった。

近代美術館展は合衆国におけるモダニズム運動を広げはしたが、その様式をアメリカの建築家に、あるいはついでにいえば、一般大衆に紹介した唯一の責任者ではない。前にも述べたように、アメリカの映画製作者たちは早くも一九三〇年に“What a Widow!”で観客に近代デザインを見せていた。そのデザイナーであるポール・ネルソンはパリの薬局がスポンサーになって、美術館展に出品した。そして後章で見られるように、近代デザインを使ったのはネルソンのような前衛デザイナーに限らず、展覧会の頃にはすでにスタジオに雇われていた映画デザインの専門家にまで広まっていた。美術館の展示は、近代建築が一般大衆の前に出現する第一歩を印したという一部の建築家や歴史家の認識は、アメリカの高級文化団体の力に功を認めすぎ、その国の大衆文化の源のすばやい、広範囲に及ぶ影響を見逃している。いずれにせよ美術館展は合衆国がモダニズムを採り入れた初期の時代のもっとも有意義なイベントであり、そのイベントが明らかにしたデザインの原則は、もっとずっと単純化された形態で、戦後アメリカの建築家の幅広いコンセンサスに影響を与えることとなった。

進歩の世紀博覧会、シカゴ　一九三三〜三四年

近代建築が合衆国でまだ幼児期にあった頃、ジグザグな立体画に刺激されたアールデコ装飾が、ときを同じくして人気の頂点に達していた。この新しい様式は一九二五年のパリ博覧会で紹介され、アメリカ人たちは帰国すると、熱心にこの様式を彼らの作品に利用した。アールデコ・ルックは新聞が大々的に書きたて、メーシー、ロード・エンド・テイラー、ジョン・ワナメーカーといった大百貨店がスポンサーとなり大量の広告を出して、世に送り出された。アメリカ美術館協会はさらにパリ博の装飾品を一九二六年に九つの都市で巡回展示した。数年以内に、アールデコはファッション・商店・ナイトクラブ・映画館・摩天楼のためのもっとも今日的な様式としての地位を確立した。

人気があったにもかかわらず（あるいはその人気のせいで）キュービストのアールデコの流行は短命に終わる運命にあった。そしてこの様式が最後に熱狂的に迎えられたのは一九三三年におけるシカゴの「進歩の世紀博覧会」であった。

ミシガン湖畔に繰り広げられた進歩の世紀博を訪れた者は、例えば光電管、自動車や列車の

最新のコンセプトなど、展示されたテクノロジーの驚異を見ることができた。そしてこれらの進歩的な発明の中に、不況の辛苦から逃れられるかもしれない手段をおそらく見い出そうとした。いろいろな様式で建てられたパヴィリオンの建築も負けず劣らずびっくりするものだった。若干のモダン様式の例が呼び物になり、その中には、ジョン・C・B・ムーアのホーム・アンド・インダストリアル・アート・グループのための住宅デザインも含まれていた。ムーアのパヴィリオンは、正統的なモダン美学、つまり単色の壁面、長方形を採用したこと、およびプレハブ工法で建てるという社会・経済観念が、「平均的な家族の住むように設計された家」[注4]と建築新聞で書かれた。実用性・機能性・効率性を唱えるムーアのデザインは、結局は味気のないものだった。

シカゴ博では、地方的な建築家ジョージ・フレッド・ケックがデザインした二つの建物にモダニズムがさらに劇的に示されていた。ケックは「明日の家」で、アールデコの摩天楼の頂上にセットバックのマッスを用い、フロアから天井までガラスとパイプの柵によってモダニスト的なラッピングを行った。ケックはしかし翌年さらに努力して、「水晶の家」(図20)を公開した。これはむき出しの鉄骨骨組とガラスでできた構成主義の建物で、戦後の発達を先取りしている点で、一九三〇年代のアメリカのデザインの中でももっとも優れたものの一つであった。

ケックのデザインが質ではどんなに勝っていたとしても、数ではアールデコの摩天楼をまねたパヴィリオンがはるかに多かった(その多くはアメリカの産業のためのものだった)。それらは深くセットバックした形に垂直なひれを彫り込み、空に向かってぎざぎざの形をしていた(図22)。この落着きのなさは、建物に塗られた鮮やかな青・金・オレンジ・紫色で強調され、夜空に向かって色鮮やかな照明を当てようという魂胆である。

これらのパヴィリオンの美は、二〇年代の狂騒的な華麗さに比べると遅れているように見えるかもしれないが、よりなめらかな、角ばらないアールデコの出現を、博覧会に展示された多

注4　進歩の世紀博、シカゴ、一九三三年、『Architectural Record』誌、一九三三年七月号、七二頁

図20　水晶の家、シカゴ（一九三四年）、〈設計〉ジョージ・フレッド・ケック（上右）

図21　バーリントン・ゼファーのロゴ（一九三〇年代）、〈原案〉レイモンド・ローウイ（上左）

図22　ゼネラルモーターズビル、シカゴ（一九三三年）、〈設計〉アルバート・カーン

図23　豪華客船案（一九三二年）、〈設計〉ノーマン・ベル・ゲデス

くの交通車両のデザインに探し出すことができた。この様式は流線型と呼ばれ、もともと空気力学におけるデザイン理論として考え出されたものである。水滴形の外形と丸めた角を併用すれば、どんな車両も空中や水上を走り抜ける際に、空気や水の抵抗が最少になる。博覧会では水滴《ティア・ドロップ》形の外形と独創的な三輪のデザインが、アメリカ人のR・バックミンスター・フラーの発明したダイマキシオン三輪車を際立たせていた。展示館の上の空間にはグッドイヤー社のつやつやした卵形の小型飛行船がいたるところに見られた。しかし流線型に夢中の大衆を一番驚かしたのは二つの列車デザインだった。ユニオンパシフィックのM-10,000号は後にシティー・オブ・サリナ号、バーリントンのゼファー号（図21）と命名され、その上でシカゴの建築家ホラバードとルートが外装の、フィラデルフィアの建築家ポール・クレーがインテリアのコンサルタントを演じた。ゼファー号の全長一九七フィートの車体は、ほとんど全部ステンレスで覆われ、ヘルメットのような機関車に始まって、車体全体を長い波型の線状のうねが水滴形のラウンジカーまで通っている。古代ギリシアの西風の神の名をとって、スピードの観念をロマンティックに喚起したゼファー号は、博覧会の二年目の開催初日にセンセーショナルに到着した。デンヴァーのユニオンステーション駅を一九三四年五月二六日の早朝に出発して、平均時速七七・六マイルで東へ向かって疾走し、シカゴに一三時間五分という記録破りの時間で到着した。進歩の世紀博の到着線を越えたとき、数千もの人が歓声をあげ、そして七〇万以上の入場者がその年の夏ま

でこの列車を見学した。

流線型化は、実はシカゴ博の前から建築とデザインを侵略し始めていた。一九二〇年代には劇場のデザインや百貨店の陳列デザインをやっていたノーマン・ベル・ゲデスは、彼の広く宣伝された一九三二年の書物『ホライズンズ』において、素晴らしい外洋豪華船（図23）をつくり上げた。この豪華船はなめらかな金属のシェル、後ろに吹き飛ばされたような煙突、しだいに細くなる長い船尾をもち、動くデザイン・スタディだった。『ホライズンズ』にはまた進歩の世紀博のための九つの建築プロジェクト（いずれも建てられなかった）の一つである回転レストランの模型が載っていた。ここでベル・ゲデスは、レストランとテラスを載せた三つの部分からなる円盤を支柱から片持ち梁でもち出した。舞台装置のような奇想をこらしたデザインは、普通、モダニズムのモティーフに浅薄な装飾をほどこしたとして、前衛的評論家が眉をひそめる類のものであった。

流線型化がかなりに商売上の武器になったのは、なんといっても進歩の世紀博の人気と幅広いメディアの注目のお陰であった。一九三〇年代を通じて、ベル・ゲデスはレイモンド・ローウィ、ワルター・ドーウィン・ティーグ、ヘンリー・ドレフュスといった他の一流の工業デザイナーと一緒に、アメリカのビジネスマンたちがより高い利益を求めて、製品をデザインし直すのを助けただけではなく、映画製作者や大衆にモダニズムの将来ヴィジョンを与えたのであった。電話、ラジオ・キャビネット、アイロンのような普通の家庭用品はまもなく流線型化によって形が変わった。その様式の外観からは、空気力学に源を発していることを思わせるものはなに一つなかった。アメリカの家庭の流線型の商品の成功は、モダン・ルックの魅力の証明であったばかりか、きたるべき世紀も、不況を克服することができたら、今世紀と同じように進歩的であることを約束するアピールでもあった。

ニューヨーク世界博、一九三九〜四〇年

アメリカで流線型の神格化が起こったのは、一九三〇年代末、一九三九年にニューヨーク世界博覧会においてであって、このイベントは最高のものだけを扱った。大不況のため低迷していた経済を元気づけるための金融界の刺激剤として、一九三五年に始められたこの博覧会はニューヨークで、ほとんど一〇〇年ぶりに開催された最初のものであった（最後の博覧会は一八五三年だった）。これは合衆国東部でそれまでに計画されたうち最大のプロジェクトで、一九〇四年にセントルイスで催されたものを除いては、他のどの博覧会場より広い敷地だった（一二一六・五エーカー）。

博覧会のテーマ「明日の世界の建築」に元気よく応えて、デザイナーたちは将来きたるべきものに想像をたくましくした。建築のあるもの、例えば高さ七〇〇フィートにそびえるトライロン、直径二〇〇フィートのペリスフィアー[訳注]などは、抽象的な幾何学によって崇高で質の高いものを追求した。他の建物、例えば巨大な金銭登録器が上に載っていて、入場者数を打ち出しているナショナル・キャッシュ・レジスター社ビルディングは単なる駄作にすぎない。自動車製造業者たちは、第二次世界大戦後アメリカ人が都市から郊外住宅地へ逃げ出す手段を供給しようとして、もっとも熱心に冒険的な展示をやった部類だった。クライスラー社はレイモンド・ローウィに委託して卵形のホールと雲にそびえる二つの塔をもつ長方形のショウルームを建てた。アルバート・カーンとワルター・ドーウィン・ティーグはフォード自動車会社ビルディングを担当し、そこでの来場者は「明日の道路」をフォードの最新型車でドライブするチャンスが与えられた。世界博で大成功だったのはノーマン・ベル・ゲデスのデザインしたゼネラルモーターズ社ビルディング（図24）だった。アプローチは上ったり下ったりする斜路で、来場者（毎日約二万七五〇〇人）はビルの開口部のないカーブした外壁の暗い垂直な切込みに

訳注　Perisphere:〈物理〉影響圏。物体のつくる動場や電場、磁場が他の物体に影響を与えうる範囲

入って、オーディトリアムへと進む。ここでは観客は制服を着た案内人に座席までエスコートされ、列車で一六分間運ばれる。すると、ベル・ゲデスが設計した一九六〇年のアメリカの模型、フーツラマを空中から見る仕掛けになっていた。フーツラマにはスーパーハイウェイ、時速一〇〇マイルで走る流線型の自動車、巨大な発電用ダムが見えた。列車は摩天楼の建つ未来都市の上を下り始める。都市の交差点の断面図をクローズアップで見てから、観客は暗くしたオーディトリアムを出て、その交差点を実際に再現したものを見ることになった。未来が現実になったのだ。

流線型は世界博覧会に出品したアメリカの支配的デザインであったが、近代建築は著しく多く出現した。エンパイア・ステート・ビルディングを設計した建築家のラムとハーモンのシュリーブ兄弟によるデザインのグラス・インコーポレーテッド社ビルディング（図25）はガラスを使い、とくに夜間照明されたときは、建物のヴォリュームをほとんど非物質化している点で、決定的にモダンの調子を出していた。ヨーロッパ・モダニズムの新しい傾向のもっとも優れた実例は国別ホールでのフィンランドの展示で、建築家アルヴァ・アアルトとその夫人アイノ・マルシオ・アアルトの作品であった。アアルトのトゥルク・サノマット・ビルディング（一九二八〜三〇年）は一九三二年の近代美術館展にも出品されたが、アアルトの晩年の作品は、一九二〇年代後期から一九三〇年代前期にかけての整然とした幾何学と機械生産の材料からはずれていた。この二人は、もっと彫刻的・生物的な形態と木とか石とかいう伝統的建築材料へと帰っていったのだった。こういう厳格さのない近代主義への傾向が一九四四年の近代美術館展「ビルトインUSA一九三二〜四四年」のテーマといえよう。そのカタログは「アメリカの伝統的技術と材料がライトやヨーロッパ人の表現形態と混ざり合ってしまうこと」からアメリカの近代建築の発展を擁護していた。[注5]

フランク・ロイド・ライト自身は世界博には参加しなかったが、一九三〇年代の建築を少し

注5 Philip L. Goodwinによる Alfred H. Barr, Jr.の *Built in USA 1932〜1944*, ed. Elizabeth Mock (New York: The Museum of Modern Art, 1944) 序文、八頁の引用

図24　ゼネラルモーターズビル、ニューヨーク市（一九三九年）、〈設計〉ノーマン・ベル・ゲデス
図25　グラス・インコポレーテッドビル、ニューヨーク市（一九三九年）、〈設計〉シュリーブ・ラム・ハーモン事務所

でも論じるときに、ライトの三〇年代の作品を無視することはできない。近代美術館が一九四四年に一つのモデルとしてライトを採り上げたことは、近代主義のとってきたコースをはずれるものではなかったが、にもかかわらず、皮肉にも建築評論家の受け容れ方が曲り角に来ることになった。これまでライトの作品歴は常に個人主義的なものであった。ライトはさまざまな運動からつまみ出し、選び出し、一つのものに決して終始することのない建築家だった。ライトの「草原の家」は二〇世紀初頭のヨーロッパの建築家たちにとてつもない影響を及ぼしたが、彼のマヤ族に刺激された一九二〇年代の装飾豊かな住宅は、彼が同時代のヨーロッパのモダニズムと意見を一にしていたわけではないことを明らかにした。ジョンソンとヒッチコックは六三歳の巨匠の作品を一九三二年の美術館展に展示したが、同じ年に彼らが出した書物『インターナショナル・スタイル』からは省いてしまった。多くの人がライトのキャリアは終わり、彼の建築は近代建築の主流からはずれた支流にすぎないと信じた。この追悼の辞は、しかしながら早すぎたようだ。一九三〇年代半ばから終わりにかけてのライトの二つの非凡な建物が、ライトの天才がまだまだ衰えていないこと証明したからだった。それはウィスコンシン州ラシーンのジョンソン・ワックス社の本社ビルと彼の作品の中でもっとも見事なものの一つ、「落水荘」である。

ピッツバーグの大百貨店の一つの持主であるカウフマン一族は、市の東約五〇マイルにある樹木に蔽われたピクニックに好適な土地に、住宅を建てることをライトに委託した。その敷地はライトのこれまでの仕事の中で、もっともドラマティックであり、彼はそこに「落水荘」をデザインして報いた（一九三六年）。ベアーラン川の滝の真上に片持ち梁でもち出された数枚のコンクリート・トレイを重ねた姿のこの家は、ライト式とヨーロッパ・モダニズムのテーマの眩しいくらいの融合物であった（図26）。ライトがヨーロッパの建築家たちに与えたもっとも大きな影響であった開放的な平面計画は、空中に浮かぶような水平の三角小空間《スパンドレル》、金属枠にはまったリボンウィンドウといった彼らの作品に見られる特徴と結合していた。

　同様に注目に値するのは、ライトのジョンソン・ワックス社の本社（一九三六〜三九年）の中央ホールである。これはコンクリートの茸形の柱を使い、ほとんど窓なしの曲線を描いて片持ちのテラコッタ赤煉瓦の壁に囲まれている。それを保護する壁面は、テラコッタ赤煉瓦で曲線を描き、窓はなかった。このようになめらかな流線型の曲線は、ライトの後の作品でますます重要な役を演じたが、ジョンソンビルもいくらか恩恵を蒙っている流線型スタイル自体は、

図26　落水荘、ベアーラン川（一九三六年）、〈設計〉フランク・ロイド・ライト

ニューヨーク世界博とともに死滅したようだった。建築史家デーヴィッド・ゲブハードはこの速やかな消滅を二つの要素に帰している。第一に運動がテクノロジーを美化したことが、戦争中にテクノロジーのもっとも破壊的な面を見せつけられてきた大衆の迷夢を覚ますことになったかもしれない。第二に、戦後、一九五〇年代の落着いた豊かな時代に、流線型の用いる未来主義者の姿勢は、波風の高い一九三〇年代にもっていたような魅力を失ってしまったのであろう、と。理由はなんであろうと、流線型は浮上するよりも早く第二次世界大戦中に没してしまい、アメリカは将来二〇年間は流線型になるという、ベル・ゲデスのヴィジョンはついに実現することはなかった。

発明に明け暮れた一〇年間の後、一九三〇年代の半ばには、近代建築の高潮は引き始め、非常に保守主義の時代が続いた。この現象は芸術の多くの分野に起こった。だんだん深まる不況は建設活動を妨げたばかりでなく、ヨーロッパの多くの国に全体主義の政府が勃興するにつれて、モダニズムに対する悪意ははげしくなり、国家の様式として新古典主義の復興が奨励される事態となった。こうした傾向の兆候は、一九三七年のパリ世界博で読み取ることができる。そこではドイツ館とソヴィエト館がこの博覧会のメイン・ストリートを挟んで向い合せに建てられ、おおげさに角突き合いを演じていた。

この時期にはまた、一九三〇年前後にモダニズムのもっとも優れた建築家たちを結び付けていた様式の統一に分裂が見られた。ある者は、ル・コルビュジエのように、一九二〇年代後期に見られた建物の高度に合理主義的で、機械で砥いだような精密さを拒むようになった。一九三二年の近代美術館展に出品したル・コルビュジエの二つの建物は、近代美術館が宣伝したコンセンサスがすでに解体しつつあることを示唆していた。一九三一年のマンドロ邸も、パリの大学都市のスイス学生館も、博覧会の開催中に工事中だったので、図面が出品されたが、フォルムのもつ彫刻的な感覚、石や打放しコンクリートといった自然の材料の使用という一九二〇年代のル・コルビュジエの作品に見られる原始的フォルムは希薄になった。他の近代建築家のデザインには、新古典主義好みが再び出現した。ミースは一九三三年に、ベルリンのライヒスバンクの計画で新古典主義のアーキトレーブ、柱、ペディメントを復活させるのを一時やめたにもかかわらず、建物をシンメトリーにしたこと、ロビーに大階段を二つつけたこと、ファサードをベース、ピアノ・ノベレおよびトップに三分割して、新古典主義を思い出させていた。

一九三八年にミースは合衆国に亡命し、シカゴのイリノイ工科大学で教えることと、彼の設計事務所の成功とによって、戦後のもっとも有力な建築家として浮かび上がってきた。彼の開発した様式は、世界中の会社がオーソドックスな様式として広く採用した陳腐なイミテーションの元となったけれども、ミースのニューヨークのシーグラム社ビルディング（一九五四～五八年）のような建物は、寸分のくるいもないプロポーションの感覚、ディテールに対する細心の注意、材料の手堅い取扱いをもって、二〇世紀半ばにおいてもモダニズムはまだ実りを期待できるものであることを証明した。

第二章　第七の芸術を建てる

一九二五年のパリ博覧会の中途から六カ月間、モダニズムを一般大衆に紹介していた時期に、映画は三〇回目の誕生日を祝った。カメラ、フィルム、照明が改良され、世紀の変わり目のあの粒だらけの、焦点の定まらぬぞっとするような映像は、もっとも微妙で、美しい効果も出せる表現力豊かな媒体に変わった。同じように背景装飾も着々と進んで、一九〇〇年代初めに舞台で使われた枠張物は、照明を華やかに駆使して、空間の深さを完全に信じさせる映画建築に取って代わった。おそるべき短日月のあいだに、映画は感動的なほどの成熟度に達したので、フランスのフィルムがパリ博で映画作家協会のためにマレ=ステヴァン・スタジオにて映写された。パリ博の組織者たちは、映画が第七の芸術になったことを確信するあまり、動く映像を、その年セーヌ川に沿って展示された建物・椅子・絵画・壷のどれとも同様にまじめに研究し、注目に値する芸術品という地位まで高めたのは正しいことであった。

大衆的な娯楽としての映画の誕生は一八九〇年代であるが、媒体そのものの歴史はその数年前に始まっている。手初めに一八七〇年代と一八八〇年代に、英国生れのエドワード・ムイブリッジのような科学者たちが、簡単な「活動写真」を、裸眼には知覚できないような人間や動物の動きの段階をはっきり見えるようにするための道具として開発した。ムイブリッジらの実験が成功して、見た人はすべて興奮したので、発明家たちは連続映写のできる機械をつくる競争に火花を散らし始めた。パリでは一八九五年一二月二八日にルイ・リュミエールが彼のシネマトグラフを公開した。その基本的な考え方は今日の映画にもまだ通用する。

合衆国で、映画と映画装飾の歴史が重要な里程標に到達したのは、一八九四年ニュージャージー州のウェストオレンジで、トーマス・エジソン映画会社が「黒いマリア」をつくったときである。「黒いマリア」は、太陽光線が捕えられるように回転する、タールを塗った紙で覆った小さな小屋で、映画製作用に特別につくられた最初の構造物といえよう。この小屋の中で、映画会社は、映画装飾に向かって映画製作の第一歩を自信なさそうに踏み出した。そこでは、枠張物に描いた未熟な建築らしきものを固定カメラが撮影していた。静止カメラはそもそも、芝居好きによく見える固定席を与えるという考え方の名残だったが、また経済的な理由だったかもしれない。移動カメラだと、もっと広い枠張物が必要となり金がかかった。もっとも初期のノンフィクション映画の野外撮影には、エジソンや他の人は、動いている列車、地下鉄、ときにはゴンドラにさえも可動カメラをすえつけて使った。

セット・デザインの分野でのアメリカの地位は、すぐにフランスに奪われてしまった。フランスでは、最初に映画スタジオを建てたジョルジュ・メリエスによって、映画の背景装飾の可能性が一気に実現した。メリエスが一八九六年から一九一三年のあいだにつくった五〇〇本に近い映画を通じて、二〇世紀のもっとも若い芸術が独自の様式と洗練性に到達し始め、二〇世紀の視覚文化に対するパイオニア的貢献を行った。メリエスは時代の一番重要なイベントを撮影したので、フランスから遠く離れた映画ファンは、彼の映画によって一九〇〇年のパリ博を訪れることができたし、ロシア皇帝のベルサイユ訪問も自分の目で見ることができた。メリエスは、ドキュメンタリーでない映画のために、リアリズムと様式化の要素を組み合わせたスタイルをつくり出した。リアリズムと様式化の二つの形式を、映画のデザイナーたちは、その後いろいろの度合に組み合わせ、彼ら独自の個性的・特徴的総合をつくり上げた。メリエス自身の好きなテーマは産業主義の最新の技術的・科学的な発見であって、例えば“The Impossible Voyage”*（一九〇四年、図27）はガラスと鉄のホールの中に素晴らしい機械のセットを再現し

＊ 邦題『太陽旅行』

ている。しかし彼のもっとも新機軸を出した作品といえば、空想と幻想の世界だった。そして彼はロビンソン・クルーソー、クレオパトラ、ファウスト、ハムレットなど、異国のエキゾティックな世界を映画に巧みに描き出した。メリエスの一番大衆受けした映画は一九〇二年の『月世界旅行』*で、観客を自宅から一番遠いところに連れ出した。三〇もの信じられないようなシーンで、実験場、ロケット発射台はもちろんのこと、月自体のあばた面の景観までを描き出した。

映画のためにイリュージョンをつくることは、メリエスにとってほとんど第二の天性とでもいうべきもので、この手品師としての腕前が、一八八八年以来彼のロベール・ウーダン劇場で

* "Le Voyage dans la Lure"

図27 "The Impossible Voyage"(一九〇四年)監督・美術監督ジョルジュ・メリエス

パリジャンたちを興奮させ続けてきたのだった。メリエスが彼の魔術のための媒体として映画を使うことに関心をもったきっかけは、リュミエールのシネマトグラフの特別封切りに行ったときだった。リュミエールは観客の注意を、誰もが見ることは見るが、本当に立ち止まって見ることの決してない、普通の日常の物に焦点を当てた。パリの観客たちは、いかにもリュミエールらしい映画『ラ・シオタ駅への列車の到着』のリアリズムと直接性に胸をわくわくさせた。この映画は、そのタイトルから期待するものを正確に提供したのである。メリエスはリュミエールの発明にすっかり夢中になってしまい、舞台の仕事を捨て、彼自身映画をつくることに専心するようになった。メリエスは一年も経たぬうちに自分の製作会社「スター映画」社を創立し、ついに一八九七年には新しい突破口となったスタジオを建設した。

メリエスはこの建物のことを「写真のスタジオ（規模は巨大）と劇場の舞台のコンビネーション」と言っている。彼のもっていたパリ郊外のモントイユ・スー・ボアの土地に建てられたガラス屋根の建物は五〇フィート×三〇フィートで、撮影の際に太陽を最大限に利用できるように壁はガラスであった。（映画に人工照明が到来するのは、まだ約一〇年あまり先のことだった。）ファンタスティックな効果を出せるように、メリエスはスタジオにイリュージョニストの劇場に相応しいあらゆる小道具を備え付けた。これには俳優や小道具が突然現れたり消えたりできるようなトラップドア、シュート、回転パネルが含まれていた。小屋の片隅の小さなステージの上に、劇場の枠張物、あるいはだまし絵ふうに描いた建築の一部の背景といった、まったく写実的な映画のセットが載っていた。本当らしく見せるためにたくさんの小道具や家具がつけ加えられることもあったが、これらも俳優たちも実際には後ろの背景画の不自然さを強調するだけで、これこそ間違いのないメリエスのトレードマークであるチャーミングな素朴性を彼のセットに与えたのだった。

高度に様式化したスタジオに改造したことは、この新しい媒体に溢れんばかりのイメジャリーを利用する手段を提供した。こうしたイメジャリーは、一般大衆にも使えるほど安い印刷法によって手に入るようになったのである。メリエスの影響下で、映画は一種の情報交換機関となり、多くの初期の映画の舞台装置にインスピレーションを与えた絵葉書、着色石版刷あるいは家庭アルバムの静的イメージに活気を与えた。これらの派手ではあるが、ありきたりの情報源は、それまで成功した方式を捨て去る理由が見つからなかった当時の映画製作者たちの舞台装置に関する必要条件を満足させたのである。しかしもっと進んだ少数の映画プロデューサーは、より質の高いデザインが、より芸術的な地位を映画に与えるだけでなく、映画をさらに儲かるものにすると信じていた。彼らの努力によって、多くの優れた絵画が映画装飾の元として探し出されるようになった。例えば、映画の絵画性がいつも強調されるフランスでは、彫刻家から転向した映画製作者ヴィクトラン・ジャセは、アリス・ギュイ監督『キリストの生涯』(一九〇六年)に有名なアカデミー会員ジェームス・ティソの水彩画のコピーで味つけをした。

メリエス自身に関しては、『月世界旅行』でかち取った世界的名声が没落の種を蒔くこととなった。彼の素晴らしい舞台装置や新奇なテクニックが映画で普通になってくるにつれて、彼が達成してきた独自性が早急に忘れられてしまった。メリエスはいつも完全な芸術家で、ビジネスマンとしては、しばしばアマチュア以上ではなかった。彼のアイディアがしょっちゅう盗まれるのを防ぐこともできず、自分の財産がだんだん減り、ついに失くなってしまうのを仕方なさそうに見ていた。やっと生涯の終わりになって、映画を夢に仕立て上げた才知が、彼をもう一度世に認めさせることとなった。

メリエスの人気が落ちていったもっと深い原因は、映画の歴史にとっても重要なのだが、彼が映画のテクニックの進歩に歩調を合わせることができなかったことにある。メリエスは動きを連想させる仕掛けを多少使いはしたが、エジソンと同じく、舞台と観客の固定した関係を劇場から受け継いでいた。彼はカメラを静止させ、フィルムを一連のタブローのごとくに構成し、映画ファンに「特権的第五列目の席[訳注]」を提供した。メリエスが、あるシーンで、静止カメラに実際に写る範囲を知るのに用いたシステムは、カメラから二本の紐を延ばし、一本は張物の左端に、もう一本は右端につなぐことだった。紐が舞台の床の上につくった三角形の範囲内ならば、俳優は絵の枠の中に見えるというわけである。もう一組の紐を張物に平行に張り[訳注]、俳優の全身、膝から上、腰から上を映す目印にした。この方法はメリエスに明確な制約を課した。もし彼がカメラを動かすことを選んだら、張物の不自然さが裏切ったことだろう。つまりカメラがセットに近づきすぎると、だまし絵的な建築のディテールが悲しくもはっきりしてしまう。側面に動かせば、紙のように薄い縁の部分を暴露してしまうし、カンバスに描いた遠近法の幻影が壊れてしまう。

　一方、他の映画製作者たちはセットのデザインと撮影術で大きな一歩を踏み出していた。劇的効果を求めてカメラの配置をいろいろと変え、カメラ自体もしだいに動くようになり始め、疾走する車からの屋外ショットに見られるダイナミズムをいくらかでもスタジオにもち込んだ。もっとゆったりしたスタジオを建てることで、映画製作者はより大きなセットを建てることができ、カメラの移動に理想的なアリーナをもつことができた。セットがもっと凝ったものになれば、かならずついて回る審美的問題が建築家と芸術家の注意を誘った。この発展のインパクトをイタリアほどすぐに受けた国はなかった。イタリアでは、貴族のパトロンたちはすでに自国の映画産業を先端的地位にもっていくのに手を貸していた。イタリアの文学界、オペラ界からの高いレベルのタレントを使うことができたので、貴族たちは映画を、自分たちも主要な参加者だったイタリアの豊かな歴史の伝統をたたえる見世物的手段であると考えた。

　イタリアは一九一〇年頃に大がかりなセットをつくり始めたのだが、三年後、ずば抜けたセットがジョヴァンニ・パストローネの『カビリア』（図28）で完成した。一九一四年六月一日、ニューヨークのニッカーボッカー劇場での初公開の直前に、『ニューヨーク・ドラマティック・

訳注　米合衆国憲法修正第五条の「自分に不利な証言の拒否権」にかけてある。

訳注　本当は平行ではなく、カメラからレンズの視界の上限に沿って紐を張るのである。

ミラー』紙が『カビリア』を、「今までアメリカで見たフォトグラフィック・スペクタクルで一番素晴らしい」と称賛した。純然たる歴史的ページェントは上映時間三時間という、聞いたことのない長さで映画批評家たちを驚かせた。『カビリア』は紀元前三世紀、カルタゴのローマ軍による滅亡の物語を、カルタゴの若い女性カリビアとローマの勇敢な恋人アウジリア・フルウィウスの運命を通して語っていた。『ミラー』紙の有頂天になった批評は続けて言う。シナリオだけでなく、「疑い深い多くの人たちに高尚な芸術と活動写真は相容れないものではない、と確信させた」のは疑

図28 "Cabiria"（一九一四年）ジョヴァンニ・パストローネ監督、美術監督不明

いもなく『カビリア』の視覚的祝宴であると。初めて「映画建築」なる言葉が遠慮なしに使われた。未曾有の規模とディテールによって、『カビリア』は建築的効果の可能性を利用した。堂々たる階段と踊り場が舞台の雛壇を形成し、木でつくられ、建材（プラスターと繊維を固めたもの）を張った壁面は、とくに背後から光を当てると、素晴らしい立体感をかもし出した。

『カビリア』の影響はまことに大きかった。それは長編物、あるいは二本立てに標準の入場料金を設定することになり、短篇物を見せる慣習に最後の一撃を食らわせた。より長い、よりスペクタクルな形式が成功するのがわかったので、プロデューサーたちはより多くの時間をかけ、努力し、もっと金をつぎ込むだけの価値がデザインにあることに気づいた。そして『カビリア』はついにメリエスのだまし絵の伝統を決定的に断ち切った。建て込んだセットは、少数の例外を除き、今や映画のデザインにリアリティを与える普通の手段となったのである。

映画で創造的な仕事のできることがわかると、建築家たちはすぐに引き寄せられた。これは当時の評論家の歓迎するところだった。『ムーヴィング・ピクチュアーの芸術』の著者、詩人のヴェイチェル・リンゼイは、アメリカの建築家たちに、映画のプロダクションに入って建築の鑑賞眼を育てる尖兵となるよう合衆国中に熱望した。建築家たちは、自分たちの宣伝の手段として映画を利用すべきである。なぜなら、「映画はその固有の性格から、この国を支配する他のどの分野より、建築家を世に出してくれるからである。」先導役をつとめる映画をもってすれば、一八七六年のフィラデルフィア一〇〇年記念博覧会、あるいは一九一五年のサンフランシスコおよびサンディエゴの博覧会をモデルにして、アメリカはすぐにも輝かしい永遠の博覧会場になれるだろう。――まぎれもなく、リンゼイも建築誌の大部分も、映画は、建築の審美眼を養う主力として、まもなく博覧会に挑むだろうと予言したのは正しかった。

建築家たちが映画に根を下ろしつつあった最初の高潮期に、多くの建築家は劇場流の不自然なセットを入れ替えるのに、まるで敵討ちでもするかのように活躍しすぎたのだった。イタリアでは、セットのデザインは、歴史的には正確であっても、無味乾燥なアカデミズムに堕落した。しかしアメリカでは、映画デザイナーに転向した建築家のロバート・ハースは、ニューヨークのフェイマス・プレイヤーズ=ラスキ・スタジオの仕事をしていて、スペインの修道院とヴィクトリア朝の街並みを再現するのに、本物の材料を贅沢に使い、建築のディテールに凝りすぎてしまった。博覧会場としてのアメリカという、映画に示唆されたリンゼイのヴィジョンは、ゴールドウィン・スタジオでセドリック・ギボンズが監督した"Bunty Pulls the Strings"(一九二一年)のために建てられたスコットランドの町によって、真実になるように思われた。セットがあまりにもリアリスティックだったので、映画のプロデューサーは丸一年間これを公開した!

しかしこうした建築のやりすぎを緩和しようとする動きは、すでに一九一〇年代に始まっていて、一九二〇年代に映画デザイナーに対してモダニズムがアピールを出す環境がつくられていたといえよう。例えば、ケネス・マクガヴァンは、一九二一年に『フォトプレイ』誌で、ジョゼフ・アーバン(七五頁参照)とユーゴー・バーリンを選び出して、とくに称賛した。バーリンは建築の素養をもつ画家であり壁画家で、カーテンと数本の丈の高い石の柱だけで美しいセットをつくった。背景装飾から多くの不必要で曖昧な要素を取り除いただけではなく、こうした新世代のデザイナーたちは、照明を適切に配置すれば、セットは光と影の力強い抽象的な構成にまで切り詰めることができることを発見した。

映画のデザインを単純化する試みを行ったリーダーはウィルフレッド・バックランドであった。バックランド自身は、映画の初期のデザイナーの多くと同じく、劇場で勉強したのであるが、彼の優れた映画での仕事は疑いもなく建築からインスピレーションを貰い、基本的には形、空間および光の特性を扱った。バックランドは劇場のプロデューサーであるデヴィッド・ベラスコとニューヨークで一緒に仕事をした。一九一四年にニューヨークと西海岸のあいだを

通い始め、最後に一九二二年にハリウッドに落ち着いた。その年に、アラン・ドゥワンの『ロビン・フッド』(図29) で彼の最高のデザインの一つを達成した。バックランドのハリウッド到着はデザイン革命ののろしとなったが、それは数年前イタリアで彼がセシル・B・デミルとプロデューサーのジェッス・ラスキの映画に、ニューヨークの舞台の「明暗の対照」の効果をもち込んだことによって起きた革命と同様、決定的なものだった。バックランドは、光を注意深くコントロールできるように建てられたセットの中でのみ、彼の才能を十全に発揮した。したがって屋根がなく、まぶしい南カリフォルニアの太陽を遮る紗の幕 (図30) だけのステージ、あるいはガラス張りの小屋で撮影する西海岸の普通のやり方では、ガラスにペンキを塗るか、幕を張って太陽光線の量を調節しないかぎり、彼の目指す美には不適当だと悟った。もちろん彼は屋内のサウンドステージでの撮影を強く望み、そこで完全にコントロールできる人工照明の使用を推進した。その結果、バックランドのデザインした映画は、屋外撮影の標準的明るさに慣れた観客には暗く見えた。そしてニューヨークの映画プロデューサーたちは、観客が半分しか映画を見ないのに、料金全額を支払うだろうかと心配した。ラスキはすぐさま考え、ニューヨークは芸術的突破だと大声で応じた。このニュールックをラスキはレンブラント的照明と名づけた。東海岸の大立者たちはその説明を受け容れ、映画を芸術品として売り、入場料を上げた。結局はバックランドのテクニックが勝ち、完全に不透明なサウンドステージに発展した。このようなサウンドステージは今日も使われている。

一九二〇年頃の映画デザイナーに開かれていた美の可能性は、このように限りないものであった。劇場の枠張物は建込みセットに替わり、三次元の模型となったため、映画デザイナーは建築家となり空間を創造した。ガラス張りのスタジオは不透明なサウンドステージへと進化し、そこでは光を操作して、闇の中から形と空間をつくれるようになった。そして静止カメラは動き、映画製作者は劇場では考えられないほど自由に空間を探検することができた。

図29 "Robin Hood" (一九二二年) アラン・ドゥワン監督、美術監督ウィルフレッド・バックランド
図30 ロスアンジェルスのセリッグスタジオの屋外ステージ

空間、光、運動を表現することは、かつて二〇世紀初頭にすでに近代建築家が取り組んではきたが、今や映画デザイナーが挑戦する問題であって、つぎの一〇年間に向けて、彼らの仕事を鼓舞し続けた。映画と建築は、映画がもっと洗練された視覚表現モードを求めたから、それぞれの歩む道が一つとなったのは一九二〇年代である。二〇世紀の新しい建築は、大胆な空間の創造、光の巧妙な操作、動きのダイナミックな連想など、映画デザインも共有する三つの要件に対して理想的な解答を提供した。映画デザイナーたちは、近代デザインを創造する点では、建築家に劣らず才能もあり成功もした、というのが本書『夢をデザインする』の前提なのである。

第三章　先頭に立つヨーロッパ

映画における近代建築の物語は、当然一九二〇年代の半ばに始まる。激しい変動を伴った世界大戦が幕を閉じると、芸術界の戦前からの実験が意気込みも新たに採り上げられた。パリは美の王座を取り戻したがった。ワイマール憲法下のドイツは芸術活動の中心となるまでに発展した。そしてアメリカでは、ニューヨークが偉大な文化の力として、世界の檜舞台でその地位を確立した。西欧にこんなにひどい災害をもたらした戦争は、絵画・建築・彫刻のような「高尚な」芸術と、映画のような「低級な」芸術とを分けることを主張するような、今や流行遅れとなってしまった考えを破壊するのに十分な力となった。エリートや大衆すべての美的な努力と近代テクノロジーとを結合して、芸術のために首尾一貫した平等主義的議題を追求する、新しい意図的なリアリズムが出現した。

この背景があったからこそ、映画と近代建築は実りある合流に向かって第一歩を踏み出したのであった。舞台装置の基礎としての枠張物にもはや縛られない映画のデザイナーたちは、近代デザインの傾向に同化する準備ができていた。この章は映画における近代建築の興亡の四つの局面をたどることになる。一九一六年から一九二四年のあいだに、モダニズムは、四つの先駆的な美的運動の提案者たちの始めた長続きしない努力を通じて、初めて実験的に映画に顔を出した。未来主義、表現主義、ウィーンの分離派様式およびアールヌーヴォーがもっとも実り豊かに見えたのは戦争の終結までで、その頃映画に採り入れられ始めたが、それぞれに近代建築の独自の外観と癒着してしまうような、数多くの様式上の特徴を抱えていた。それらの映画への適応は近代建築の映画装飾に対する適応と同じ関係にあった。第二の局面は一九二四年に始まった。そのときパリ博覧会に期待して、モダニズムの運動を映画という媒体で推進しようと考えたフランスの先駆者たちの努力によって、近代建築はその映画をデビューさせた。一九二八年に、第三の局面が始まり、先駆者たちの努力はしだいに下火になったが、一九三〇年代には近代建築の映画装飾はもっとも広い視界と偉大な勝利を獲得したのである。この時期は近代運動自体を直接経験したことのない映画デザイン専門家が牛耳っていた時代であった。この局面の前半、一九二〇年代後期から一九三〇年代初期には、ヨーロッパと合衆国の両方から映画が封切られ、いわば国際的「近代運動」の一種と考えることができた。近代主義の映画装飾の凋落は、最終局面の結果であり、初め一九三〇年代半ばのヨーロッパに起こったが、一九三〇年代末期にはアメリカの映画デザインにも影響を及ぼした。

その間、フランス・ドイツ・イタリア・合衆国およびその規模がもっと小さいソ連を含む五カ国が、近代建築が映画にもっとも活躍した国々だった。しかしながら、これらの国々のそれぞれが生産した近代建築による映画装飾の量は、その国で近代建築自体が受容された程度に正比例するという議論から結論すべきではない。もし本書でイラストに映画のセットが使われた例はアメリカが優勢だとしても、それはアメリカで製作される映画の本数が圧倒的に多いことを反映しているだけで、とくに成功した近代建築家がアメリカにいたわけではない。実際、近代建築家たちは、例えばオランダの同業者よりはるかに目立たなかった。オランダでは近代建築家たちは市役所の高い地位についたり、集合住宅の設計をしていた。大きな国の映画産業は、国内に大量の観客がいて、成功したプロデューサーは映画製作に要した高額の費用を回収することができるという利点をもっていた。そしてアメリカのスタジオの場合は、積極的な国際マーケティングと配給網という利点があった。国内市場の儲かる部分を獲得しようという誘惑は、映画の製作本数をたえず増やし、ついでスタジオを増やすという危険をプロデューサー側に課すことになった。両者とも映画に専属雇用を求める創造力豊かな人々にその機会を与えた。オランダのような小さな国では、それゆえ近代建築発展のリーダーではあっても、近代建築の映画装飾となると、実りはほとんどなかったように見える。つまり単純に人口が少なければ、その国の映画産業を持続的に支えていくことはできなかった。

始まり

第一次世界大戦の末期の多くの国の映画産業には、すでに十分発展した映画の伝統が存在した。イタリアの映画は、『カビリア』によって、建込みのセット・デザインの革新的な水準を樹立したが、その装飾の質の劇的低下に立ち遭った。戦後の経済危機によって気力を失ってしまったイタリアは、試験ずみのデザイン方式を追うだけで満足しているかに見えた。そしてイタリアのセット・デザインは一九二〇年代、建築家で映画デザイナーのヴィルジリオ・マルキが、ガブリエレ・ダンヌンツィオの文学スタイルを引用して、「ダンヌンツィオ流の退廃したアラベスク」[注1]と名づけたものに屈伏した。

この沈滞に対して前衛的な反対が未来派の人々によって戦時中に行われた。影響は大きかったが短命だったこの運動のメンバーは、イタリアを中心に、詩人・画家・彫刻家・建築家・映画製作者が加わっていた。未来派の人々は、二〇世紀のスピード・暴力・不協和音を反映する美学を初めて唱導した芸術家であった。この運動の一番実り多い時期は、最初に宣言を発した一九〇九年と、ヨーロッパに戦争の勃発した一九一四年のあいだであった。一九一三年か一九一四年と考えられる、建築家アントニオ・サンテリアが図面に描いた大胆で厳格な都市建築は、工業化の形式から引き出された抽象的な建築的言語の最初にしてもっとも喚起力に富むモダニズムの実例として位置づけられる。未来派の人々は自分たちの製作した映画でリアリステ

注1　ヴィルジリオ・マルキ「イタリアの映画技術における技術的、歴史的、美学的な問題」『イタリアの映画の舞台装飾』グイド・チンコッティ編（ローマ、ビアンコ・ネロ社、一九五五年）一三頁

ィックな映像を使うことに断固として反対した。その代わりに、伝統的な叙述形式に対立するような非合理的イメージの同時存在とか併置といったコンセプトによって、抽象的《アブストラクト》の映画を推進した。一九一〇年から一九一二年のあいだに、フィレンツェの未来派のグループが色彩から音楽、ダンスにわたるテーマで六本の抽象的《アブストラクト》な短編映画を製作した。『未来主義者の生活』*（一九一五年）には足と金槌とこうもり傘の対話の場面があって、[注2] それを見た観客は大騒ぎして暴動になりそうだった。一九一六年、「未来派映画の宣言」を発した年に、リーダー格の未来派のつわもの、エンリコ・プランポリーニは映画デザイナーとして、アントン・ジュリオ・ブラガーリアと"Il Perfido Incanto"『可愛いい曲者』の製作に協力した。モダニズムの様式を展開する映画装飾のおそらく一番早い例であったこの映画で、プランポリーニはポール・ポアレのインテリアを連想させるようなアールデコのセットと、黒白パターンの層を重ね合わせた目を見はるような抽象装飾とを組み合わせた（図31）。

　未来派の実験はイタリアの映画産業から顧みられることはなかった。やっと一九三〇年代初めに、映画産業は再び数多くの映画を製作し、抽象的幾何学に示すモダニストの関心を、建込みセットに用いようと試みた。しかしこのような発展はドイツでこそ起こった。ドイツの映画製作は注目に値する独創性の時代に入ろうとしていた。ドイツの映画産業は、才能あるプロデューサー・スター・監督の努力によって根を下ろしたのは早かった。彼らのうちのある者は、一九〇〇年以前にこの業界に入っていた。一九一四年までに、ベルリンには映画スタジオがたくさんあった。そしてドイツのもっとも優れた少数の映画デザイナーはもうすでに仕事をしていたが、もっとも成功した時期は戦後にやってきた。その時代のセット・デザインにもっとも影響のあったのは表現主義であった。

　表現主義は二〇世紀初期に、物や事象の主観的・象徴的側面を強調する運動として勃興したが、しばしば色彩や形体を抽象的にゆがめて表現した。表現主義建築家のプランは大部分が施

* "Vita futurista"

注2　エレーヌ・マンチーニ「イタリアの映画産業の自由だった一九三〇〜三五年」（ニューヨーク大学博士論文、一九八一年）三九頁

図31　"Il Perfido Incanto"（一九一六年）アントン・ジュリオ・ブラガーリア監督、美術監督エンリコ・プランポリーニ

図32　"The Cabinet of Dr. Caligari"（一九二〇年）ロベルト・ヴィーネ監督、美術監督ヘルマン・ヴァルム、ワルター・ライマン、ワルター・レーリッヒ（下右）

図33　"Raskolnikow"（ラスコーリニコフ、一九二三年）ロベルト・ヴィーネ監督、美術監督アンドレイ・アンドレイエフ（下左）

工されなかったが、表現主義の美学は絵画・彫刻・劇場装飾に大きなインパクトを、とくにドイツに与えた。ドイツでの表現主義は二〇世紀初頭から第一次世界大戦直後まで花を咲かせた。表現主義は運動が映画のデザインに初めて衝撃的に現れた頃には、実際はもう下り坂にあった。一九一九年に三人の表現主義の画家、ヘルマン・ヴァルム、ワルター・ライマン、ワルター・レーリッヒは、スタジオに限定した閉所恐怖症の舞台装置をつくったが、それらの高度に様式化された角張ったレパートリーは、狂人の狂った魂の薄気味悪い反映であった。その舞台美術は表現主義映画で一番有名な、ロベルト・ウィーネ監督の『カリガリ博士』(一九二〇年、図32)であった。

『カリガリ博士』の映画デザインの反写実性は、強固な映画美術の一派を形成することはなかったが、その様式美学をまねた一連の短命な映画がつくられるきっかけにはなった。建築家ハンス・ペルツィッヒは"Der Golem"(一九二〇年、邦題『巨人ゴーレム』)の奇怪なテーマを明確にするために、有機的な形、複雑な空間、神秘的な照明といった彫刻的な表現主義を発展させた。表現主義のモティーフの装飾的適用は、デザイナーのセザール・クラインがウィーネ監督の"Genuine"(一九二〇年)のための美術に用いた。一方ロシア人のアンドレイ・アンドレイエフはドストエフスキーの『罪と罰』を下敷きにした、ウィーネ監督の『ラスコーリニコフ』(一九二三年、図33)の仕事で観客を魅了してしまった。ラスコーリニコフの階段は一九二〇年代の卓越したデザインの一つで、ドイツの表現主義者のファンタジーと、ソヴィエト構成主義に特有のダイナミックで螺旋状に上る運動の暗示とが溶け合っていた。

アメリカでは『カリガリ博士』は一九二一年には初公開されたが不評だった。五年後に再映されると、「芸術映画」の地位を獲得した。フランスでは一九二一年、この映画の製作者と批評家ルイ・デリックが初公開したところ、「ドイツの表現主義の爆弾」[注3]として爆発的人気を得たが、こうしたことはフランスだけだった。そしてベルリン―パリ映画枢軸を打ち立て、一九

注3　ジャン・テデスコ「立体派映画」(ニューヨーク大学出版局、一九七五年)五五号、一〇三頁、スタンディッシュ・D・ローダーの引用

二〇年代中はもちこたえることができた。表現主義は、一九二〇年代のフランス前衛映画の製作者ジャン・エプスタンの映画（図34）に浸透したし、それほどではなかったが、著名な監督マルセル・レルビエの優れた作品に影響を及ぼした。彼の『ドンジュアンとファウスト』の有名なぎざぎざしたフレームは、表現主義にもキュービズムにも負っていたかもしれない。そして"L' Inhumaine"（八五頁参照）ではヒロインの冬の庭で植物が重なり合う平面に見られ、人目を引く工夫はドイツのクラシックに明白に準拠している。フランスのデザイン界でさえこの映画に注目した。

一方、一九二四年までのヨーロッパ映画界では、戦前の様式から抜け出し、モダニズムを導入して映画美術に生命を吹き込もうと闘った数多くの一匹狼の映画デザイナーを抱えていたが、合衆国では、抜け目のないプロデューサーがヨーロッパのデザイナーをアメリカ映画に誘致しようと試み、新しい様式に向かって第一歩を踏み出しつつあった。これらのヨーロッパのデザイナーの努力の結果、規模は小さいが、生き生きとした映画が発達し、その中でももっとも卓越した影響力をもったデザイナーがジョゼフ・アーバンであった。二〇年代、アーバンはいつも大衆受けする人物であった。アーバンはほとんどあらゆる芸術を網羅する折衷主義的キアリアの持主だった。彼のデザインしたものには、つぎのようなものがある。映画美術、新聞界の大立物ウィリアム・ランドルフ・ハーストのための摩天楼、社交界の花形マージョリー・メリウェザー・ポストのためのスペイン・ゴシックのヴィラ、興業主フロレンス・ジークフェルトのために贅沢なレヴュー、ブロードウェイのショウ、劇場、ウィーン、ボストン、パリ、ニューヨークでのオペラ、さらにニューヨークのソシアル・リサーチのための新しい学校はアメリカで最初の近代建築の一つであった。アーバンは、オーストリア・ハンガリー帝国の首都ウィーンが文化生活に酔いしれていた一時期の、一八七二年にこの地に生まれた。アーバンへの依頼には、書物のイラスト、エジプトのカディフ[訳注]の宮殿のための装飾までさまざまあって、彼

訳注　*Khedive* は一八六七〜一九一四年のあいだ、トルコ国王の総督としてエジプトを治めた。

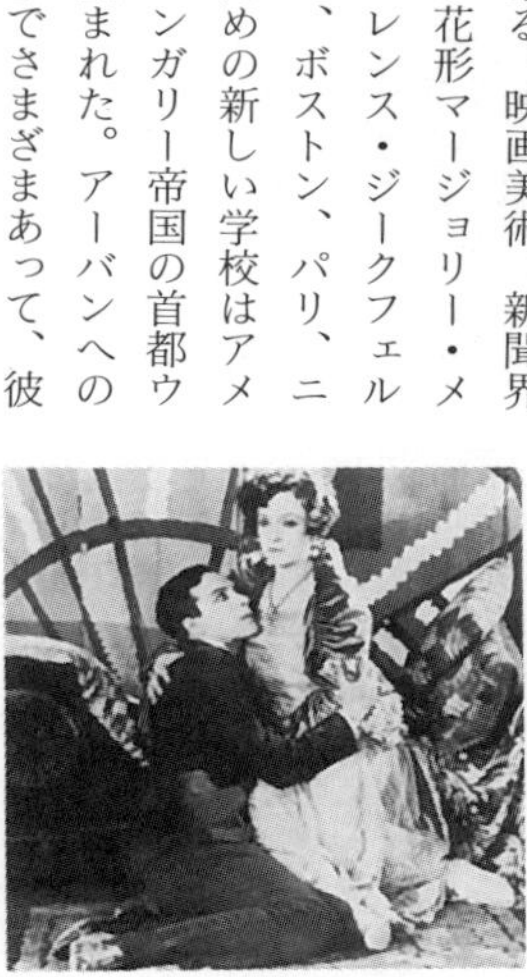

図34　"Le Double Amour"（『二重の恋』、一九二五年）ジャン・エプスタン監督、美術監督ピエール・ケーフェ

が建築の学業を終える前から輝かしいキャリアが約束されていた。アーバンが新しく形成された分離派の影響下に入ったのは一九〇〇年代早々のことだった。普段は、一九〇三年にヨゼフ・ホフマンとコロマン・モーザーによってつくられたウィーンの家具と装飾品の工房、ウィーナー・ヴェルクシュテッテと提携していたが、その分離派様式は幾何学的な枠にはめた豊かな装飾で和らげたキュービックを使うのが特色だった。

アーバンは、一九〇四年のセントルイス世界博覧会に展示されたオーストリア芸術の部屋で受賞し、アメリカの大衆はアーバンを知るようになったが、このことでまもなくもっとも熱心なパトロンが出現することとなった。八年後に、ウィーン王立オペラハウス美術顧問というアーバンの地位が、ボストン・オペラ・カンパニーの同じような地位を彼にもたらした。一九一四年にオペラ・カンパニーが破産して、アーバンは一時的に失職したが、合衆国での仕事を続けていくことを決心した。そしてまもなく、ニューヨークで「天国の園」というファンタスティックな舞台美術のデザインを受注した。彼が博した喝采が、興業主フロレンス・ジークフェルトの注意を引いた。ジークフェルトはロマノフ家の誰にも劣らぬほど貴族的な男だった。アーバンの作品は、ただちにジークフェルト・レビューに新しい光彩をもたらした。それからの二〇年間、元気の良い、でっぷり太ったアーバンは、マンハッタンのど真ん中の彼のスタジオで、あるいはヨンカーズの自宅で熱心に働き、ジークフェルトの作品のほとんどすべてをデザインした。

この協力の山場は一九二六年に、ウィリアム・ランドルフ・ハーストが金を出して、マンハッタンにジークフェルトの新しい劇場が完成したときだった。劇場と新聞の事業以外に、ハーストは映画にも目を転じ、初めは控え目に、彼が母の遺産を相続した一九一九年以後はさらに積極的になった。ハーストの歩みの中でもっとも目立つのは、ジークフェルトのショウガールの一人で、彼の生涯の伴侶となったマリオン・デーヴィスの映画活動を発展させるために、マンハッタン北東端の昔からある遊園地をコスモポリタン映画会社に変えてしまったことである。アーバンはスタジオの美術部長の役を引き受け、四年間その地位を守り、そのあいだに四〇本になんなんとする映画美術のデザインをした。アーバンのコスモポリタン社での仕事の大部分は、神経をすり減らして調べた歴史的に正確な映画装飾だったが（ハーストはデーヴィスが凝った時代物の衣裳を着たのを見るのが大好きだった）、彼のセットの数多くは、彼がシカゴ芸術協会（図35）に頼まれてデザインした分離派様式の展示品にそっくりだった。それは戦争のために窮乏したウィーンの芸術家たちの仕事を推奨するためだった。

アーバンのデザインした六本の映画のうち、二本がとくに優れていた。"Enchantment"（邦題『絶世の美人』、一九二一年、図36）は全体として優雅な装飾的効果を備え、プロモーション・パンフレットに「まさに文字どおりウルトラモダン」[注4]と宣伝された。ティールームのダイニングアルコーブでは、短い腕木が白いフラワーボックスを支え、下部の繊細な壁紙と多重枠のガラスの高窓とを分けていた。アーバンのもっとも前向きのデザインで、コスモポリタン・プロダクションでの作品の頂点となるのは、一般に"Snow Blind"（『雪眼』、図37）と呼ばれている映画の婦人の私室である。ここでは小さく面取りした壁と棚のある部屋全体が長方形のモティーフを基本にすえ、ヨゼフ・ホフマンとチャールズ・レニー・マッキントッシュを思い出させるデザインを椅子の骨組において繰り返している。ちなみに、マッキントッシュはスコットランドの建築家で、その作品は世紀の変り目のウィーン派の作品に劣らなかった。アーバンの"Snow Blind"の装飾は、単純な面を優雅に使うため歴史的な先例を拒否しているが、アメリカ映画における近代建築の直接の先駆者であったといえよう。

一九二〇年代のアメリカ映画のための少数の前衛的デザイナーには、ほかに婦人服デザイナーのポール・ポアレの二人の弟子たちがいた。デミル監督の『アナトール』（一七九頁参照）と華麗な『パリ』（一四〇頁参照）のためにアールヌーヴォーのセットをデザインしたポール・

注4　*Enchantment* 用の広告リリース日付・頁数不明

図35 ウィーンのスタジオの展示室、シカゴ美術協会（一九二二年）、〈設計〉ジョゼフ・アーバン

図36 "Enchantment"（一九二一年）ロベール・G・ヴィニョラ監督、美術監督ジョゼフ・アーバン

イリブとナターシャ・ランボーヴァである。ランボーヴァはアーバンのようにデザイン出身ではなかったが、にもかかわらず、彼女はハリウッドの初期のもっとも変わった作品の二つに、効果的な「高級芸術」セットをつくった。一八九七年にソルトレイクシティにウィニフレッド・ショーネッシーとして生まれ、英国で教育を受け、離婚していた母が百万長者の化粧品王リチャード・ハッドナットと再婚した後、ヨーロッパ中をくまなく旅行した。バレリーナになろうと決心して、彼女はロシア帝室バレエ団のメンバーのテッド・コスロフの仲間に加わった。コスロフによって彼女はモダン・デザインの傾向に接することができた。コスロフとともに合衆国に帰国した後、ランボーヴァはハリウッドへ行き、『カミーユ』（一九二一年）と『サロメ』*（一九二三年）のセットをつくった。二本とも、アラ・ナジモヴァが主演した。このロシア生れの舞台・映画の俳優は、ランボーヴァと同じく芸術映画の製作に興味をもっていた。『サロメ』のデザインで、ランボーヴァは枠張物を復活させた。同じく聖書から採ったオスカー・ワイルドの戯曲のためのオーブリー・ビアズリーによるアールヌーヴォーのイラストであるが、『カミーユ』の映画美術はスペインのアールヌーヴォー建築家アントニオ・ガウディの作品を思い出させた。『カミーユ』における劇場ロビー（図38）の無定形の壁・床・階段は、まるで一つの有機的な素材から自由に彫り出したように見える。潜在するエネルギーがエキゾティックな縞模様の大理石のだまし絵で一層強調された。巨大な肉感的なモールディングがアーチ型の開口の官能性を際立たせる。二基のランプスタンドは明らかに、ドイツの建築家ハンス・ペルツィッヒがベルリンのマックス・ラインハルト大劇場のためにデザインしたロビーの照明に依拠している。しかしながらランボーヴァの手にかかるとオリジナルよりはるかに彫塑的で曲がりくねっている。

アメリカ映画にアヴァンギャルドが君臨したのは短かった。ランボーヴァやアーバンのようなデザイナーは、一九二〇年代後期にスタジオ専属デザイナーが現れたことによって、例外的

* "Salome"

存在となった。アーバンは一九三〇年代初頭に五、六年の中断の後、映画に戻ったが、彼のフォックス映画のためのセットはアールデコのお決まりの実習とでもいったもので、一九二五年のパリ博で普及した装飾モティーフのコピーにすぎなかった。彼の凋落は悲しいことだが、それでもアーバンはハーストのための作品で、モダニズムの傾向を展示した最初のアメリカ映画のセットをつくっただけではなかった。彼は相当に広い視野の持主であったことによって、アメリカにおける近代映画のデザイナーの地位を確立した。その地位を、彼に続くハリウッドの美術監督は一〇〇パーセント利用することとなった。

図37 "Snow Blind"（一九二四年頃）美術監督ジョゼフ・アーバン

図38 "Camille"（一九二一年）のアラ・ナジモヴァ（中央）。レイ・C・スモールウッド監督、美術監督ナターシャ・ランボーヴァ

大躍進

一九二〇年代初頭、ヨーロッパでもアメリカでも、進歩的な映画デザインの仕事は豊富にあったにもかかわらず、一番初めに近代建築の潜在的可能性を映画のために利用したのは、とりわけフランスであった。

戦前、映画製作ではフランスが世界をリードしていた。しかし終戦後まもなく、ハリウッドが長編物の製作本数でリードし、映画市場でのフランスの比率は一五パーセントに落ちた。ちょうど装飾美術家たちが、叩きのめされたフランス芸術の優秀さを再確認するために、一九二五年に向けた国際展をやろうと、戦前の計画を復活させたとき、映画製作者たちも映画界における自国のリーダーシップを取り戻そうとしていた。彼らもリーダーシップは、量ではなく質によって得られるものだと認めるようになったのだった。一九二一年までに、映画製作者ルイ・デリックの熱意で、世界で初めての映画芸術協会が設立された。この協会は「第七芸術愛護者クラブ」（the Club des Amis du Septième Art）、略してCASAとも称した。デリックはCASAに映画製作者のマルセル・レルビエ、ジャン・エプスタン、ジェルメーヌ・デュラッ

ク、アベル・ガンス、建築家のロベール・マレ=ステヴァン、美術家のフェルナン・レジェ、音楽家のエリック・サティ、モーリス・ラベル、さらに詩人のブレーズ・サンドラ、ジャン・コクトーを集めることができた。クラブの理事たちは映画を既成芸術の中で正当な地位に高め、無声映画を使うことを誓った。無声映画は、デザインの新しいアイディアを広める手段として、その効果のゆえに強力な視覚コミュニケーションに依存していた。彼らはスクリーンをあたかも近代画家たちがカンバスを扱うように扱い、ソフトフォーカス、速射編集、不透明なマスク、分割スクリーン、ガンスの『ナポレオン』で使った有名な三面スクリーンなどの新奇な写真技術と近代的舞台装置を使って実験した。近代芸術運動から引き出したイメジャリーは渦を巻いて彼らのカメラの前を走り回った。未来派、表現派、シュールレアリズムがフランス映画に吸収され、豊かな伝統をつくり上げていった。CASAの功績の目印は一九二〇年代のもっとも重要な展覧会の多くに参加していることである。一九二一年サロン・ドートンヌ、一九二四年のフランス映画芸術展、そして前述した、一九二五年のパリ博がそれである。そのパリ博では、シャン・ド・マルにあるマレ=ステヴァン映画スタジオで映画作家協会のための展覧会が開かれた。

ロベール・マレ=ステヴァンはCASAの建築十字軍の先鋒にまったく相応しい人物だった。一八八六年にパリで芸術家一家に生まれたマレ=ステヴァンは子供時代からしばしば有名なストックレのヴィラの客であった。このヴィラはブリュッセル荘といいウィーンの建築デザイナーのヨゼフ・ホフマンが彼の伯父アドルフ・ストックレのためにデザインしたものだった。このヴィラの分離派様式は、一九二〇年代初頭のマレ=ステヴァンの建築デザインに影響を及ぼしたに違いないし、彼のもっとも初期の映画のセットの一つである『ロゼット・ランベールの秘密』（一九二〇年、図39）のモデルになったといえるかもしれない。数年のうちに、彼は近代運動に参加した。彼の一九二三年のノアイユ子爵のためのイエーレのヴィラはフランスにおける

図39 "Le Secret de Rossette Lambert"（『ランベールの秘密』、一九二〇年）レイモンド・ベルナール監督、美術監督ロベール・マレ=ステヴァン

モダン建築の最初の例の一つであった。このヴィラは美術家マン・レイの最後の映画の主題となったが、このヴィラのアヴァンギャルド的探検は、『サイコロ城の秘密』*（一九二九年）として知られている。この後一五年間以上、マレ=ステヴァンは建物・家具・装飾品・ファッションのデザインによって、モダニズムのもっとも熱心な支持者の一人となった。

　建築のプロパガンダと同じく、マレ=ステヴァンは映画における進歩主義[訳注]を唱え、一九二八年には『映画における近代的美術』を書き上げた。この本は、今日までのところ、近代建築と映画だけに捧げられた唯一のものである。グロピウスの同人雑誌『国際建築』のような絵入りの体裁を採用したこの本には、アールデコとモダニストのセットのうち優れた実例の一連の写真が掲載されている。マレ=ステヴァンの短いけれど、感動的な序説は、同時代の映画のセットが歴史的様式に頼っていることに対する非難であり、モダニズムのセットは、「もっぱらナイトクラブとか娼婦の私室といった遊興の場に使われ、したがって画家・装飾業者・建築家の尊敬すべき努力や研究は、飲んだくれや評判の悪い連中の周囲を飾るにはうってつけだろう[注5]」と嘆いている。この本は、芸術的表現として映画は有効な手段だと考える数少ない人たちに対する称賛で結んでいる。

　皮肉なことに、マレ=ステヴァンが酷評した堕落した舞台装置が“L'Inhumaine”*（一九二四年）にたくさん使われた。この映画は近代建築を一番早く採用したもので、先駆的なフランスの芸術家たちが「高級」芸術と大衆美術のあいだを比較的気楽に行き来する能力のあることをよく示した例である。マルセル・レルビエが監督した“L'Inhumaine”は非常に凝った舞台装置を通じて、モダンアートと建築を推奨しようという、多少思い上がった、しかし良心的な試みであった。この映画のアイディアはスターのジョルジェット・ルブランから出たものだが、彼女は、その少し前の訪米後、近代的な舞台美術は映画の海外での人気を増すことになると信じてしまった。しかし、この映画の背後にあるもっとも力強い原動力は、無声映画こそ、その最

＊　“Les Mysteres du chateau de Dé”

訳注　ちょうどこの頃一九世紀末から、とくに英国で教育界に進歩主義が流行していた。

注5　ロベール・マレ=ステヴァン『映画における近代的美術』（パリ、シャルル・マッサン社、一九二八年）序説

＊　邦題『人でなしの女』

高の表現力に相応しい映像を必要とすると、フランスの知識人たちが思い込んだことにあった。“L'Inhumaine”は数人の人々の協力になるものだが、彼らが翌年のパリ博に出品した作品はアヴァンギャルドのデザインとはいかなるものかを明らかにした。すなわち、エクステリアを担当したマレ=ステヴァン、機械時代の研究所を担当したフェルナン・レジェ、家具のピエール・シャロー、装飾品のルネ・ラリック、ジャン・プュイフォルカ、ジャン・リュース、宝石のレイモンド・タンブリエ、およびファッションのポール・ポアレらである（ル・コルビュジエが加わらなかったのは有名だった）。

“L'Inhumaine”はコンサート・スターのクレール・レスコが、工業都市を見渡す彼女の豪華なヴィラに国際的に有名なお歴々を招いて、夜会のホステスをつとめている場面から始まる。映画のタイトル「非情な女《ランユメーヌ》」とは彼女のことだ。そのヴィラの室内装飾はクロード・オータン=ララとアルベルト・カヴァルカンティの仕事だった。この二人はまだ二十歳代で、映画セットのデザイナーだった。彼らのアールデコの空間は映画建築としてはとるに足らぬ要素であるが、それでもクレールの快楽を求める生活を盛り上げていた（図40）。ミシェル・ルイが『ロブ・マレ=ステヴァン』（一九八〇年）で書いているように、部屋の黒と白の装飾、スターの厚化粧のメークアップからくる強いコントラストが、彼女の役の高揚したピッチと大げさな感情を強調し、食事をする床を囲む掘割は彼女の近づき難さを、アフリカ的要素は彼女の異国やエキゾティックなものへの好みを際立たしていた[注6]。

パーティーの客の一人は明らかにこの高尚な雰囲気に合わない。科学者エイナール・ノールセン（ジャック・カトラン扮する）が出席しているのは、ただ彼がクレールにどうしようもなく惚れているからで、彼女のほうは、毒を塗った小さなナイフを彼に送り、これで自殺したらと、彼の思いをはねつける。クレールがどこまで不人情なのかを試さざるをえなくなったノールセンは、自動車事故によって自殺したように見せかける。そのニュースがヴィラに届いて

注6　ミッシェル・ルイ「マレ=ステヴァンと映画、一九一九〜一九二九年」『建築家ロブ・マレ=ステヴァン』（一九八〇年）一五三頁

図40　“L'Inhumaine”（一九二四年）マルセル・レルビエ監督、このセットの美術監督クロード・オータン=ララとアルベルト・カヴァルカンティ

図41　“L'Inhumaine”（一九二四年）、このセットの美術監督ロベール・マレ=ステヴァン、車中のジャック・カトラン

も、クレールは動揺しない。翌日の晩に計画していたコンサートはするつもりだと彼女がいうので、友人たちはショックを受ける。コンサートの後、彼女はノールセンの研究所に行って遺体確認をしなければならなくなる。遺体に対面したとき彼女はやっと人間らしくなって泣く。ノールセンはクレールを愛するあまり進み出て彼の計略を明かし、自分の研究所の目もくらむようなテクノロジーの不思議を案内して彼女に報いる。にもかかわらず、彼女にはまだ過去がつきまとう。その後、車でノールセンの研究所に行く途中、彼女は嫉妬深い恋人に毒を盛られる。彼女は瀕死でたどり着く。そこでノールセンは最近発明した救命装置で彼女を生き返らせようと試みる。装置はうまく働いて、クレールは立ち上がり、ノールセンに愛を打ち明ける。

“L'Inhumaine”は、レジェの描いた動く機械の漫画から、キュービスト風のエンドタイトルにいたるまで、どのコマをとって見ても現代精神が行きわたっている。全編を通じて、エキセントリックなカメラアングルのショットと人物のマスクが驚くべき抽象的な構図をつくり出している。映画は一連のすばやいカメラ移動と、樹木、道路、人体の二重焼付け《スーパーインポジション》で幕が開く。このテクニックは一九一〇年代のイタリア未来派の絵を想起させる。単に車に乗って疾走する主観的経験を伝えるだけではなく、作中人物の生活スタイルのペースが加速されていることすらほのめかしている。続く一連のシーンでは、回転するパノラミック・ショットで始まり、観客の目はヒロインのヴィラ（図41）に釘づけにされる。このヴィラはマレ＝ステヴァンのデザインである。彼のデザインは、伝統的住宅のフォルムを変え、非対称の彫塑のような白い立方体のヴォリュームにしてしまった。そこには大きな透明な窓があけられ、その窓を通して大量の光が注ぎ込んだ。より伝統的なヴィラの入口の特徴は、幅の広い一続きの階段の両脇が左右対称のブロックとなり、円形・四角形・菱形のコントラストの強い模様が幅広のダブルドアにつけられていることである。埋込みの投光照明は、屋敷の持主が劇場関係者であり、しかも有名だということを暗示している。

マレ=ステヴァンがこの映画においてデザインした二番目のものである研究所（図42）は、屋上に設置した機械装置によってダイナミックに立ち上がるタワーで、イタリアの未来主義とソヴィエトの構成主義の影響を受けた様式であった。この建物に住む科学者の私的な隔離されたライフスタイルを反映して、外壁の白いファサードにはたった一つの窓と実験室の入口で変化がつけてあり、一階は天蓋と支柱の非対称の構成になっている。一九二〇年代のロマンティックな機械崇拝の表現が、さらに研究所内部（図43）の回転する車輪・円弧・円盤・スパイラルに見られるが、これらはレジェがデザインし自分でつくったものである。レジェは一九二三年のカレル・チャペックの空想科学小説『ロボット』（W・U・R）のためにフレデリック・キース

図42 “L'Inhumaine”（一九二四年）、このセットの美術監督ロベール・マレ=ステヴァン、中央はジャック・カトラン

図43 “L'Inhumaine”（一九二四年）、このセットの美術監督フェルナン・レジェ

ラーがデザインした劇場用舞台装置からも、彼自身の描いたキュービズムの絵からも機械のイメジャリーを引き出した。そのイメジャリーを繰り返しながら、レジェはレルビエ監督のために抽象的な動的形体・運動・光の探究を行い、さらに“L'Inhumaine”の製作中につくられた彼自身のアヴァンギャルド映画“Ballet mécanique”へと発展させた。

“L'Inhumaine”は大衆受けしなかったが、近代建築家たちには熱狂的に受け容れられた。オーストリアの建築家アドルフ・ロースは、マレ=ステヴァンの映画美術が受け容れた応用装飾を非難したにかかわらず、「近代技術に捧げたすてきな詩だ。視覚的なものは、すべて音楽的に発し、トリスタンの[訳注]叫びは現実となった〈光が聞こえる！――〉。“L'Inhumaine”の最後のシーンは想像を絶する。映画館を出ると、人は新しい芸術の誕生に立ち合った気がする」[注7]と評した。一九二六年三月、この映画がフィルム・アソシエイツ・インコーポレイテッド（メンバーにモダニストのシェルドン・チェニー、フレデリック・キースラーのいるグループ）の後援でアメリカで初公開され、「モダンシネマの仕事に協力するとき、芸術の総合が成し遂げられるおそるべき例」とも、また「ハリウッドに飽き飽きした人々のための映画の安息日」[注8]とも推奨された。

“L'Inhumaine”は一九二〇年代の芸術を大きく特徴づけたテクノロジーの楽天主義を現実化したもののうち、もっとも成功した一つである。これはまた映画製作史上まれに見る一編で、レルビエ監督の手腕と熱意の表れであった。オスカー・ワイルド風の詩人にして劇作家、シナリオライターのレルビエは一九一八年に映画製作に転じ、一九二八年まで製作を続けた。この年、経済上の制約で製作を打ち切ったが、彼の独創性に富んだ映画は、近代フランスの芸術と建築にとって重要なショウケースであった。“Le Carnaval des Verites”（一九二〇年）はオータン=ララと装飾美術家ミシェル・デュフェによるアールデコのセットで呼び物となった。一九二一年の“Villa Destin”は、ファッション・イラストレーターのジョルジュ・ルパープに

訳注　ワーグナー作曲楽劇「トリスタンとイゾルデ」

注7　前掲書、一五四頁

注8　*L'Inhumaine*のアメリカ初演時のプログラム（英語のタイトル*The New Enchantment*）、ニューヨーク、クロウ劇場、一九二六年三月一四日

よって、彼の先生のポール・ポアレのアールデコ・スタイルにデザインされた。一九二三年の『ドンジュアンとファウスト』にはキュービズムの影響があった。一九二六年の“Le Vertige”(図44・図45)は“L'Inhumaine”チームの多くのメンバーを集めると同時に、近代建築家アンドレ・ルルサと美術家ロベールとソニヤのデローネ夫妻も参加した。

“L'Inhumaine”のような近代的な芸術作品の監督として、レルビエは原則として効率と協同作業を大切にした。彼の信ずるには、近代映画は一九二五年のパリ博のマレ=ステヴァンの観光パヴィリオンと同じ精神で建設されなければならなかった。その効能を彼は一九二六年のスピーチで、つぎのように語った。

あなた方が装飾美術展で見て称賛した「観光タワー」と比較してみましょう。このなめらかで長い平らな外壁をもち、空に向かって突き出し、漆喰あるいは何らかの装飾など彫刻をほどこしたモティーフはいっさいありません。古典的モニュメントでは、束ねた時間が冬眠中横になっている大箱に比較できるでしょう。こんな大箱に興味をもつはずはありません。ここでこの塔とサンジャック・タワーとを比較してみましょう。サンジャック・タワーは高度に技巧を要する壮麗な建物です。はっきりしているのは、その建築家には遊ぶ時間という元手が途方もなくたくさんあって、その元手を建物本体においしい飾りをつけるという非生産的なことに費やしてしまったということです。建築の二つの相反する儀礼のもつ二つのシンボルを比べてみましょう。もし今日の建築家が、建てるのに一世紀もかかるタワーの代わりに、一月で建つタワーを心に描いたとしたら、あの建築家は、哀れな奴よ、時間がないからだと思うことでしょう。[注9]

レルビエのモダニズムへの打込みぶりは、彼の映画のスタイルを限定したにとどまらず、私生活にまで及んだ。彼のモダンな事務所はパリのボアシー=ダングラ通りに一九二三年に完成し、エミール=ドゥシャン街の彼のアパートメント(一九二四〜三一年)の優れた特徴は、運動

注9　ミシェル・ルイの引用、マルセル・レルビエ、一五二頁

器具やパンチングバッグを揃えた娯楽室だった。近代映画の監督は進歩的科学者エイナール・ノールセンやコルビュジエのヴィラの住人のように、先輩たちよりより健康に、より強く未来に立ち向かう準備をしなければならないということであった。

工事中の新しい住まいと、一連の有名な近代映画を置きざりにして、レルビエは“L'Argent”*に目を向けた。一九世紀のエミール・ゾラの小説の舞台を一九二〇年代のものに直したレルビエの叙事詩のカンバスは、腹黒い金貸し・金に飢えた相場師・堕落した貴族の貪欲さをリンドバーグばりの飛行士の理想主義に対立させた。この飛行士は“L'Inhumaine”のエイナール・ノールセンとは似ても似つかぬ「近代人」だった。“L'Argent”の男爵夫人サンドルフは二十歳のブリジット・エルムが演じたが、サンドルフのアパートはラザール・メールソンとアンドレ・バルザックによるこの映画最高のデザインである。贅沢な黒のラッカー・レザー・クローム・動物の皮が、セットの隅の鋭いキュービストの幾何学模様を和らげていたが、これは一九三二年、ポール・ルオーが婦人服デザイナーのシュザンヌ・タルボのためにデザインしたアパートの注目すべき先取りで、間接照明による比類なき輝きもそうである。一段上った娯楽室(図46)の三角形の付け柱、リビングルームの山形の壁飾り、水槽を囲む透明な壁、そして賭博台すら内部から照明されている。

レルビエは“L'Argent”で、金持ちの銀行家ニコラス・サッカードと情婦のサンドルフが乱痴気パーティーで出会う場面で、光を劇的な仕掛けを使って非常に成功している。サンドルフが、見栄えのしないサッカードに猫のようにまとわりついているうちに(図47)クライマックスに達する。そのとき彼女は罠にかかり、ついにソファベッドに身を投げ出す。ベッドの動物の皮が彼女の紅いドレス・帽子・靴を引き立てる。突然彼女は空中にはね上がると、移動カメラはその間近かに迫って、絹のガウンの下の彼女の体の動きをあますところなく捕捉する。そのうち、またもや彼女は低いカーブしたソファの上に崩れ落ちる。そこで最後のせめぎ合いが

図44 “Le Vertige”(『めまい』、一九二六年) 監督マルセル・レルビエ、美術監督ロベール・マレ=ステヴァン、ルシエン・アグタン、アンドレ・ルルサ、ロベールとソニヤ・デローネ。人物はジャック・カトラン

図45 “Le Vertige”(一九二六年)

* 邦題『金』

図46 "L'Argent"（一九二八年）マルセル・レルビエ監督、美術監督ラザール・メールソンとアンドレ・バルザック

図47 "L'Argent"（一九二八年）のピエール・アルコーヴェとブリジット・エルム

図48 "L'Argent"（一九二八年）のピエール・アルコーヴェとブリジット・エルム

始まる（図48）。サンドルフはサッカードに押し潰されて、身悶えする。その間はるか上の寝室の天井には逆上したギャンブラーたちの影がちらちらする。

"L'Argent"に見られる動きのディテールへの関心は、一九二〇年代に開発された映画の可能性のもう一つの面を見せてくれた。つまり構成の中で動きを一つのダイナミックな要素として使う能力である。人間の動きの範囲に対応して衣装と舞台装置を使った最初の映画の一つはロシアの作品だった。"Aelita"*（一九二四年）は火星を主な舞台に空想科学小説的ファンタジーで、監督はヤーコブ・プロタザノフ、特別のセットと衣裳のデザインは、ソヴィエト構成主義の舞台工芸家のパイオニアの一人のアレクサンドラ・エクスター、セルゲイ・コスロフスキー、イサーク・ラビノヴィッチ、ヴィクトル・シモフらである。この映画は大衆に大受けに受け、"Aelita"は構成主義を映画にもち込んだ（図49）。この映画のデザインには、またフランスのキュービズムとイタリアの未来派の影響が見られる。というのもプロタザノフは"Aelita"を

* 邦題『アエリータ』

撮る前にパリに住んでいたことがあるし、一方エクスターは、一九〇八年以降ずっと西欧のアヴァンギャルドと幅広い接触があったからである。エクスターの二つの、とくに人を驚かすコンセプトは、金属棒の揺れる頭飾りと金属バーが腰と足首に蝶番で取り付けられているスカートで、これらは体の動きによって生じる力学の場をはっきりと表現している（図50）。

おそらくこの時代の動的デザインのもっとも顕著な例は、フランスにいたエクスターのロシア人仲間の一人ソニヤ・デローネが、夫のロベールと一緒に、ルネ・ル・ソンティエのシリーズ物“Le P'tit Parigot”（一九二六年、図51）のために準備した衣裳と舞台装置であった。絵画から装飾芸術・本の挿絵・ファッション・自動車の装飾に使ったアップリケ（二八頁参照）まで、あらゆる芸術的努力から影響を受けたソニヤ・デローネの寛大さが、映画のデザインと真剣に取り組む気を起こさせたのである。運動を探究するのに映画くらい良い手段がほかにある

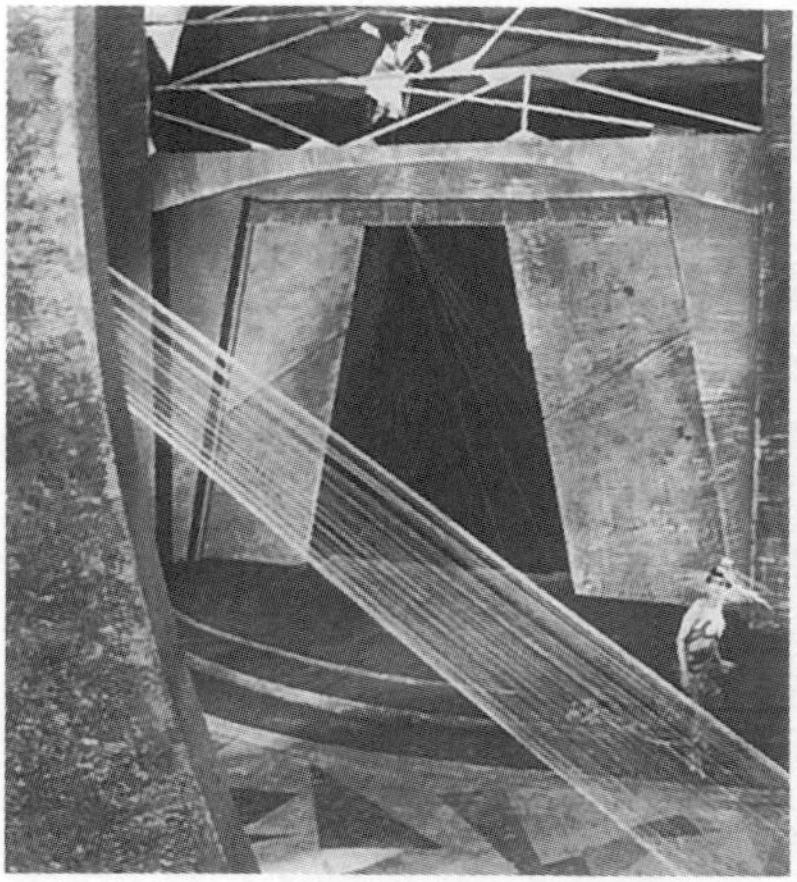

図49 “Aelita”（一九二四年）ヤーコフ・プロタザノフ監督、美術監督アレクサンドラ・エクスター、イサーク・ラビノヴィッチ、ヴィクトル・シモフ

図50 “Aelita”（一九二四年）

だろうか？　デローネ夫妻の独特の言葉、すなわちダイナミックで万華鏡のような機械時代の精神を表現するため、彼らが定式化したコンセプトである「同時性」という言葉よりもよい手段があるだろうか？　「我々の時代は何よりも機械的で、動的で、視覚的である」と彼女は書いている。「機械的であることと動的であることが、我々の時代の実践的次元の要素である。視覚的要素はそれの精神的特徴である。[注10]」　開放的なギャラリーや上げ床の広々とした空間に幾何学的な模様と形体を併置することによって、デローネは“Le P'tit Parigot”のための舞台装置として、俳優たちが動き回るに相応しいダイナミックな背景をつくり出した。そのファッションの多くは彼女のデザインであった。一人のダンサーの衣裳は、単にファッションという以上のもの、ジグザグ模様のパンタロンや円盤形の襟のついた抽象的な彫刻とでもいうべきもので、エクスターのデザインと同様、肉体の動きを強調しようというデザインであった（図52）。

最後に、デローネの才能にとって、建築よりも舞台装置のほうでより成功したのだが、“Le P'tit Parigot”の舞台装置は、絵画も備付け家具も衣裳も布地も、フランスのパイオニアたちの活動の輝かしいレジュメのようなものだった。しかし、商業映画というより幅の広い芸術になりうる様式として、モダニズムの可能性を映画の主流に納得させる仕事でもあった。

図51　“Le P'tit Parigot”（一九二六年）ルネ・ル・ソンティエ監督、美術監督ロベールとソニヤ・デローネ夫妻

図52　“Le P'tit Parigot”（一九二六年）

注10　シェリー・A・バックバローによる引用。『ソニヤ・デローネ追憶』（ニューヨーク州バッファロー、アルブライト＝ノックス画廊、一九八〇年版）七九頁

近代運動

一九二〇年代半ばに映画のセットに近代建築を大幅に採用するよう拍車をかけたのは、主にフランス映画が手本だったが、ほかにも二次的だが有力な源があった。モダニズムが通俗化し、広く受け容れられるようになると、近代建築家に設計依頼が増え、様式に関するジャーナリスティックな話題も、アヴァンギャルドの宣言文や少部数の雑誌から大衆新聞へと広がった。近代建築に関する本はどんどん出版されるようになり、一九二五年のパリ博のような展示

が知れわたって、大衆の興味を大いに掻き立てた。モダニズムは進歩に取りつかれた時代に、空に舞い上がり、進歩的生活様式の価値を推奨した。

映画の近代デザインが、一九二八年から一九三八年までの一〇年間に、最大の勝利を収め、人目につく存在になった一方、この大衆化の過程で映画界に二つの根本的な変化が生じた。第一に近代映画のセットをつくる責任がアヴァンギャルドの建築家から映画デザインの専門家に移ったことである。第二はフランスの先駆者たちの目指した知的・伝道的な目標は、新しくこの仕事をする人々の採り上げるところとならなかったことである。近代映画の舞台美術は、もはや大衆にモダニズムの価値を信じさせる使命をもってはいなかった。その代わりに目標は、主として近代デザインの視覚的・暗示的な面に絞られた。マレ＝ステヴァンのようなイデオローグは、映画のスタジオで近代デザインを創作するのに、もはや不可欠な人物ではなくなった。

フランスではモダニズムの原則は、マレ＝ステヴァンの後継者ロベール・ギイの作品に現れた。ギイはジャック・ド・バロンチェリが監督した"Le Due"（『決闘』、一九二八年）のデザインを担当した。同じ頃、レルビエは、ロベール＝ジュール・ガルニエを雇った。彼はセット・デザイナーのベテランで、世紀の変わり目直後からフランス映画の仕事をしていた。ガルニエのモダニズムのエッセンスを吸収して成功した例は、レルビエ監督の"Le Diable au Coeur"（一九二八年）のデザインに見られる。とくにこの映画の中のナイトクラブの場面で、壁・天井・床面は背後から光が当てられていた（図53）。このセットはレルビエ監督の"Le Vertige"に協力した建築家・デザイナーのピエール・シャローに影響を与えたかもしれない。シャローはベルナール・ビジュヴェと一緒に有名なダルサース邸「ガラスの家」（一九二八〜三二年）をデザインした。この家のガラスの外壁は外から工場用の照明で照らされていた。

レルビエはまたアヴァンギャルドの建築以外のデザイナーとも一緒に仕事をし"L'Argent"ではラザール・メールソン、アンドレ・バルザックの協力を得ている。バルザックは、ジャ

図53 "Le Diable au Cœur"（一九二八年）マルセル・レルビエ監督、美術監督ロベール＝ジュール・ガルニエ、クロード・オータン＝ララ、ルイ・ル・ベルトゥル

ン・グレミヨン監督の"Maldone"（一九二八年）のための外洋豪華船でもう一つの素晴らしい近代デザインを創作した（二一四頁参照）。しかしマレ＝ステヴァンのような先駆者の視覚的遺産を華々しく一九三〇年代に送り込んだのは、フランスのデザイナーの中では、ほかならぬメールソンであった。

　メールソンは一九〇〇年にロシアに生まれ、建築家としての教育を受けた。革命の後ドイツに移住し、それから一九二四年にフランスに移った。フランスに群がっていた多数のロシア映画界の亡命者と同様、メールソンもモントイユのアルバトロス・スタジオに身を寄せ、初めは背景画家として働いた。その後はアルベルト・カヴァルカンティの助手として、レルビエ監督の"Feu Mathias Pascal"『生けるパスカル』（一九二五年）のために働いた。メールソンのアルバトロス・スタジオでのソロデザインのデビューは同年、ジャック・フェーデ監督の“Gribiche”であった（一八一頁参照）。彼のセットの優雅さはそれこそ一夜のうちに彼をフランスの指導的映画デザイナーに押し上げ、彼はその地位を一〇年間維持した。その間にフランスの多くの指導的な監督やスタジオのために仕事をした。彼は一九三八年に三八歳で逝去した。その二年前、プロデューサーのアレクサンダー・コルダの要請で英国へ渡ったのに、その短すぎる非凡なキャリアを閉じることになった。彼の影響は今日でも彼の多くの弟子たちの作品に感じられる。

メールソンのセットは、シャガール流のスケッチやコラージュのような長もちしないものから、最後には鉄・セメント・ガラスの建造物へと有機的に展開していった。彼は正確さを基準として、偶然にまかせるようなことはしなかったので、映画のデザインに全面的に責任をとり、ディテールのすべてを監督した。（彼ほどの経歴の持主でも、セットの寸法を自分で測った。）設計の途中でも、建造中でも、自分のコンセプトを改良し、よりシャープにするためなら、ディテールの変更をためらうことは決してなかった。レオン・バルザックが『カリガリ博士の箱と他の大いなる幻想』に書いているように、メールソンの高度に洗練された手法は、「生命の震える感覚、彼のデザインは空気のようなもので、決して固定することがなく、観ている映画と同じリズムで脈を打つ」という畏敬の念を観客に与えた。[注11]

メールソンは一九二七年『シネマ・マガジン』[注12]誌への寄稿で自分の理論を論じている。そこでは彼は映画のデザインは自己放棄と縮小《リダクション》の術であると言っている。映画のデザイナーはいつも自分を抹殺して、演出・主題・解釈といった映画のより大切な要素を明瞭に表に出さなければならない。デザインを作品自体より決して大事にしてはならないと論じる。そしてどうもマレ゠ステヴァンとレルビエの協力で生まれた頭でっかちの耽美主義に向けているように思われる攻撃の中で、映画の「スーパー建築」は、建築自体に注目させ、台本の意味と重要性を軽んじてしまうと非難している。代わりに彼は、映画の建築は環境と雰囲気の建築であり、映画

注11　Léon Barsacq, *Caligari's Cabinet and Other Grand Illusions* の『映画デザイン史』（ボストン、ニューヨーク・グラフィック協会一九七六年版）七八頁

注12　ジョルジュ・サドゥールの引用、ラザール・メールソン *Le Cinéma Français*（一八九〇〜一九六二年）（パリ、フラマリオン、一九六二年）二〇五頁

と競うものではなく、あるシーンを強める力のある場合以外は気づかずに通りすぎてしまうようなものでなければいけないと言った。

　この目標に達するために、メールソンは映画美学の二つの代表的な方法、すなわちリュミエール兄弟のリアリズムとメリエスのスタジオ技術を同量ずつ融合させた。メールソンのものは、平明な表面、強烈な抽象的幾何学模様および光の溢れる空間というミニマリスト[訳注]の美学であった。彼のデザインは様式化されてはいた。しかし、奥行が浅く、歪みが明らかにわかるドイツ表現主義の、暗くもやもやと誇張されたデザインではない。メールソンの作品はすべて正確な幾何学的清澄さが特徴であるが、映画の近代的セットは彼の才能に風穴をあける機会となった。彼のもっとも切り詰めたセットはジュリアン・デュヴィヴィエ監督の"David Golder"(一九三〇年)のためのものだが、ミースの"beinahe nichts"(almost nothing)の哲学[注13]に合わせて創作された。例えば、資本家ゴルダーのリビングルームの空間は、巧みに設けられた段差、いくつかのモダン家具、巨大なガラス壁の利用によって、暗示的に区画されている。重役室の窓の外には、メールソン流の描いた背景が産業主義の精神を捉えていた。その背景は日本人のイラストレーターが安く描いたものだった。

　メールソンのもつ映画精神に対する敬意によって、彼は多数の監督のお気に入りの協力者になった。マルセル・レルビエやジュリアン・デュヴィヴィエとも一緒に仕事をしたが、ルネ・クレールとジャック・フェーデに対しては「王様の建築家」という地位で、それぞれ七本ずつの映画をデザインして、大成功を収めた。彼はどんな映画のプロジェクトに対しても〈アプリオリ〉にスタイルを押しつけることを拒否したので、彼の映画美術は、ロマンティックな作品、しばしばフェーデの運命的リアリズム、そしてクレールの気まぐれなヒューマニズムと調和することが可能となった。

　ジャック・フェーデ監督の"Les Nouveaux Messieurs"(一九二八年、図54)のために、メー

訳注　ミニマリスト。最小限の造形手段を用いて制作する作家。

注13　フィリップ・ジョンソンの引用。『ミース・ファン・デル・ローエ』(ニューヨーク、近代美術館一九七八年版)一四〇頁

ルソンは室内装飾をデザインしたが、それはル・コルビュジエのラ・ロッシュ=ジャンヌレ邸（一九二三〜二四年）の固体《ソリッド》と中空《ボイド》の組合せを想起させるようなデザインであった。（映画を見ればわかるのは、その邸宅は、マレ=ステヴァン通りの近くにあって、マレ=ステヴァン自身が都市住宅群を完成させたばかりの敷地にあるから、メールソンの巧みな扱い方はパロディーの要素を含んでいることを示唆していた。この近代的セットは審美的な意匠であると同時に、マレ=ステヴァンの映画界での野心のあてこすりかもしれない。）ガラスの壁と間仕切なしの平面は偽りの遠近法を使って誇張し、深い奥行のイリュージョンを高めている。間接照明と黒白の色調は固苦しい幾何学模様を明瞭にする。非対称に彫像を置く棚は、ル・コルビュジエのモティーフをまねている。マイナーなディテールさえもがル・コルビュジエが一九二五年のパリ博の際「エスプリヌーヴォー館」に使ったものである。

近代映画におけるメールソンの最高の作品はルネ・クレール監督の『自由を我等に』*（一九三一年、図55）であった。それは建込んだセットと背景の空間の広がりの結合であった。映画の舞台は工場だが、これは近代運動の公式言語でデザインされ、近代建築家たちの主張する動きやすさ、衛生、効率、通風、オープン・スペースなどの要素が工場建築の特徴であるならば、そのすべてがメールソンの設計に採り入れられた。一九二八年にJ・A・ブリンクマンとL・C・ファン・デル・フルフトがロッテルダムに設計したファン・ネルレ工場をまねて、『自由を我等に』の蓄音器工場の外観は、エピネのトビス・スタジオの敷地に、建築材料を使い実物大のセットが建てられた。建物の内部の広大な空間を強く錯覚させるために、メールソンは偽りの遠近法を建物自体だけではなく、その中で働く労働者にも使って、長い作業台の前のほうから真ん中までは背の高い大人から順々に背の低い大人を、後のほうには子供を座らせた（図56）。

『自由を我等に』はまた、映画製作者たちがモダニズムの最先端の美的特徴を採用する傾向

図54 "Les Nouveaux Messieurs"（一九二八年）ジャック・フェーデ監督、美術監督ラザール・メールソン

図55『自由を我等に』（一九三一年）ルネ・クレール監督、美術監督ラザール・メールソン

* "À nous la liberté"

図56『自由を我等に』（一九三一年）
図57『自由を我等に』（一九三一年）

を示す目覚ましい一例であったが、彼らの考え方は、近代建築家たちが意図しているものとは、しばしば正反対なものであった。一九二〇～三〇年代を通して、この二つの考え方の持主は、平等主義的ではなかったが、一般に積極的であった。しかし『自由を我等に』では否定的になり険悪になってきた。合理的に組織された工場は明らかに牢獄と化した。映画の開始早々、二人の主役はそこから脱走するのである。建物の長いすっきりした線は、衛生状態と不毛性に関するかぎり、連隊兵舎を示唆するのに使われる(図57)。水平連続窓、階段、広々とした見通しといった頻繁に現れるモティーフは、一般にはモダニストたちが行動の自由を表すのに使ったが、ここでは、建物のデザインに不可欠な部分としてではなく、むしろ工場イコール牢獄という閉鎖的世界のアイロニカルな一部として機能している。

『自由を我等に』はメールソンの相当な数の作品――その数約三〇本の三分の一以上がモダン・セットであった――の中でももっとも優れたモダニストの舞台美術である。メールソンは近代運動の味方でもなく、宣伝役でもなかったが、にもかかわらず、ル・コルビュジエの建築美の理想を実現した映画デザインを大衆の前にすえたのであった。それは「我々の目には安らぎを、心には幾何学的な形のもつ喜びを与える、明晰にして明澄な彫塑的事実」[注14]を展示する建築のことである。

一九二〇年代と一九三〇年代には、フランス映画は非常に多くの才能あるデザイナーの存在から恩恵を受けた。同じ時期のドイツ映画は、フリッツ・ラングという、この媒体の際立った監督の一人をもっただけではなく、その中で映画が育つワイマール文化という肥沃な土壌ももっていた。ドイツでは、バウハウスの才能ある芸術家を多数もったことは幸いであった。バウハウスはこの年代を通じて、映画に優れた近代的セットを提供する豊かな源であった。

ラングのこの時代の映画は、フランスでレルビエがそうであったように、ドイツにおけるモダンアートと建築の指標であった。一九二〇年代と一九三〇年代の彼のドイツ映画のすべてに、彼の建築に対する素養――彼の父が建築家であったし、彼自身もしばらくエンジニアリングを学んだことがある――がきらめく才気に現れている。例えば、彼は、俳優たちを幾何学的パターンに配置したし、建物がもっとも抽象的に感じられるようなエキセントリックなアング

注14　ル・コルビュジエ『建築をめざして』(*Vers une Architecture* の初版ロンドン、一九二七年)(ニューヨーク、プレーガー出版社一九七〇年)四一頁〔鹿島出版会訳刊〕

ルで撮影することをとくに好み、また当然のことながら、舞台美術の使い方を心得ていた。

ごく初期の映画では、ラングは表現主義の影響下にあった。彼は『カリガリ博士』の監督に最初に選ばれたし、彼の書いた初期の作品の一つ、『フィレンツェのペスト』（一九一九年）も大部分同じチームがデザインしている。しかし一九二二年までに、ラングの『マブゼ博士』ははっきりとマンネリズムに陥り、表現主義は死んでしまった。オットー・フンテがデザインしたナイトクラブのシーン（図58）の水晶のように透明なモティーフはワルター・ヴュルツバッハと彫刻家のルドルフ・ベリングのデザインしたベルリンのスカラパレスのカジノを思い出させる。しかし彼らは、それまでにユートピア思想から大きく離れていた。ユートピア思想は、建築家ブルーノ・タウトのような理論家によって表現主義のものとされてきた。それからまた、ミースやグロピウスのような近代建築家にとって、表現主義は単に中間物にすぎなかったから、ラングも結局映画を、モダニズム、とくにバウハウスの作品の影響を受けた様式へと変えていった。皮肉なことに、この新しい様式のイミテーションが、古代ドイツの伝説に基づいたラングの叙事詩“Die Nibelungen”*（一九二四年）ですでに提供されていたのである。この神秘的なドラマのデザインには、際だったキュービックなマッス化と幾何学的装飾が使われ、とくにコスチュームでは、このジャンルでとくに革新的で、質的に時間を超越したものを与えていた。“Die Nibelungen”がもっと重要なのは、オットー・フンテ、エーリッヒ・ケッテルフート、カール・フォルブレヒトといった第一級のデザイナーにラングを紹介したことである。これらのデザイナーはドイツの誇るウーファ・スタジオにおける伝説的人材であり、ラングがモダニズムを華々しく展開していくことを可能にしたといえる。

一九二〇年代のフランス映画に出てくる近代建築の歴史には、有力な映画会社のスタジオの統一された組織の外で仕事した個々のデザイナーや監督が登場するのに対して、ドイツの映画界は、主としてウーファ社の領土であった。一九一七年に国防省によって創立されたウーファ

図58 “Dr. Mabuse der Spieler”（一九二二年）フリッツ・ラング監督、美術監督オットー・フンテ

＊ 邦題『ニーベルンゲンの歌』

社は、まもなくヨーロッパ最大の映画の製作・配給・上映会社の一つに発展していった。一九二〇年代初めには、ウーファ社は巨大なスタジオをベルリン郊外のノイバーベルスベルクに建てた。このスタジオは優秀なスタッフが揃い、ヨーロッパで一番水準の高い技術をもっていた。ウーファ社はプロデューサーのエーリッヒ・ポンマーが采配を振るうようになった一九二三年頃に絶頂期に達した。ポンマーは、彼が創始したデクラ=ビオスコップ・スタジオでラングの初期の業績を育てた。このスタジオでポンマーは『マブゼ博士』をプロデュースし、その翌年、ラング監督の"Die Nibelungen"の製作中にウーファ社と合併した。

ラングのつぎのプロジェクトはこの監督のドイツ時代の傑作であって、おそらく最高の空想的な科学映画である『メトロポリス』であった。この映画は、金持ちのテクノクラートによって制御されてはいるが、裏では奴隷の大群が配置され、おぞましい機械でサービスされている二一世紀都市の未来派の叙事詩であった(映画の内容については二二八頁参照)。

様式的には、『メトロポリス』は、モダニストの期待を担った"Die Nibelungen"と、バウハウス的映画美術を十全に発展させたラングの四本のドイツ映画とを結ぶ橋として機能している。ラングは一九三三年にナチから逃げ出す以前に、この四本の映画を監督したのだった。この『メトロポリス』の外観だけの都市のデザインは、モダニズムのもっとも空想的な建築家や理論家が、都市のセットとはこういうものだろうと予想してきたマジックやロマンスのすべてを表現している。エーリッヒ・ケッテルフートの残したこの映画のためのスケッチは、『メトロポリス』が要求した苦労の多い調査とウーファ・スタジオにおける映画化の日々の魅惑的な記録となっている。と同時に、表現主義の最後の段階とモダニズムの出現しつつある要素とを結び付ける、空想都市の発展過程をも示している。一つのスケッチ(図59)は全面ガラスの塔を描き、ミースが一九二二年(図60)に提案した同じような建物と、一九二〇年代後半中にエーリッヒ・メンデルゾーンが設計したよりなめらかではあるが、エネルギッシュな点では劣らな

ARS NOVA

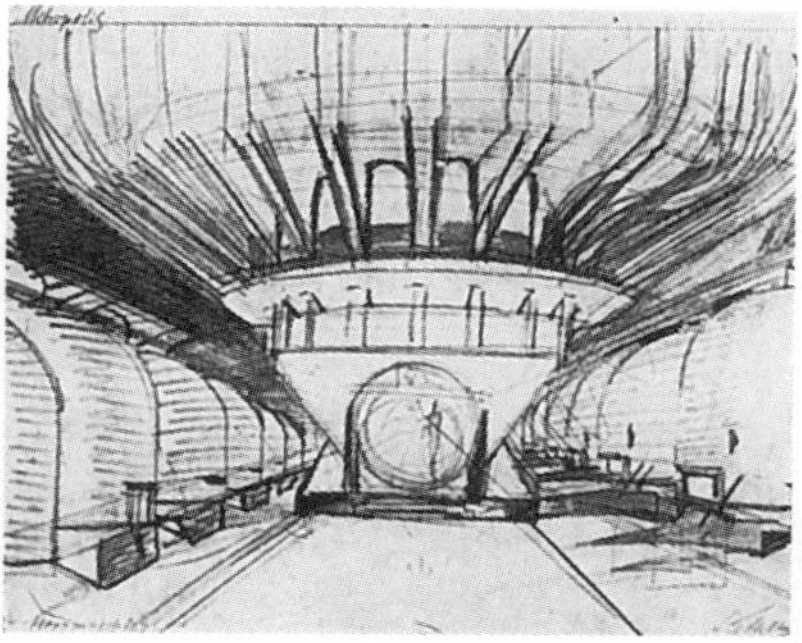

い、ショッケン百貨店を想起させる。『メトロポリス』の高層の都市設計の多くは、イタリアの未来派アントニオ・サンテリアとヴィルジリオ・マルキのデザインを反映している。ケッテルフートの下町の発電所のスケッチ「ヘルツ・マシン」(図61) のダイナミックで写実的なスタイルでさえ、サンテリアを想起させる。未来主義者の美学理論が一九二〇年代のフランス映画でもっとも力強く実現したのに反し、彼らの提案した実際の建築デザインを、もっとも納得のいく形で実現したのが『メトロポリス』であった。

ケッテルフートのデザインの中心部は一五〇階建ての巨大なタワーで、その最上階で飛行機が離着陸できた。強化トラスの細身の支柱で支えられた薄布のような橋が、より低い摩天楼のつくる渓谷に架かっている。セットは特殊効果によって生気を与えられた。この特殊効果は発明されたばかりのシュフタン・プロセス (Schüfftan process) で、鏡を使ってミニチュアのセットと生の演技を結合するものであった。

『メトロポリス』の後、ラングの監督した映画のうちもっとも風変わりなものといえば、もう一つの野心的な空想科学物『月世界の女』(一九二九年) であった。これは、人間の最初の月旅行を劇化した三時間の宇宙オペラである。『メトロポリス』は神秘主義の色が濃かったのに比べると、『月世界の女』は科学的なドキュメンタリー風のリアリズムを厳しく守り、新即物主義のもとに生み出された建築・写真・工業デザインが映画に使われた代表的なものとなった。バウハウスに指導された芸術家たちのあいだの運動というよりはコンセンサスから、新即物主義は合理性を志向した機能主義芸術の創造を提案したが、これこそ二〇世紀の重要な現実としての工業化とテクノロジーを率直に受け容れた芸術だった。『月世界の女』でもラングは同じような厳しさで映画製作という現実に立ち向かい、観客にストーリーが〈見える〉ように (ほとんど字幕を読む必要なく) ウーファ社のすごい技術的ノウハウを駆使した。

映画デザインは芸術家と科学者によって行われたが、ドイツ工作連盟からバウハウスにいた

図59 未来都市、"Metropolis"のために一九二五年に描かれた (一九二七年) フリッツ・ラング監督、〈スケッチ〉エーリッヒ・ケッテルフート

図60 超高層案模型 (一九二一年) 製作ルードウィッヒ・ミース・ファン・デル・ローエ (下右)

図61 "Metropolis"用の人工心臓機のスケッチ (一九二七年) フリッツ・ラング監督、〈スケッチ〉エーリッヒ・ケッテルフート (下左)

るドイツのデザイン組織によって推進された芸術と工業の協力がモデルとなった。「舞台美術」(図62）を担当したのはエミール・ハスラー、フォルブレヒトおよびフンテに、映画の複雑なロケット模型の技術顧問として、ドイツにおけるミサイルのエキスパートのヘルマン・オーベルトとウィリー・ライが協力した。主人公のアパートメントのセットはラングの『スピオーネ』（一九二八年）の二番煎じではあるが、『月世界の女』のスチールとガラスによる巨大な宇宙センターは、斬新で大胆な撮影技術に挑戦する機会をラングに与えた。宇宙センターの空中に浮かんでいるシーンは、あたかも航空機から撮影したように見え、『メトロポリス』のどのシーンにも劣らず目をくらませる。

『月世界の女』はラングの最後の無声映画であって、マルセル・レルビエの終わりから二番目の無声映画“L'Argent”のように、映画と一九二〇年代の近代建築とのかかわり合いを具体的に見せていた。“L'Argent”のほうはフランスの先駆者たちが映画のデザインの主流にモダニズムを採り入れた一〇年間において最高の作品だったが、『月世界の女』はワイマール文化の本領である客観的・技術派的な精神を具体化した芸術作品であった。この二本の映画がともに無声映画のたそがれを告げ、そのとき、純粋映像の視覚的詩情は、炎を上げて燃え、消滅したのであった。

映画の近代的装置そのものはドイツ映画がトーキー時代に入っても健在であった。空想科学映画でしたい放題をした後、ラングはもっと抑制のきいた近代的デザインに転じた。フォルブレヒトとハスラーが『M』（一九三一年）と『マブゼ博士の遺言』（一九三三年、図63）の集合住宅のセットに協力した。後者のエクステリアは、キュービックなマッス、石で縁どりしたなめらかな白いファサード、連続窓といった数々の建築の特徴をもっているが、ブルーノ・タウトがデザインしたベルリンのツェーレンドルフ地区（一九二七年、図64）も含めて、ドイツの近代建築家のデザインした住宅ユニットと同じである。

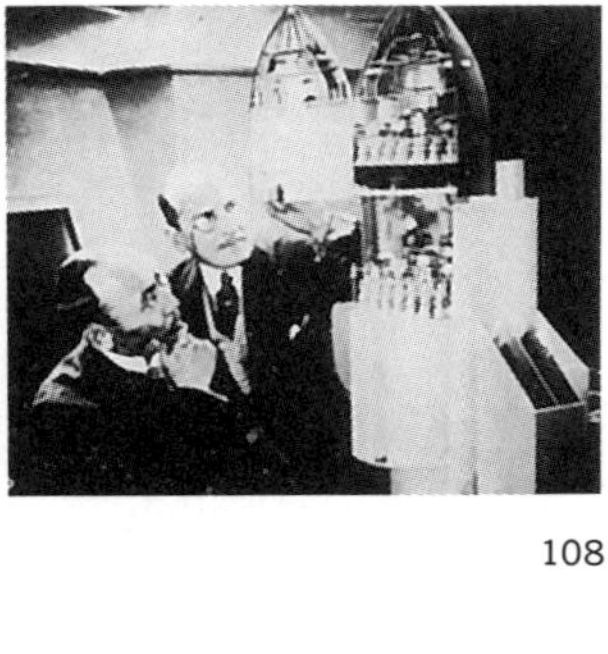

図62 “Die Frau im Mond”（一九二九年）フリッツ・ラング監督、美術監督エミール・ハスラー、オットー・フンテ、カール・フォルブレヒト

図63 “Das Testament des Dr. Mabuse”（一九三三年）フリッツ・ラング監督、アパートの図面、〈製作〉エミール・ハスラー（上右）

図64 住宅団地、ベルリン（一九二七年、ブルーノ・タウト）（上左）

図65 “L'Angst”（一九二八年）ハンス・シュタインホフ監督、美術監督フランツ・シュレーター

もう一人、ドイツ映画に先駆者的影響を与えたデザイナーは、フランツ・シュレーターで、近代的映画美術の創作においては、ラングのチームと同じくらいの名手だった。一八九七年、ベルリンに生まれたシュレーターは建築家で、一九一九年以降、一九五〇年に映画づくりから引退するまで、ドイツ映画のためにデザインの仕事を続けた。彼の最初の近代様式のセットは"L'Angst"（一九二八年）における芸術家のスタジオであった（図65）。このスタジオは、コルビュジエが一九二二年に美術家アメデ・オザンファンのためにデザインしたスタジオ・ハウスからいろいろな要素を借用している。"L'Angst"の主役の人物が住み仕事をしているのは、禁欲的なワンルームで、家具調度も少なく、裸の壁を飾っているのは当代の美術品だけだった。シュレーターは、コルビュジエをまねて、蹴上げの抜けた階段回りに彫刻的フォルムを集めているが、残念なことにコルビュジエにあった劇的な隅窓を除いてしまった。円形模様を入れた長方形のパネルは、コルビュジエ自身も一九二二年にヴォークレソンで設計した家において使っている。当時の多くのドイツのセット・デザイナーのように、シュレーターはバウハウスのマイスターたちの使うパイプの家具を偏愛し、一九二五年にマルセル・ブロイヤーが監督した映画の一本で、このスタイルのラウンジチェアーを目立つところに並べている。"L'Angst"のデザインでもっとも面白いのは、高さの異なる二つのテーブルにスクリーン一つと照明器具二つをまとめた非対称のパイプ製の仕事台である。これは事実シュレーターのオリジナル作品かもしれない。

ほかにもバウハウスからインスピレーションを得たと思われるのは、シュレーターのもっとも注目すべきデザインで、ドイツ最初のトーキーの一つ、『夜は我等のもの』（一九二九年）の自動車工場である。ここでシュレーターが採用したのは、金属製の窓枠に入ったガラスの壁、無装飾の壁、それにパイプの手すりなどバウハウスの工場スタイルだった。シュレーターのスケッチ（図66）を見ると、どこまでも続くように見えるガラスの壁の水平の要素と、同じように力強い斜めと垂直の要素が調和している。シュレーターはオフィスのインテリア（図67）にキュービストの言語を用い、その中で工場製品と照明とくにパイプの家具のデザインを実験している。彼のスケッチに出てくるパイプの椅子の多くは、ミース・ファン・デル・ローエとマルセル・ブロイヤーのデザインと認められるものだが、厚板のデスクは、片側は片持ちで壁から突き出し、反対側は直角のパイプの枠で支えられ、印象深い発明となっている。シュレーターは工業デザインに対する関心をロベルト・ネーパッハとジャック・ロートミルと分かち合った。彼らは、人工照明を使って数多くの斬新なセットをつくってきた。ネーパッハの『デリカテッセン』に出てくるグルメ・ショップのファサード（一九三〇年、図68）は、扉とショウウィンドウと看板を透明な明るいガラスの幅広のバンドで囲み、そのバンドはチューブの照明器具で切れ目なく縁どりされた。こうしたデザインは、ヘリット・リートフェルトのデザインしたユトレヒトのビオスコープ・フリーブルク映画館（一九三六年）のファサードを先取りした小型版だった。"Vom Täter fehlt jede Spur"『犯人は全く痕跡を残さず』（一九二八年）では、ジャック・ロートミルの裸電球の波打つ線が、ベルリンの遊園地のカーブしたスパンドレルと帯状窓を強調している。一九二〇年代後期のロートミルのデザインの多くは、半透明のガラスのカーブしたスパンドレルと、クロームの手すりと白い流線型が特徴で、これらすべてはエーリッヒ・メンデルゾーンのトレードマークであり、つぎの数十年間、商業建築の常套手段となった。

当時のドイツ映画の舞台美術の質の高さ（およびバウハウスの作品が多数の映画の中で民間会社の内装に使われた）は、バウハウスがデザイナーたちに大きな影響を与えただけでなく、ドイツの大衆にも評判の良かったことを証明している。しかしこのような力の恩恵を受けないドイツ以外の国々でも、結局モダニストの傾向を受け始めた。イタリアでは、一九二〇年代にはあまり建築面での革新はなかったが、イタリアの近代建築家たちは一九三〇年代初めに、フ

REKTION

アシスト政権にモダニズムを国の正式なスタイルとして採用させようと運動していた。しかしその一〇年間のイタリア映画は、モダニズムの映画美術をあまり高尚とはいえない目的に使い続けた。このようなデザインは、ほとんど全部映画スタジオに集中していたが、そこには、ロマンティックなスタジオ・コメディーや社交ドラマに派手な色つやを加えるために、モダニズムのセットに転向した映画製作者たちがいた。これらのスタジオは、現在のハリウッドやベルリンの映画、とくに気取った調子と、ドイツやアメリカ映画の金持ちの役が登場するシンデレラ物語のような、当たることが証明ずみの公式をまねた映画を製作していた。一九二九年から一九三三年まで、スタジオのセット製作責任者として、相当に贅沢なモダニズムの映画美術の大部分を準備したのはガストーネ・メディンであった。短命だった一九一〇年代の未来派運動が、一九三〇年代の映画に本当のアヴァンギャルドの後継者を残さなかったにもかかわらず、メディンのような映画デザイナーは、映画のもつ「近代的要素」が国際的であることを証明する、一連のめざましい近代デザインを制作したのである。

ガストーネ・メディンは二十歳代の初め、アレッサンドロ・ブラゼッティの映画“Sole”で一九二八年にデビューしたが、同時にイタリアの映画のデザインを復興させることに重要な役割を果たした。一九三二年になると、メディンの作品はモダニズムの語彙を駆使したものとなり、“Due Cuori felici”（一九三二年）における自動車会社の経営者の古代ローマ風の屋敷や、通称“La Dinamo dell'eroismo”と呼ばれる映画の空港のインテリアに見られた。“Due Cuori felici”では、続き部屋（図69）は優雅に相互に流れ、広々とした居間兼書斎と同様、広い食堂を分けているのは幅広いスライドするガラスだけである。居間の一方の壁にメディンは造付け家具と隠し照明で非対称の構図を組み立てた。生地類・織物類およびカーペットが、部屋の硬い仕上げを強調するよう、巧みに使われている。“La Dinamo dell'eroismo”ではメディンは、中二階のパイプの手すりにワイヤーメッシュのパネルをはめ込むという、とくに注目に値する

図66　“Die Nacht gehört uns”（一九二九年）カルル・フレーリッヒ監督、工場のスケッチ、〈スケッチ〉フランツ・シュレーター

図67　“Die Nacht gehört uns”（一九二九年）のオフィスのスケッチ（下右）

図68　“Delikatessen”（一九三〇年）ゲッァ・フォン・ボルヴァリー監督、美術監督ロベルト・ネーパッハ（下左）

ディテールを採り入れている（図70）。

この二本の映画は、近代運動の指導的な雑誌である『ラ・カサベラ』[注15]誌で、セットのスチール写真をたくさん載せて、そのデザインが特集され、称賛された。『カサベラ』誌はまた、近代建築家のエンリコ・パウルッチとカルロ・レヴィが主役の、シネス・スタジオ製作の、貴族のダンディについてのロマンティック喜劇映画"Patatrac"（一九三一年）のデザインを掲載した。[注16] "Patatrac"のベッドルーム（図71）はさまざまな柄と生地の寄せ集めだが、アルマイエル宝石店のセットは映画でもっともエレガントで抑制のきいたものの一つに数えられる。横長の薄い陳列窓と金属のレタリングだけが、この店の厳しい、装飾らしい装飾のないファサードの救いになり、内部に陳列してある商品が法外な値段であることを連想させる、素晴らしいコン

注15 "L'Arredamento Moderno nel Cinema" *La Casa Bella* 11. 一九三一年一一月号、三二〜四一頁

注16 "Leader", "Arredamento di un Film." *La Casa Bella* 9. 一九三一年一〇月号、二二〜三六頁

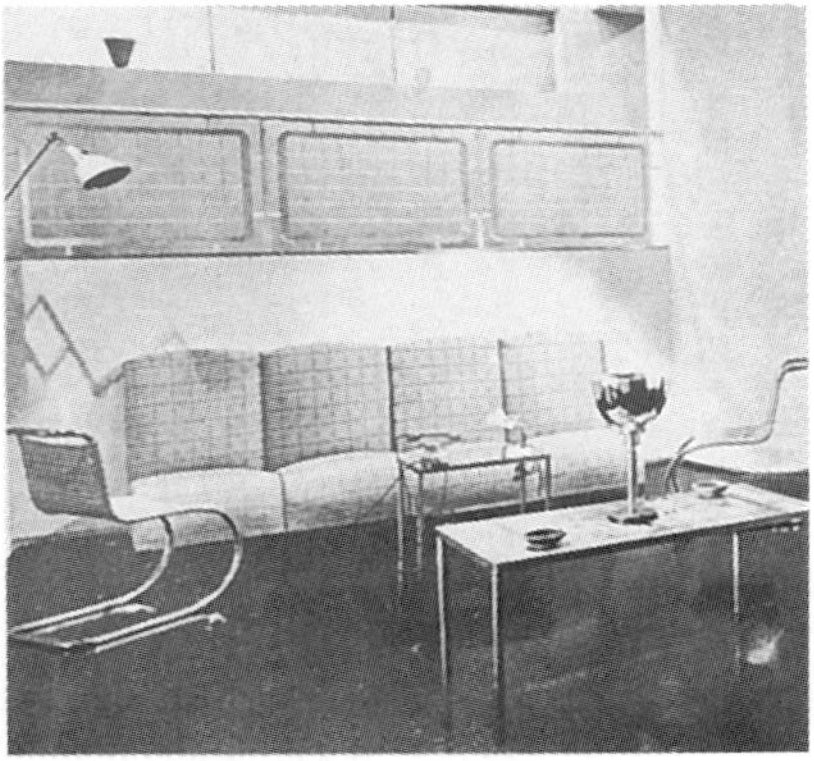

セプトである（図72）。穏やかにカーブする壁に切り込まれた黒く四角い金庫は、店の貴重な工芸品ぐらいに入念につくられた装置で開くようになっている。パイプの椅子はドイツのルックハルト兄弟がデザインしたものである。

いま一つのシネス・スタジオ製作によるグイド・ブリニョーネ監督の"La Voce lontana"（一九三三年）とマックス・オフュールズ監督による"La Signora di Tutti"（一九三四年）のために建築家ジュゼッペ・カッポーニが制作したセットは、空間と運動のダイナミックな感覚が抜きん出ている。カッポーニの一番有名な建物であるローマ大学の植物・薬学部の建物にはこ

図69 "Due Cuori felici"（一九三二年）バルダッサーレ・ネローニ監督、美術監督ガストーネ・メディン

図70 "La Dinamo dell'eroismo"（一九三〇年代初期）美術監督ガストーネ・メディン

図71 "Patatrac"（一九三一年）ジェンナーロ・リゲルリ監督、美術監督エンリコ・パウルッチおよびカルロ・レヴィ

図72 "Patatrac"（一九三一年）

図73 "La Voce lontana"（一九三三年）グイド・ブリニョーネ監督、美術監督ジュゼッペ・カッポーニ

の感覚が見られないが、映画デザインの自由さが彼の独創性を解放したように思われる。カッポーニはつぎのように書いた。「映画のデザインをする建築家の務めは、背景を準備することではなく、〈あるシーンの声なき要素（対象物・光・建築）の監督〉となることである。彼らとて生きなければならず、すばやい総合的な言葉で自分自身を表現しなければならないのであるから、俳優のように〈演技〉しなければならない。」[注17]

運動とのかかわりから、階段はカッポーニの映画建築では大事な要素だった。例えば"La Voce lontana"（図73）の職業学校のホールは開放的な踊り場つき階段が主役であって、その斜めの突出部を強調するのは一列に並んだ柱と開放的な中二階の明確な水平線である。同じ映画のラジオ局のロビーの螺旋階段（図74）は旋回運動を連想させる。背景の明るいガラスの壁は、この階段と俳優たちをくっきりしたシルエットに見せて階段の二組の力強い線を強調することにある。

イタリア映画が政治に関係なく建築のモダニズムを流用したのは、ヨーロッパの映画全般についてもいえることで、近代建築をイデオロギーよりは、スタイルで評価するようになっていた。しかしヨーロッパの映画建築に見られるような近代運動に脚注をつけるならば、ソ連、とくに当時の映画のランドマークになった一本について触れなければならない。一九二〇年代のソヴィエトの多くの映画製作者にとって、一九一七年の革命の遺産である新しい共産主義社会の有力なシンボルは建築であった。サウンドステージに手の込んだセットをつくる費用が、経済的に不可能ではなかったにせよ、多くの映画製作者たちは野外撮影を選んだ。野外では、建設現場とソヴィエトの新しいビルディングが、ともに街路で演じられつつあるソヴィエトの新しい生活のドラマに相応しい背景となるからだった。モダニズムの精神は、ソヴィエトの監督セルゲイ・エイゼンシュタインの作品に行きわたった。グラフィック・デザイナーが映画のためにつくった構成主義風のポスター、あるいは彼自身の速射編集に対してもそうであった。

注17　マルチェロ・ピアチェンテの引用。ジュセッペ・カッポーニ、「建築家ジュセッペ・カッポーニ」『アルキテットゥーラ』誌一八号（一九三九年）二七一頁

エイゼンシュタインの編集は、近代生活のスピードと即時性を捕えていた。一九二八年、エイゼンシュタインは、共産党が農業の集団化と重工業の建設を決定したことに応えて、後に『新旧』というタイトルのついた御用映画の準備を始め、野外セット（図75）のデザインを若い建築家アンドリュー・ブロフに委託した。ブロフは社会主義者の熱っぽさで語った。「私は単に装飾的効果を出すことだけを狙ったのではなく、映画によって、工業化された農業の新しい方法

図74 "La Voce lontana"（一九三三年）

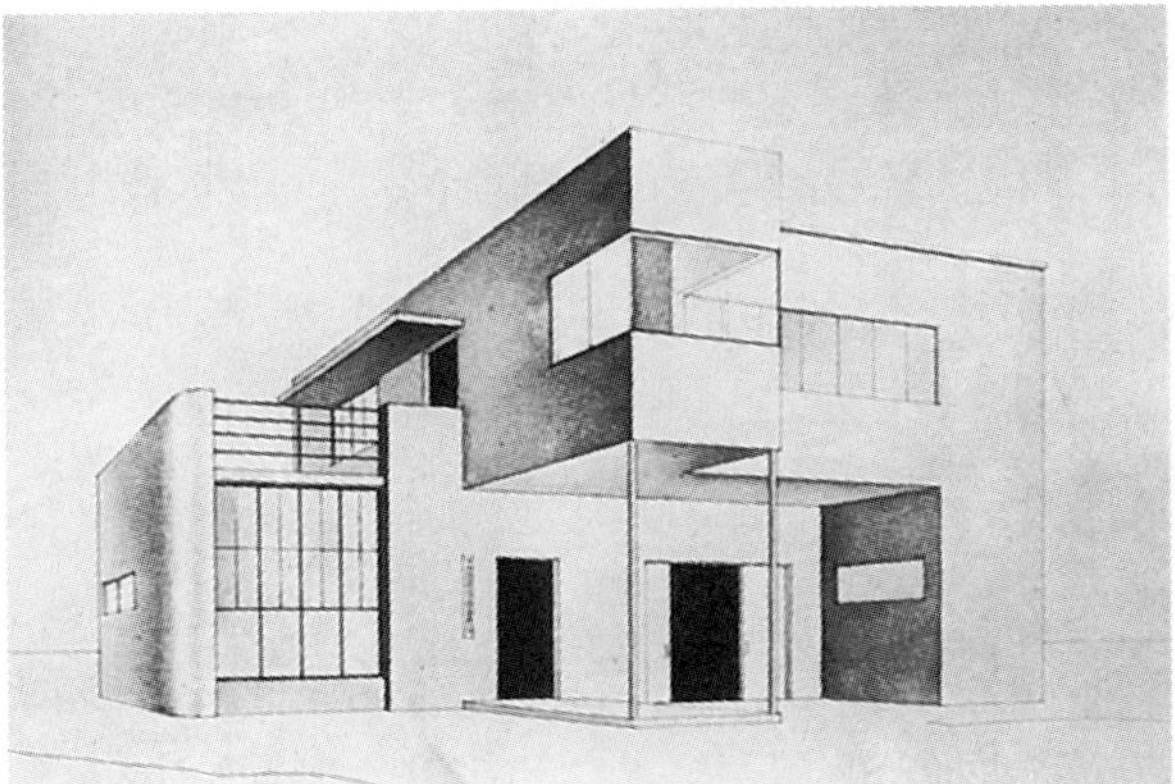

図75『新旧』のために工業化された農家の図面（一九二八年）セルゲイ・エイゼンシュタイン監督、〈スケッチ〉不明

を伝え、新しい材料と近代的な工法で建てる建物をデザインしようとしたのだ。――私は（映画は）何よりも、我等の時代の偉大な理念を大衆のあいだに広げる素晴らしい手段だと思う。――映画は――何であるかと示すべきであると同時に、何であるべきかを示さなければならない。」[注18]ソヴィエトの楽観主義を示す素晴らしいシーンでは、一人の若い農民の娘が機械化された近代的農家の未来のヴィジョンを思い描き、真っ白い家々の姿のプロフィールが空中に大胆に描かれた。

プロフの『新旧』のセットが完成すると、二人の指導的なモダニストが不似合の賛辞を呈した。コルビュジエは一九二八年のモスクワ旅行中に、この未完成の映画を部分的に見て、建物の押し出し方が、彼自身の前年のシュトゥットガルトのモデルハウスとあまりに似ているのにとくに感動した。ニューヨーク近代美術館の初代館長のアルフレッド・バーもその類似性を理解できないはずはなかった。この映画は、近代的な農業に従事する一億の農民を鼓舞しようとしていると主張したバーは、酪農工場を称賛して、つぎのように書いた。「厳格と優雅である点において、ロシアの近代的な建物で最良のものであり、きゃしゃな支柱はコルビュジエがシュトゥットガルトでもっと大きな住宅に使ったものより、もっと思い切ったものでさえある。」[注19]

『新旧』のための近代建築のセットを宣伝に使ったことは、大衆映画では異例のことだったが、大衆映画では、近代運動のもつラディカルな基礎を無視したのだった。モダニズムを平等主義者の見解からはっきり切り離すには、アメリカ映画を待たなければならないだろう。アメリカでは、映画の近代的セットはハリウッドのスタジオの比類なき宣伝・販売組織に助けられて、最高に広まったといえよう。『新旧』と同じように、ハリウッドの映画は世界の変化を予想していたにせよ、そのユートピアは、集団の福祉というよりは個人の豊かさのヴィジョンであった。明白にアメリカ人の夢であったが、みんなが同じ夢を見たのである。

注18　V・カサノヴァの引用。アンドレフ・プロフ「A・プロフ、一九〇〇～五七年」『アーキテクチュラル・デザイン』誌一九七〇年二月号一〇二頁

注19　アルフレッド・F・バー二世「ロシア建築メモ」『ジ・アーツ』誌、一九二九年二月号一〇五頁

第四章　ハリウッド無限会社

私は映画製作者たちの国へ行って彼らの働きぶりを見てきた。あの大きなスタジオの一番奥まったところで過ごして、巨匠たちと名人たちが、それぞれの仕事をしているのを見てきた数週間をふり返ってみると、ただただ感服するのみである。私は目の前で行われた奇跡にぞくぞくしてしまう。千本ものもつれにもつれた糸がこの上なく美しいデザインの布に織られてゆくのを見たのだ。[注1]

前記の一節は、ジョン・J・フロハーティが一九三五年に書いた“Moviemakers”という書物から引用したものだが、ハリウッドの不思議の極致を捕えていて、その見事さは興奮しやすいフローハーティより、もっと悪ずれしたやくざな物書きでもシャッポを脱ぐくらいである。F・スコット・フィッツジェラルドの運の悪い映画の大物、モンロー・シュタールのことを書いた未完の小説『ラスト・タイクーン』の中で、ナレーターが夜でもスタジオが醸し出す魅力をこのように描写している。「月の下では裏庭は三〇エーカーのお伽話の国である。ロケーションが本当にアフリカのジャングルやフランスの城や錨を下ろしたスクーナーや夜のブロードウェイに見えるからではなく、子供のときの破けた絵本のように、お話の切れぎれが裸火の中で踊っているように見えるからだ。私は屋根裏部屋のある家に住んだことはないが、裏庭はそれに似たようなもので、夜になると当然うっとりするようなゆがみ方で、すべてが本当になるのだ。[注2]」

それほどまでにフローハーティとフィッツジェラルドの心を奪ったハリウッドの寓話は、映

注1　ジョン・J・フロハーティ著『映画製作者』（ニューヨーク、ダブルデイ・ドラン社　一九三五年出版）序より。

注2　F・スコット・フィッツジェラルド著『ラスト・タイクーン』（ニューヨーク、チャールズ・スクリブナー社出版、一九七〇年）、二五頁

画をよく見に行く大衆にも同じく強く働いて、事実映画の都にとても大きな経済的成功をもたらした。一九三〇年代はハリウッド映画が西欧のスクリーンを支配した。一九三三年中だけでも映画産業は五〇〇本近くの長編物をつくり、この数は西欧でつくられた映画のほとんど半数で、ハリウッドの競争相手、英国の二倍半である。この水準の生産高が可能になったのは、ハリウッドのスタジオが強力な法人組織で、縦構造のネットワークが製作の要の機能（スタジオにあるサウンドステージ、裏庭、および裏方たち）と、上映するための映画館のチェーン、さらには配給を結び付けていたからである。

スタジオ帝国に君臨したのはハリウッドのプロデューサーで、映画資金の面倒を見るだけではなく、スター・脚本家・監督・デザイナーおよび主要な人員をすべて選ぶ責任をもっていた。プロデューサーは大多数の観客と同じく労働者階級あるいは中産階級の出で、ファッション関係の仕事をしていた人が多い。サミュエル・ゴールドウィンは手袋のセールスマンだったし、パラマウントのアドルフ・ズーカーは毛皮屋、デーヴィッド・O・セルズニックの父親はプロデューサーになる前は宝石商だった。ロバート・スクラーが『映画がつくったアメリカ』に書いているように、このような前身だったから、ハリウッドの大物たちはデザインの金銭的な価値を尊重したのである。[注3]

一九二〇年代後期になると、「モダンルック」が典型的なハリウッド映画のあらゆる面、映画の製作費から始まって、広告のレイアウト、映画館のデザインにまで、影響してきた。ハリウッドがモダニズムを取り入れるのに熱心だった結果の一つは、映画の衣裳がファッションデザイナーに影響を与えたことにある。映画スターの衣裳はどこまでも魅力に溢れ、もっとも斬新でシックな服で、ルックを競い合うものだった。映画は普通製作に一年かかり、一年かそれ以上上映されるだろうから、映画のスタイルをできるだけ長い期間、最新に保つよう流行の傾向を案配する必要があった。衣裳とか最新の流行の髪型を売物にした映画は、スタイルについて助

注3　ロバート・スクラー著『映画がつくったアメリカ、アメリカ映画の文化史』（ニューヨーク、ランダムハウス社、一九七五年）、四一頁

言してほしい観客を呼ぶだろうから、映写室の棚に置かれるのも長かったろう。

映画のプロデューサーが映画にとりかかるとき、デザインに真面目に取り組んだほうが、経済的に有利だということがわかると、ハリウッドはすばやく流行ファッションのお広め役になっただけではなく、流行の発信者にまでなった。一九二一年に、英国の小説家でファッションの権威のエリナー・グリンは、ハリウッド映画の衣裳選びの沈滞状態に驚いてしまって、これを救うにはパリの婦人服をコピーするしかないと忠告した。ところが一九三三年になると、『ヴォーグ』誌の編集者は、ファッションは今やパリとハリウッドで同時につくられていることを認めた。ハリウッドがあまりに効果的に消費者の傾向を決めてしまうので、抜け目のない小売り商人たちは、映画にインスピレーションを得たファッションを、そっくりつくって大儲けをしたし、主だったスタジオの衣裳屋、例えばMGMのエイドリアンのごときはスタジオ外で企業家として成功した。

ハリウッドが女性のファッションの相談相手になれること、だから女性がもっと映画を見に来ることがわかってくると、インテリアデコレーション業界でも同じような試みをする導火線となった。女性にとって、家庭は着物と同じくらい大事だというのが、一九二〇年代後期、MGMの美術部長がスタジオにアールデコの舞台装置の採用を納得させたときの理由だった。流行遅れの舞台装置を追いかけているうちに、ハリウッドは一九三〇年には、二年後の近代美術館の画期的な展覧会に登場する、多くの建築家たちの近代デザインを誰もまねのできないやり方で使い始めることとなった。この事実から、近代美術館の展覧会がアメリカの大衆に近代建築を紹介したと考えている建築家は、間違っているということがわかる。例えば"What a Widow!"のたった三カ月前に封切られた"Paid"（邦題『暴露戦術』、一九三〇年、図76）の舞台装置でMGMはドイツのツェレにあるオットー・ヘスラーのデザインした学校（図77）を大いにまねている。ミュージカルコメディー"Palmy Days"（邦題『突貫勘太』、一九三一年）のセットでは、サミュエル・ゴールドウィンの使ったデザイナーのリチャード・デイと、ウィリー・ポガニーはフィラデルフィア・セーヴィング・ファンド・ソサエティー・ビルディング（PSFS）を手直しして使っている。映画に登場するクラーク・ベーカリー摩天楼はPSFSのエクステリアばかりでなく、レストラン・工場・オフィスを一つの建物に組み合わせる多機能的インテリアの複製になっている。同時に"Palmy Days"は、雇人がビルの屋上の鉄とガラスのジム（図78）で運動できるようにという進歩的経営者、すなわち主役を登場させることによって、新しい建築のヘルス・コンシャスの熱狂ぶりを風刺している。

しかし近代的セットの映画のために、スタジオがどんなに多くの要求を受け容れようと、ハ

図76 "Paid"（一九三〇年）サム・ウッド監督、美術総監督セドリック・ギボンズ

図77 学校、ツェラ（一九二九年頃）設計オットー・ヘスラー

図78 "Palmy Days"（一九三一年）エドワード・サザランド監督、美術監督リチャード・デイおよびウィリー・ポガニー

リウッド映画が洋服ファッションに対してと同じくらい、インテリアデコレーションのアイディアの源として有効であったというのは、確かに言いすぎだろう。ジーン・ハーロウをまねて毛をブロンドに染めたり、シェイクスピアのMGM版のノーマ・シャーラーをまねて「ジュリエット・キャップ」をかぶった女性でも、大衆映画の売物である高価なインテリアに替えるのは、どうにも気が進まなかったか、むしろ無理だっただろう。この時代の映画が実際にデザイン・トレンドの創始者ではなかったとしても、シナリオのために目立って魅力的なセットをつくったし、もっと大事なことは、その頃デザイン界ではやっと知覚されてきたばかりの近代建築のトレンドを一般大衆に対して予見し、実際に明らかにした点である。

スタジオの側から見ると、モダニストのつくる舞台装置はさらに作品を一味違ったものにするのを助けるという経済的な利点があった。アメリカ映画四本のうちの三本は、メトロ＝ゴールドウィン・メイヤー、二〇世紀フォックス、パラマウント、ワーナー・ブラザーズ、RKO、コロンビア、ユニバーサル、ユナイテッド・アーチスツの主だった八つのスタジオの作品だった。これらの映画は広大な国際マーケットでの特別扱いを要求し、それをやり遂げるのにスタジオはいろいろな戦術を開発した。スターはスタジオのもっとも目につく旗手に位置した。スターのスクリーン上のペルソナをつくり上げるのは脚本家スタッフ、プロデューサー、監督の責任だが、一方で宣伝係は読者の多いファン雑誌に助けられて、そのスターに相応しい外向きのペルソナを、ときには相当に自由に製造した。映画ファンはクラーク・ゲーブル、ジョーン・クロフォード、グレタ・ガルボがMGMを代表しているのを知っていた。そのMGMスタジオは、一九三〇年後期には「天空よりたくさんスターがいる」と自慢していた。キャロル・ロンバートとマレーネ・ディートリッヒはパラマウントの旗印だったし、アステアとロジャースはRKOの旗印だった。もう一方での世間の認め方はジャンルだった。ユニバーサルは一九三〇年代の大恐怖映画を独占していたし、ワーナーは最高のギャング映画、パラマウントは一番俗っぽいコメディーを製作した。

衣裳とデザインも同じようにスタジオの映画づくりに一役かっていた。スタジオがセットのデザインを大切にしていたことは、典型的なハリウッド映画の製作予算のうち、どれくらいがデザインに当てられていたかで明らかである。例えば一九三〇年代後期の一〇〇万ドルの映画で、セットおよびこれに携わる人々のサラリーの直接経費は全予算の一二・五パーセントに上り、これを上回るのは三〇パーセントの出演者のサラリーだけであった。[注4] スタジオのデザイン陣の一番上は美術総監督だった。彼のオフィスで映画のスケジュール・予算を決める最初の会合は、監督・脚本家・プロデューサー、その他すべての重要な従業員を交えて行われた。総美術監督はスタジオの美術部をも監督し、この美術部は多いときには四五人ものスタッフ部員を雇うことができた。

一九三〇年代の大きな美術部の雰囲気は物すごい大忙しといったものだった。例えばパラマウントの美術部は、三組のセット大工たちが八時間の交替勤務で一二のサウンドステージで働くのに十分なほどのデザインを生み出したが、これらのサウンドステージでは年間約四〇本の映画を製作していた。美術部の若いメンバーの多くは、建築学校、とくに南カリフォルニア大学出だった。スタジオでの月給は昔から設計事務所より良かったし、不況の最悪の時期、〈唯一〉収入の得られるところだった。後に労働組合ができて職務が専門化する以前には、一九三〇年代のデザイン関係の職員の多くは、スケッチ描き・現場監督・美術監督助手と、異なったいろいろな仕事を流動的で効率の良い、ほとんどアトリエといった環境で仕事をしていたから、非常に才能のあるデザイナーが養成された。

一九三〇年代から五〇年代にかけてのハリウッドの過密な製作スケジュールをこなすには、ヨーロッパと違ったシステムでセットを準備しなくてはならなかった。ヨーロッパでは、メールソンのようなデザイナーが自分でデザインをし、図面の製作と現場を統括した。それに比べ

注4　Thorp p.87

て、ハリウッドでは二段構えで、まず美術総監督がセットの色調とコンセプトを決め、個々の美術監督がデザインを行い、制作を監督するように責任を分担した。一九三〇年代、例えばMGMのような大スタジオでは、デザインスタッフとして、総美術監督一人、八人か九人の美術監督、三〇人の製図工、五、六人のイラストレーターがいた。

とくにパラマウント、RKO、MGMの三カ所のスタジオでは、プロデューサーはセットデザイナーに間違いのない近代建築ルックを製作する仕事を課した。ちょうど、スタジオ・ミュージシャンがほかと違ったサウンドに、衣裳デザイナーが特別のシルエットに責任をもつのと同じだった。これらの映画会社がモダニズムを受け容れた度合は、ある程度まで、映画ジャンルの中でどの程度専門化しているかによるのである。つまり近代的な舞台装置は上流社会のコメディーとかドラマとか、大げさなお伽話のミュージカルといった背景にとくに向いていたからである。これらの会社が創造した仕事の実体は、一九三〇年代の映画に支配的だった近代的デザインの最良のもの、もっとも首尾一貫したものであった。

パラマウント

戦間期の二〇年間に、ハリウッドはヨーロッパからの移住者であふれ返った。彼らの中では、より大きな機会を求めてアメリカへやってきた芸術家がとくに多かった。エルンスト・ルビッチのように一九二〇年代にアメリカに来た者が主として誘引されたのは、ハリウッドの素晴らしい物的プラントと比類なき世界市場という、芸術的・経済的潜在力であった。一九三〇年代には、フリッツ・ラングやその他の政治的亡命者に対して、合衆国はより多くの考慮に値するモチベーションを提供した。西海岸に住みついた俳優・監督・脚本家・プロデューサー・デザイナーの数だけ見れば、この移民の大多数はドイツ人であった。このグループのデザイナーたちは、リチャード・ノイトラ、ヴァルター・グロピウス、ミース・ファン・デル・ローエのようなドイツやオーストリアの亡命建築家が、つぎの一〇年間にアメリカ建築に与えたと同じく、ハリウッドのセット・デザインに実質的な影響を与えたといえよう。

ドイツ人の存在が一番強く感じられたのはパラマウントで、美術部はハンス・ドライアーの指揮下にあった。ドライアーはドイツに一八八五年に生まれ、ミュンヘンで建築の勉強をして、西アフリカでドイツ政府の建築の監督をした。彼は一九一九年から一九二三年までウーファー社でデザインをした後、エルンスト・ルビッチ監督の招きでパラマウントへやってきた。一九三二年に美術総監督の地位に上ったドライアーは、一九五〇年代初頭に引退するまでスタジオに留まった。彼は一九六六年に死んだ。

ドライアーの監督下にパラマウントの美術部は、地元の建築学校の卒業生と移民仲間によるバウハウスのような仕事場になった。中でも目立ったのは南カリフォルニアの指導的建築家ジョック・ピーターズとケム・ウェーバーであった。第一次世界大戦前、ピーターズはベルリンのペーター・ベーレンスの事務所で働いていたが、そこではグロピウスもミースも見習いをしていた。一九二三年に彼はドイツを離れロスアンジェルスに来て、フェイマス・プレイヤーズ=ラスキ(フランク・ロイド・ライトの息子もデザイナーとして雇われていた)のために映画セットのデザインに一九二七年まで携わっていた。この年、彼は自分の設計事務所を開設した。この時期の彼のもっともよく知られた作品はロスアンジェルスのブロックス・ウィルシャー百貨店のためにデザインした、贅沢なアールデコのインテリア(一九二九年)だった。

ベルリン生れのケム・ウェーバーは、一九一四年のパナマ太平洋博覧会に、ドイツ政府によってオブザーバーとして派遣されたが、たいへん変化に富んだ経歴の持主で、建築家・教師・家具デザイナー・工業デザイナーとして働いてきた。ウェーバーの旅客機用椅子(一九三四〜三五年)は、思い切った形のサイド・サポートと、背部と座部を構成する二枚の薄い板のコントラストが目を引き、依然として当時の一〇年間のもっとも美しく独創的なデザインの一つである。

不況の初期に多数の専門的クライアントがおちぶれ始め、ピーターズとウェーバーは二人そろって、半ば不安ながら、にわか景気の映画産業に転向した。とくにピーターズは建築デザインが映画ですぐに実現できることに引かれたが、二人はともに実際の建物の永久性にあこがれた。[注5] これらのデザイナーに帰されるべき映画作品はほとんどないが、ウェーバーの“The Big Broadcast”（邦題『ラヂオは笑ふ』、一九三二年、図79）のナイトクラブが一番美しいうちに入る。二人のボスのドライアーが彼らに専門的意見を求めたことから、パラマウントがどれくらいモダニズムに打ち込んでいたかがわかる。

一九三〇年代のパラマウントのモダンとは、バウハウスのレパートリーにもっとも身を寄せたスタジオのスタイルだった。白色、飾り気のない外面、水平性、優雅な簡素さは双方のスタイルの品質証明だった。“A Bedtime Story”[*]（一九三三年、図80）では空間を劇的に使って、モーリス・シュヴァリエの演ずる教養のある独身者のパリのアパートを見事に演出している。細い金属製の柱が広々とした居間の天井の低い部分のドラム形の天井を支えている。螺旋型階段のあるテラスはカーテンで仕切るだけで、丈の高いガラス壁のほうに開いている。際立って進歩的なデザイン要素は、一部だけに敷いたエリア・カーペット、家具、スクリーンによって空間を仕切ろうと決めたことにある。非対称の棚のついた大きなテーブルは、地元の建築家ルドルフ・シンドラーがデザインした同時代のデ・スティール派の家具を想起させる。

パラマウントのデザイナーの特技は、“Miss Fane's Baby is Stolen”[**]（一九三四年、図81）における映画スターのヴィラのデザインのように、白いセットが圧倒的なことである。純白を撮影することは、一九三〇年代初頭に、フィルムの貯蔵技術と照明技術が開発されてやっと可能になった。[注6] 最近の建築の美的傾向は、このような黒白のセットをファッショナブルだとして、

注5　一九八〇年一二月のカリフォルニア州イーグルロックのヤン・デ・スワート夫人、および同年一二月のカリフォルニア州サンタバーバラのピーター・エドワーズ夫人とのインタビュー

*　邦題『坊やはお寝み』

**　邦題『坊やが盗まれた』

注6　ルイス・ジェイコブス著『アメリカ映画の発生・批評史』(ニューヨーク、ティーチャーズ・カレッジ・プレス版、一九六八年）四四五頁

とくにロスアンジェルスにリチャード・ノイトラが建てたロヴェル邸がそうだった。インテリアデコレーターも白い舞台装置を実験し始めたが、衣裳のファッションもそうだったように、ハリウッドに影響を及ぼし、たちまちのうちにハリウッドに影響された。流行の先端を行く装飾家サイリー・モーム（作家サマセット・モーム夫人）が白一色の部屋の流行の創始者というわけではないが、彼女の大評判になった一九三三年のリビングルームでは、ソファはベージュのサテンを張り、ルイ一五世式の椅子も白塗りで、モダンとクラシックの要素を非常に巧みに組み合わせていたので、仲間のデコレーターの目にも映画デザイナーの目にもとまった。しかしマーティン・バタースビィが『装飾の一九三〇年代』に書いたように、白一色狂いが頂点を極めたのは、その前年であった。一九三二年にはオリバー・メッセルの『ヘレン』のための白

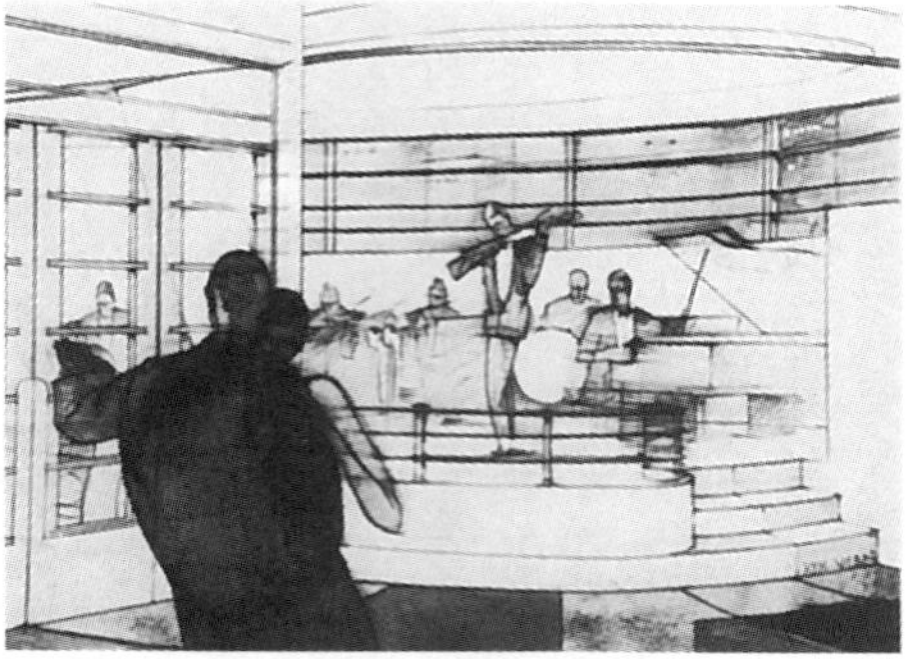

図79 "The Big Broadcast"（一九三二年）フランク・タトル監督、〈スケッチ〉ケム・ウェーバー

図80 "A Bedtime Story"（一九三三年）ノーマン・タウログ監督、美術総監督ハンス・ドライアー

図81 "Miss Fane's Baby is Stolen"（一九三四年）のドロテア・ウィーク、アレクサンダー・ホール監督、美術総監督ハンス・ドライアー

一色の舞台装置があり、ジャック・オッフェンバック作曲のオペレッタ『美しいエレーヌ』をマックス・ラインハルトがロンドンで製作してセンセーションを巻き起こし、そしてハリウッドの新しいスター、ジーン・ハーロウがベールを脱いだ。ハーロウは、バタースビィの表現に従えば、同じ量の「雪と大理石とマシュマロ」[注7]からできているということだった。

これらのパラマウント・セットのもっとも注目すべき特徴は拡散した照明であって、以前には映画で見られなかった揺らめく光をセットに与えた。この効果はクロームの素材と透き通った透明な壁を自由に使うことで得られた。拡散照明の最高傑作は、ラウール・ウォルシュ監督の"Artists and Models"(一九三七年、図82)に出てくる、ドライアーとロバート・アッシャーがデザインしたブルースター広告代理店である。柔らかい光を通す障子のある日本の住宅を思わせる、たいへん安上がりのセットは、浮彫り模様の透明なガラスかプラスティックのパネルが明るい雰囲気をつくっている。このパネルは受付エリアの外壁と、秘書の仕事場を隠し、来客には都合の良い低い半円形の壁として二つの役割を巧みに果たしている。重役室の外壁に、デザイナーは半透明の材料のスパンドレルと白いプラスターの下端の間に透明なガラスの帯を入れた。一つの面に半透明のガラスと透明なガラスを組み合わせて使うことは、ガラスブロックに魅せられたこの時期の建築が挑戦した一つの問題だった。そしてドライアーとアッシャーはこれをかなりうまく処理していた。代理店のポスター・スタンドも細い枠が支え、同様に凝ったものである(図83)。支持なしのパネルの構成する曲線の「壁」が狭い空間を限定し、そのパネルは外側の受付エリアには低い半円形の壁として映る。

近代デザインは、一九三〇年代のパラマウントのもっとも有名な監督の一人、エルンスト・ルビッチの作品に巧みに採り入れられ、上流階級の素晴らしく気がきいた上品なコメディーに〈贅沢きわまる〉光沢を与えた。ルビッチは映画産業で一番大切にされた移民の一人だが、彼はエキゾティックなドイツのスペクタクルで成功し、ハリウッドの注目するところとなり、一九

注7　マーティン・バタースビィ『装飾の一九三〇年代』(ロンドン、スタジオ・ビスタ、一九七一年)、七八頁

二四年にアメリカに落ち着いた。ロマンティックな三角関係だらけの風俗コメディーは、ルビッチの十八番となったが、エーリッヒ・フォン・シュトロハイムがハリウッドにもち込んだものだった。ルビッチのもっと軽く辛辣さのない調子とふざけ上手（有名な「ルビッチ・タッ

チ』）がそれに磨きをかけ、もっと洗練されたものに変えたのである。さらにいうならば、スタジオ・システムで働く彼の適応性が、彼に長い実りの多い監督としてのキャリアを保証し、そのほとんど半分はパラマウントのためのものであった。

近代的舞台装置を採り入れたルビッチの最初の映画の一つは“One Hour with You”（邦題『君とひととき』、一九三二年）であった。この映画では、モーリス・シュヴァリエとジャネット・マクドナルドがパリのアパートのセットで共演した。このセットは浅薄なキュービスト風の量感と幾何学模様の点で、ヨック・ペーターによる一九二〇年代後期の金儲け主義のアールデコを思わせる。同年末、パラマウントのモダニズムは“Trouble in Paradise”*のデザインでピークに達した。この映画は、ルビッチの作品の中でも、彼自身が気に入っていたものだった。

映画の監督業の半ばでルビッチのつくった“Trouble in Paradise”では、アメリカ人のすばやいペースと気の早さというロマンティックな関係を見破り、ほとんどモーツァルト的な洞察力といってよいヨーロッパ風でバランスをとっている。映画が少しばかり辛辣なのは、監督がセックスを遠回しに演出しているからで、これこそ「ルビッチ・タッチ」の真髄といえよう。ルビッチはこの微妙さを出すのに、すべてがあまりにも人間的な主役たちの性的混乱を皮肉たっぷりにコメントする脇役のように物体を扱う。その良い例として、ルビッチのカメラは、その背後で行われている狂態を隠しているドアを控え目に捉える。どんな狂態が行われているかは、如才なく観客のイマジネーションにまかせるというわけだ。

一つのとくに記憶に残るシークエンスでは、それぞれ違ったアールデコ様式の時計がビネット（縁をぼかした肖像写真）風に撮影され、それらの時計が一夜の逢引きのあいだ時の経過を刻んでいることを示している（図84）。画面の外で登場人物の声が色事ゲームの期待、言い逃れ、そして最後に失望を伝える。後に映画で彼は上品にハリウッドのセックス・タブーを嘲ったときには、同じペアの最初の抱擁は鏡に映った姿で描写し、最後にダブルベッドのサテンの

図82『画家とモデル』（一九三七年）右はゲイル・パトリック、ラウール・ウォルシュ監督、美術総監督ハンス・ドライアー、舞台監督ロバート・アッシャー

図83『画家とモデル』（一九三七年）のジャック・ベニー

＊ 邦題『極楽特急』

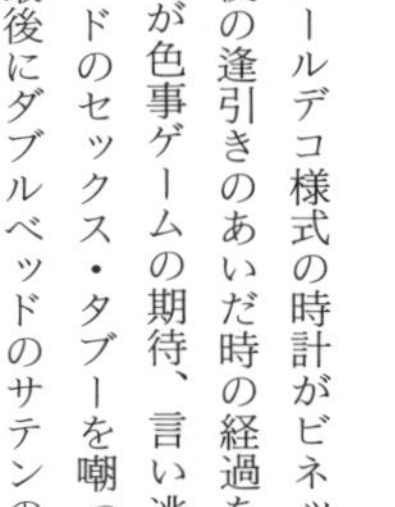

図84 “Trouble in Paradise”（一九三二年）のケイ・フランシスとハーバート・マーシャル、エルンスト・ルビッチ監督、美術総監督ハンス・ドライアー

ベッドカバーの上での絡みを影で捉えた。
"Trouble in Paradise"の恋のいさかいの舞台は、この映画のデザインの中心ともいうべき、パリに居を構えたお金持ちの香水屋の未亡人の屋敷であった。低い通路から二階建ての屋敷に入ると、ガラスの壁に面して設けられた巨大な円形階段によって二階に上がることができる。一階の壁の一部は段状のテラスと庭に通じ、他の部分は造付けの長いソファの上につけられた垂直のガラス窓に分けられている。
"Trouble in Paradise"では、舞台装飾のあらゆる要素は一つ一つデザインされ、不況時代のもっとも輝かしいハリウッド・コメディーの一つであるこの映画に、しゃれた近代的なつやを与えていた。清潔で、白色、光に満ち溢れる"Trouble in Paradise"の建築は、その頃ロスアンジェルスの近代建築家のリーダーであったノイトラのデザインにひどく似ている。皮肉なことに、ノイトラは映画のデザインについては絶望的で、月並の歴史様式を広めたのは映画のデザインの責任だと書いた。また、一九四一年にもノイトラは書いた。「映画のセットは間違いなく建築の趣味を混乱させている。ハーフティンバーのイギリス農家、フランスの地方住宅やミッションベル型住居、アラビアのミナレット、そして五〇×一二〇フィートの土地に建てられ、同じ大きさのメキシコ風牧場に隣接したジョージアンの邸宅、といった景観に見られる数多くの現象に対して、映画デザインは非難されるだろう。[注8]」映画の影響の評価では、ノイトラはたぶん点をやりすぎているかもしれないが、デザインについては、とくにハリウッドの業績について、彼はこっぴどくやっつけている。

RKO

一九三〇年代にパラマウントのスタジオで制作された近代的なセットは、平らな装飾のない

注8　リチャード・ノイトラ著「家庭と住宅」『ロスアンジェルスの基本計画』序より。ジョージ・W・ロビンズおよびL・デミング、ティルトン編集（ロスアンジェルス、パシフィック・サウスウエスト・アカデミー、一九四一年版）、一九六頁

平面、重さを感じさせないヴォリュームを非対称に配置したものだが、一九二七年のドイツ工作連盟展、一九三二年の近代美術館展に出品されたヨーロッパのアヴァンギャルドの建物の多くと同じ建築の特徴を分かち合っていた。逆にRKOスタジオのデザイナーたちは、近代建築と、流線型アールデコおよび新古典主義の独自の突飛で派手な混合物を生み出していた。

RKOスタイルに一貫して見られるのは、このスタジオがフレッド・アステアとジンジャー・ロジャースの配役で製作した九本のミュージカルのうちの八本である。このコンビでRKOが最後に製作した"The Story of Vernon and Irene Castle"*（一九三九年）は第一次世界大戦前と大戦中にセットがつくられていた。このチーム四番目のお遊び、マーク・サンドリッチ監督の"Top Hat"**（一九三五年）のセットはもっとも華麗なスタイルを見せている。アーレーン・クロースが『フレッド・アステア、ジンジャー・ロジャース物語』に書いているように、一九四〇年代と一九五〇年代のミュージカル映画は民主主義であって、男でも女でも心に唄をもっているなら民衆の誰もが歌い、踊り、跳ね回るチャンスがあった。[注9] 一方、大恐慌のときのミュージカルのあるものは、「忘れられた男」を称賛したが、階級意識の強い一九三〇年代の映画ファンは、ダディ・ウォーバックスの"très riche"『大金持ち』の世界への逃避に心を動かしたようだった。"Top Hat"は間違いなくこの望みを満たした。アステアは白いネクタイに燕尾服姿、そしてロジャースはサテンと羽に覆われた極楽鳥姿で、すんなりしたグレイハウンド（猟犬）、跳ね回る道化者、巻きつく旗の波といったしゃれた舞台装置の中で踊り回った。技巧の様式化は"Top Hat"の基調だった。ベネチア風の映画デザイン"Capolavoro"は、サウンドステージ二つ分のバルコニー、テラス、ベランダを蛇行する運河（ここでは黒く染められている）がつなぎ合わせ、すごくキッチュな橋が三つかかっている。アステアとロジャースが優雅に「チーク・トゥ・チーク」と「ピッコリーノ」を踊ったのはこのセットであった。

その年の末に、RKOは同じように突飛だが、豪華さの点で少し控え目の舞台装置として

＊ 邦題『カッスル夫婦』

＊＊ 邦題『トップ・ハット』

注9 アーレン・クロース著『フレッド・アステア、ジンジャー・ロジャース物語』（ニューヨーク、ガラハッドブックス、一九七二年版）、五〇頁

図85　"The Gay Divorcee"（一九三四年）マーク・サンドリッチ監督、美術総監督ヴァン・ネスト・ポルグレーズ、美術監督キャロル・クラーク

図86　"Shall We Dance"（一九三七年）マーク・サンドリッチ監督、美術総監督ヴァン・ネスト・ポルグレーズ、美術監督キャロル・クラーク

"Roberta"（邦題『ロバータ』、一九三五年）の名付親のヒロインのサロンのために用意した。それはネオロココ様式の凝った建物で、水晶のシャンデリア、磨かれた床・格子・曲線を描く繰形があって、それらは名の通ったクラシックの宝庫から取ってきたものではなく、なんとこの建築家の正確な製図道具から生まれたものであった。

多くのフレッド・アステアとジンジャー・ロジャースの映画を通して、ライトモティーフは流線型であった。サンドリッチ監督の"The Gay Divorcee"（邦題『コンチネンタル』、一九三四年、図85）のホテルの遊歩道のバルコニーと階段の浅いカーブ、同じくサンドリッチ監督の"Shall We Dance"（邦題『踊らん哉』、一九三七年、図86）の豪華客船の水滴形の窓、ジョージ・スティーヴンス監督の"Swing Time"（邦題『有頂天時代』、一九三六年、二〇三頁参照）のシルバーサンダル・クラブでは一対の階段が左右に優雅に広がり、階段の柔らかいカーブが、踏面と蹴上げのジグザグに角ばった輪郭をさらに際立たせていた。

流線型を一層巧みに表現するのは表面の磨き上げられたつやで、なめらかな動きを保証する上で、アステアとロジャースのすべてのミュージカルの舞台装置に不可欠であった。クロースが書いているが、映画のダンスフロアは普通木製だが、もっと念を入れたセット（"Top Hat"のベネチアのような）では、プラスティック製のベークライトを貼り、建築家もその近代性を好んだ。ベークライト・フォーマイカ・重い黒ガラスのヴィトライトの類の新しい工業製品がこの時期に流行した。モダニズムのデザイナー、ポール・フランクルはこれらの製品を称賛するあまり、『フォーム・アンド・リフォーム』（一九三〇年）に、「今日の化学工業は錬金術に匹敵する。なんでもない材料が新しい美の不思議に生まれ変わってしまう」[注10]と書いている。このつやのある表面をいつも同じ状態に保つことは、建築に使った場合と同じくらいに映画の場合も難しいことがわかった。ＲＫＯではカメラ・リハーサルのあいだ、ベークライトのフロアを段ボールで覆った。それぞれの撮影は掻き傷をエナージン（油のほうが早いだろうが、踊るのにはフロアがあまりに滑りやすくなる）で取り除くのに時間がかかり、個々のショットに長い間があいた。アステアとロジャースは決して地面には触れずに、薄い空気のクッションの上を滑るように踊っているかのごとく見えなければならなかったから、フロアに少しでも傷があっては、イリュージョンがぶち壊しになってしまうに違いない。

ハリウッドは一九三一年には早くも流線型と滑るような動きを結び付けていた。その当時、『シルバースクリーン』誌が「流線型の女性」という記事を載せて曰く、「スピード時代である。映画のスターたちは、モーターボート、航空機、レーシングカーと同じく、グレイハウンドのようなすばやくて鋭い姿をしている。数年前までは映画の美人たちは今日よりもっとたっ

注10　ポール・T・フランクル著 *Form and Re-form*（ニューヨーク、ハーパーブラザース社版、一九三〇年）一六三頁

ぷりした体形だった。今や、もっと引き締まった体形が要求されるので、ダイエット、運動、マッサージが大事な役割を演じている。[注11]」「新しいスターのプロトタイプといえるジーン・ハーロウが、すばやく名声を博したのも、彼女のボディ・デザインがスピーディな線をもっているお陰だった[注12]」。

流線型の邪魔の入ることのない線は、アステアとロジャースの継ぎ目なくつづく、お決まりのダンスにもっとも詩的に表現されている。これらのシークエンスの多くは、「アステアのお人形さん」というあだ名の、特殊な車輪のついた車にカメラをすえつけて撮影され、二人の動きをあますところなく追うことができた。このお人形さんは演技を可能なかぎりタイトに撮影しているので、観客は誰でもスターとともにきらきらした曲線の壁に沿って歩き、流線型の階段を上る気持ちになった。RKO映画の人気が素晴らしく高いので、皆がディテールまでそっくりまねすることになり、流線型は一九三〇年代の映画の都でミュージカル・ジャンルの「ルック」となった。

RKOの近代的デザインが、誰の作品かを決めるのは難しい。ブルックリン生れのヴァン・ネスト・ポルグレーズは、一九三〇年代のRKO美術部を監督するチーフであったが、スタイルのコンセプトは、しばしばこの人のものだと考えられている。ポルグレーズは一八九八年生れで、建築とインテリア・デザインを学び、第一次世界大戦前にニューヨークで設計活動をしていた。一九一九年、彼はフェイマス・プレイヤーズ=ラスキのためにデザインを始め、おそらくそこで、デミルの『アナトール』のアールヌーヴォー様式のセットのデザイナーだったポール・イリビとコネができたと思われる。一九二〇年代末には、彼はハリウッドに移って、短い滞在期間にもかかわらず、パラマウントとMGMで近代デザインの巧みさですばやく名声を博した。パラマウントでは彼は「白一色」のセットの構想を考え出したといわれている。一流の製品の価値に対し眼識のあるプロデューサーであったデーヴィッド・O・セルズニックの招き

注11 「流線型の女性」、『シルバースクリーン』一九三一年九月号、二三頁
注12 注11に同じ。

で、ポルグレーズは一九三二年にRKO入りをした。それはアステアとロジャースの最初のミュージカル"Flying Down to Rio"*の封切りの前年で、彼自身のデザインした唯一のものと思われる。後になると、彼がどの程度直接にかかわり合ったかはまちまちだった。一九三〇年代のデザイン部のイラストレーターだったモーリス・ズベラーノは、RKOスタイルの発展は主として才気ある美術監督キャロル・クラークのお陰であり、彼女のアシスタントとしてチーフ・セット・デザイナーでもあったアラン・アボットのスケッチからそのセットが生まれたとしている。[注13] 一九三〇年代を通じて、ポルグレーズの職務としてのデザインの仕事は小さくなり、一九四二年にスタジオを辞めるまで、主として管理職を務め、一九六八年に亡くなった。

RKO美術部は"Top Hat"のような過剰に技巧的な見世物を供給しながら、新古典主義の片鱗を示すだけの近代的インテリアを制作して、控え目の名人であることを証明した。"Shall We Dance"の豪華客船の特別客室は、そのもっとも洗練されたものの一例である(図87)。穏やかにカーブする一方の壁の深いニッチに間接照明が置かれ、これが部屋の唯一の光源になっている。ニッチはベッドを浮き出させ、並々ならぬ独創的なやり方で見る人の目をセットの奥に引きつける。そこには新古典主義の像が白色で描かれた黒いパネルが白い長椅子とテーブルの上に下がっている。ニッチと壁から浮いたパネルとの出合いは、見た目にはひどく対立的である。というのは、濃い灰色の壁に切り込まれた水平な白いニッチと、薄い灰色の壁から吊り下げられた四角い黒のパネルとのコントラストが著しいからである。ベッドすらが建築的な表現で、ぴちっと仕立てられた白いベッドカバーと枕の後ろは、片持ち梁でもち出した、低い黒のナイトテーブルが置かれている。

まさにパラマウントが白一色のセットを完成したとき、RKOは流線型のなめらかで静かな優雅さと鋭いコントラストをなすパレットを使って、比類のないほどセンスの良い黒白の舞台装置を創作した。"The Gay Divorcee"のホテルの遊歩道での黒白のグラフィックスは、景観づ

* 邦題『空中レビュー時代』

注13 モーリス・ズベラーノとの電話による会話、カリフォルニア州ロスアンジェルス、一九八五年九月二四日

図87 "Shall We Dance"(一九三七年)

くりの微妙な構成要素や手旗信号のような衣裳同様、この映画のスタイルの主要な要素、あるいは建築と装飾のライトモティーフのようなものを構成している。"Swing Time"では天候自体がデザインのコンセプトに繰り入れられ、町の雪景色や降るような星空が、シックなペントハウスのナイトクラブの真白なカーテンとして使われた(二〇四頁参照)。配役さえも一役買っていた。『フレッド・アステア、ジンジャー・ロジャース物語』でクローチェは、冷たいブロンド娘ジンジャー・ロジャースをいつまでも追いかける恋人たちに(フレッド・アステアと再び結ばれるハッピーエンドが義務づけられている)、色の浅黒いラテン民族を選んだのは、何か合理的な根拠があるのだろうかと問うている。[注14]

RKOは、近代建築のもつ空間およびフォルムの可能性よりも装飾的モティーフに力を入れたので、どんなに魅力的であっても、独自の近代スタイルを開発した三つのスタジオの中では、デザインの使い方が一番うまくなかった。しかし皮肉なことに、RKOの近代的スタイルを一番大衆に認めさせたのは、流線型と黒白の舞台装置という、まさにこれらのモティーフのもつ表現上の単純性だった。さらにいうと、フレッド・アステアとジンジャー・ロジャースと同様、そのルックを完璧に具現化できるスタジオをほかに見つけられる望みはなかった。

注14 Croce, p.25

メトロ=ゴールドウィン・メイヤー

「芸術のための芸術」(Ars Gratia Artis)は、有名なライオンの吠えるメトロ=ゴールドウィン・メイヤーのモットーであるが、この理想高いスローガンに会社の重役たちがいつも従ったとは思えない。しかしMGMは、アメリカで一番の名門で経済的に安定した一九三〇年代のスタジオとして、ハリウッド最大のモダニズムのセットを制作した。それらは大きなコンセプト、細微なディテール、例外的にうまく実現した施工など、高いレベルのものをもっていた。

MGMは一九二四年に営業を始めて以来、近代的舞台装置には敏感だった。その年の製作担当であった副社長ルイス・B・メイヤーは、ウィリアム・ランドルフ・ハーストの忠告に従い、ロシア生れのロメーン・デ・ティルトフを雇った。彼は一般にエルテとして知られていたが、彼がまだフランスに住んでいた頃のファッション、インテリアデザイン、『ハーパース・バザール』誌の表紙のイラストなどの仕事によって、一九一五年以来アメリカに知られていた。エルテが一九二五年にハリウッドに到着するまでに、ジョージ・ホワイトの「スキャンダルス」というニューヨークのミュージカル・レヴュー・シリーズのために、彼がデザインしたアールデコ様式のステージ・デザインによって、さらに相当の名声を享受していた。このデザイナーがニューヨークからハリウッドまで大陸横断鉄道に乗っていたあいだにも、アメリカの新聞は彼を大事な名士扱いして、ファッションのあらゆる面の意見を求めていた。

ハリウッドでの成功の期待は、エルテ側もメイヤー側も大きかった。エルテはハリウッドの衣裳とセットのデザインに革命を起こして、『カリガリ博士』の地位まで高めることを狙った。[注15]『カリガリ博士』は、映画メディアのデザインの可能性に対する彼の興味に火をつけたことを、彼自身も認めていた。芸術家を甘やかすメイヤーは、MGMの土地にパリのスタジオを再建してやり、彼の新しいご褒美でできるだけ多くの評判を得ようと試みた。残念ながら芸術と商売は衝突し、両者の関係は一年しか続かなかった。利己主義で気性の激しいエルテは、自分と同様に片意地で、もっと勢力のあるスターたちと一緒に仕事をするのは無理だと悟り、果てのない仕事の遅れや大衆の好みへの迎合は創作欲の邪魔だと感じた。

衣裳とページェントの飾り付けは、エルテのハリウッド滞在中に仕上げられたもので、不幸なことに、彼の一連のセット・デザインは、エキサイティングではあるが、スケッチのままで残った。エルテがMGMのデザインのために開発した建物の様式は、ステージ・スターや婦人服仕立人の上品で〈やけに〉きどった世界と、ナイトクラブの逢引き部屋や魅惑的な化粧室に

注15　エルテ著『私の記憶帳』（ニューヨーク、*Quadrangle*〈囲まれた庭〉、ニューヨークタイムズ・ブックカンパニー、一九七五年版）八〇頁

芸術的に要約されている。その中で目立つのは『パリ』のセットのスケッチである。これはエルテが最初に雇われてデザインした映画の一つであった。（パリの上流階級が低い程度で扱われたので、彼のハリウッドからの逃げ足を早めた。）『パリ』のナイトクラブは三角形の空間で、その幾何学的イメジャリーとセットバックした側面は、合衆国で摩天楼に用いられることになったアールデコのスタイルを数年先取りしていた。色彩計画では赤と金が圧倒的で、エルテが念を入れて選んだパレットである。これはスタジオが映画の一番重要な場面を初期のテクニカラーで撮影しようと考えたからである。女性ヌードが二組カーテンの引き役に使われているのが、エルテのいくらかつむじ曲りの性的エキゾティズムを暴露しているが、ロシアバレエ団の同じような傾向を思わせる。元来フランスの婦人服仕立人になるはずだった映画のヒーロー同様にエキゾティックな家については、エルテが自叙伝の中で生き生きと描写している。[注16]全部黒と白の応接室の一方の壁は白テンの毛皮のカーテンに覆われている。狐の毛皮のクッションが家具を覆い、とくにいちゃつき用の長椅子はやはり白テンの毛皮に包まれていた。

『パリ』のセットのぎざぎざな面取りと、気の抜けたようなカーブとは著しく対照的であり、“A Little Bit of Broadway”（図88）の化粧室のスケッチを見ると、ひどく控え目で厳格な直角スタイルにデザインされていて、ウィーンのデザイナー、ヨゼフ・ホフマンの作品の幾何学的正確さが思い出される。エルテは壁・家具・装飾のアクセサリーを、平らで抽象的な平面に組み立て、鋭い枠取りの長方形に分割していった。たった一つ様式化された花模様のモティーフが、引出し・扉の側柱・家具を統一している。エルテのスケッチでは、家具と扉はラベンダー、壁はグレイ、腰壁とカーペットは黒、そして花瓶の花は見事な朱色である。

エルテがハリウッドを去ると、そのときのスタジオの美術部総監督だったセドリック・ギボンズがすぐに昇進して、MGMにおける近代建築の装置を使う、背後の推進力となった。メイヤーは「芸術家」エルテにさんざん苦労した経験から、エルテよりは会社員的なデザイナーの

図88　“A Little Bit of Broadway”（一九二五年）の化粧室のスケッチ、〈スケッチ〉エルテ

注16　15に同じ、八一頁

ギボンズの下で美術部を固めようと決心したのかもしれない。オースティン・セドリック・ギボンズは一八九〇年にブルックリンに生まれた。彼の父パトリック・ギボンズはニューヨークで建築業者として成功していた。セドリックの祖父もまた建築家だったから、若いギボンズも家業を継ぐものと思われていたが、セドリックは建築より絵画や彫刻のほうに傾いてゆき、ニューヨークのアート・スチューデント・リーグに入学した。卒業後、一九一一年頃、父の事務所で製図工となったが、すぐに辞めて、劇場と映画のデザイナーで壁画家のユーゴー・バーリンの下で働いた。第一次世界大戦後まもなく、ギボンズはカリフォルニアに移り、サミュエル・ゴールドウィンのためにセットのデザインをした。一九二四年にスタジオができたとき、彼はMGMの美術部の初代部長になった。一九五六年に引退するまでその地位にあり、四年後に亡くなった。

ギボンズは世界で一番大きな映画スタジオの重役だったから、ロスアンジェルスの社交界や文化界において目立った存在だった。「オスカー賞」の像のデザイナーであった彼は異彩を放ち、ハリウッドのスターといつも贅沢三昧に暮らしていた。彼はつやつやの白いデューセンバークに乗り、下ろしたての白手袋をして(ほとんど一日中していたという人がいる)、スタジオへ通ったものだった。ロスアンジェルスには文化的抑圧がなく、リチャード・ノイトラやルドルフ・シンドラーがいたことだし、ギボンズは思い切って工夫を凝らすことができた。建築家がかつて組んだことのないような宣伝組織で武装したギボンズは、一緒にロスアンジェルスでデザインを展示したことのある、より有名な仲間の卑屈な模倣者と自分を見なさなかっただけでなく、合衆国で近代建築を普及させている点では、彼らと対等とみなしていた。『ブリタニカ百科辞典』の中で、彼はセット・デザインについて、映画美術が大衆映画のもつ商売優先の枠組を超えていくよう、力説している。彼は言う、「もしリアリズムさえ捨てることができれば、それ自体、近代的絵画・彫刻のように、完全に近代的なセットを期待できるかもしれない」[注17]。

注17 『ブリタニカ百科辞典』、一四版(一九二六〜三六年)。副題「映画のセット」、セドリック・ギボンズ

ＭＧＭに投入されたギボンズの実際のデザインが、たとえしばしばきわもの的なところがあったにせよ、スタジオ独特のスタイルを創出し、ＭＧＭにとって利用可能な最高のデザイン能力を集めた彼の才能は論議の余地がなかった。一九三〇年前後の時期、スタジオのトップデザイナーたちの幹部は最高で、ヴァン・ネスト・ポルグレーズもその一員だった。そのとき、デミルのところには、衣裳およびセット・デザイナーとしてミッチェル・レイセンがいて、ほかにも家具デザイナー兼建築家のメリル・パイがいた。

ギボンズのチームの抜きん出たメンバーの一人は、一八九六年カナダ生れのリチャード・デイであった。彼の父は建築家だったが、デイはギボンズと同じく正式に建築の教育を受けておらず、実はほとんど独学だった。デイの半世紀にわたるキャリアは、一九二〇年代初頭、ＭＧＭのエーリッヒ・フォン・シュトロハイム監督のためにデザインすることで始まり、七年間のすべてをスタジオで過ごした。『ハリウッドの芸術』[注18]で、ジョーン・ハンブリーとパトリック・ダウニングは、この時期のデイは少なくとも四八本の映画を手掛けたとしている。そのうち、"Our Dancing Daughters"（邦題『踊る娘達』、一九二八年）は、一九二五年のパリ博覧会の影響を示す最初の映画の一本である。一九三〇年に、デイの名声は確実なものになったが、ギボンズの陰でデザインするのがいやで、サミュエル・ゴールドウィンのスタジオに移った。それから八年間、彼が二〇世紀フォックスの芸術総監督になるまで、映画における近代建築の優れたセットをデザインした。とくに"Palmy Days"（一九三一年、一二二頁参照）における多機能の摩天楼、"Arrowsmith"（邦題『人類の戦士』、一九三一年）の研究所、"Dodsworth"（邦題『孔雀夫人』、一九三六年、一九七頁参照）の自動車工場などが有名である。

ギボンズと彼の「建築・工学部」――彼はこう呼ばれるほうを好んだ――は、もっとも初期のプロジェクトのときから、映画の近代美術を創作するのに例のない才能を現した。セット内での幾何学的フォルムと動きに対する彼らの没頭は"Our Modern Maidens"（一九二九年）の

注18　パトリック・ダウニング、ジョーン・ハンブリー共著『ハリウッドの芸術』（ロンドン、ヴィクトリア・アンド・アルバート美術館版、一九七九年）、六八頁

アールデコ様式のデザインが良い証拠である。これは「若さ・狂気・鼓動・無鉄砲な自由奔放さに酔いしれる」[注19]という、一九二八年の『踊る娘達』に始まり、一九三〇年の"Our Blushing Brides"（邦題『デパートの横顔』）で終わる三部作の第二作である。"Our Modern Maidens"『モダンな娘達』（図89）のリビングルームでは、鋸歯状の繰形で縁取った巨大なアーチは、巨大な機械のギヤが動いているように見える。この部屋のもっとも突飛な要素は、刻んだような階段である。この階段は、暖炉を回って、巨大な鋸歯状のブラケットに支えられた円形のバルコニーに導く。MGMの階段は、主題の扱い方がずっと大きくバロック的であるが、同じ時期のコルビュジエの数多くのデザインに似ている。シャルル・ド・ベステギュイのパリのアパート（一九三〇年）のための屋上庭園の階段を考えてみるがよい。

アールデコ期におけるスタジオのもっとも変わった素晴らしい創作は、リチャード・デイの記念すべき食卓（図90）である。これは、一九三〇年頃のMGMの映画装飾のトレードマークのようなもので、MGM映画によく使われた。機械仕上げで最新式にした古典主義スタイルにデザインしたデイの食卓の特徴は、一対の白い三条の溝で、ドーリア式フリーズの典型的コンテキストから引き出してきたもので、これが直立した太くて黒いテーブルの脚を強調している。細い柱の上になげしが乗っている古典の先例を嘲け笑うかのように、テーブルの幅広の脚が支えているのは磨きぬかれた薄いガラスだけで、しかも光源の隠された光の輝きで、ほとんど物質性を失っている。

『踊る娘達』の封切り後間もなく、セドリック・ギボンズはサンタ・モニカ・キャニオンの自宅の設計を始め、後にそこへ夫人の映画スター、ドロレス・デル・リオと引っ越した。MGMで働いていた地元の建築家ダグラス・ホノルドの協力でつくられた、キングマンアベニュー沿いのこのギボンズ邸には、サウンドステージのように近づき難い面があった。ほとんど窓のないファサードから頑丈な暗灰色の扉を通って、幻想的で芝居がかった内部に入る。不透明なフ

注19　ボルティモア・ポスト紙、一九二八年九月一一日

ロント・ファサードとはひどく対照的に、リア・ファサードはすべてガラスでできており、人が入ると見えるようになっている。庭の青々と茂った景観・プール・テニスコートも見渡すことができる。このガラスの壁に沿って緩やかに上っていく階段があって、この家のパブリック・スペースに入っていく。そこはなんと二五×四五フィートの部屋で、ギボンズは自立した曲線の本棚とソファを置いた。この二つは、黒いテラゾーとシルバー・ニッケルでつくられた巨大な暖炉を渦巻くように囲んでいる（図91）。この素晴らしいプロポーションの部屋に、ギボンズは気まぐれなディテールを二つ加えた。一つは銅葺の屋根に付けたスプリンクラーで、雨の音を出すためであり、もう一つは埋め込んだ投光器で、向かい側の壁に月光を演出するため

図89 "Our Modern Maidens"（一九二九年）ジャック・コンウェイ監督、美術総監督セドリック・ギボンズ、美術監督メリル・パイ

図90 "The Kiss"（一九二九年）のグレタ・ガルボとアンダース・ランドルフ、ジャック・フェーデ監督、美術総監督セドリック・ギボンズ、美術監督リチャード・デイ

図91 家でのドロレス・デル・リオとセドリック・ギボンズ、ロスアン

であった。
奇想をこらしたものではあるが、この家は単なる映画の馬鹿げた豪邸以上のものである。空間のレイアウトに見られるモダニストのセンスの良さは、ギボンズとは、自分の才能より、才能を探し出す能力をもった本当の美術総監督だという特徴づけを頭から否定するものである。ギボンズの技巧をとくに物語っている例は、ル・コルビュジエの「建築的プロムナード」にも似て、玄関ホールからリビングルームへ上っていく階段で、内部と外部の眺めがつぎつぎと変わり、最後は太平洋の遠い水平線が見えることである。ギボンズの設計でもう一つ珍しいのは、つやのある材料と間接照明を使って、セットバックした家のフォルムを感覚的に感じさせ、内部空間を明示している点である。

ギボンズ邸は、このデザイナーの天賦の才能の証明として、我々の注意を喚起するだけではなく、異なった様式を融合しているので、MGMでの近代的な舞台装置の歴史の二つの時期の架け橋になっている。一方でこの家は、『モダンな娘達』のように一九二〇年代後期の装飾豊かなアールデコのセットの要約であると同時に、もう一方では、一九三〇年代初頭から半ばにいたる、このスタジオの絶頂期の様式の明瞭な要素となった一連の空間的にも革新的なセットを先取りしていた。

MGMがオープン・プランニングをこれらのデザインに使ったことは、アメリカの偉大な建築家フランク・ロイド・ライトが、二〇世紀初めに中西部の「草原の家」によって、内部空間を限られた住ブロックを超えて、決定的に拡大したことを思い起こさせる。一九〇八年の「ロビー邸」(図92)は、ライトの長いキャリアのこの段階での傑作である。二七歳の自転車製造業者のために建てられたこの家は、シカゴの商業地区の南八マイルほどにある小さな角地に建っている。建っているというのは、しかしまったく適切な言い方ではない。というのは長い低い水平な壁、テラス、屋根をグループ化しようというライトの根本的プランは、それらの一

ジェルス、一九三〇年頃

つ一つが自由に浮かんでいて、ただ直立した頑丈な暖炉ブロックによって地面に根を下ろしているように見えるからである。エクステリアは、またインテリアに反映され、インテリアは近代建築の中でもっとも注目すべき空間の一つを包み込んでいる。上の階ではキッチンと使用人部屋などの私的機能を収容する長方形のヴォリュームが、リビングルームやダイニングルームといった公開セクションに対して互い違いに配置されている。居住者は、暖炉と階段を囲むリビングやダイニングルームからは自由で動きやすい感覚を与えられるのみならず、外へ連れ出されるような、生き生きした印象を受ける。これは部屋の天井が、ガラス扉の向こう側まで延びて幅広の軒となり、その軒がテラスまで突き出していることで、そのイリュージョンが強められるのである。

「ロビー邸」の竣工後間もなく、ヨーロッパの出版社ウォスマスが、素朴な力強い図面のライトのデザイン集を刊行し始めた。これらの作品に示された、幅の広さ、創意豊かなディテールはこの建築家の四十歳代に創作されたものだった。伝統的に、四十歳代というのは一人の建築家の生涯でもっとも実りの多い時代の始まりとされているが、これらの作品は、誠に驚くべきもので、ヨーロッパのモダニストたちに与えた影響は深いものがあった。

ライトの影響はとくに、オランダのアヴァンギャルドの画家、建築家、彫刻家、一括してデ・スティールとして知られている人々に対して強かった。ピエト・モンドリアンはその一人である。デ・スティールの建築家たちはライトのフォルムと空間構成の精神を直ちに採り入れたけれども、ライトの使った木材・石・煉瓦といった伝統的な建築材料の代わりに、精密さや高度の機械仕上げを表現するのに一層向いていると感じた建築材料、すなわちなめらかな漆喰、スティール、金属枠に入ったガラスを使った。建築家兼家具メーカーのヘリット・リートフェルトが一九二四年にトルース・シュレーダー゠シュラーダー夫人のためにデザインした「シュレーダー邸」(図93)では、非対称に絡み合う空間と漂う水平面という、ライトのオープン・プランニングのコンセプトを守ったけれども、もっとキュービックなフォルムを与え、機械生産の材料と原色で覆った。このように、幾何学的フォルムを荒っぽく並べたてたのは、後の近代建築の諸作品の抑制のきいたヴォリュームに比べると、やりすぎといえるかもしれないが、リートフェルト・ハウスはこれに続く数年間、建物や映画のセットのデザインの双方に用いられたスタイルの原型であった。

例えば“The Easiest Way”（一九三一年）では、MGMのデザイナーたちはこれらのフォルムと空間のコンセプトを完全に実現した例をつくり出した。“The Easiest Way”（図94）でMGMの制作したオフィスは、マッスと平面が相互に独立し、あたかも空中に宙づりになっているように見える力強いコンポジションをもっている。リートフェルトとMGMは在来の建設方式を退けた。梁・円柱・壁柱は、荷重の支えと支持エレメントの扱いという通常の機能を表現する代わりに、重力に反抗しているかに見える。普通構造的に堅固であるはずのコーナーは、荷重を支持しないガラス壁で代用されている。映画のデザインではガラスのコーナーは、部屋の周りからふくらみをもたせている。ちょうどケルンにおける一九一四年のドイツ工作連盟展でヴァルター・グロピウスとアドルフ・マイヤーによるモデル工場のガラスに囲まれた円形階段タワーと同じである。窓の縦仕切りが非対称であることは、ギボンズがルドルフ・シンドラーの「ホーハウス」をよく知っていることを示唆していた。

“The Easiest Way”が封切られた年と同じ年に、MGMはグレタ・ガルボのために作品を製作した。ロバート・Z・レナード監督の『スーザン・レノックス—彼女の浮き沈み』がそれで、一九三〇年代のスタジオのもっとも優れた近代デザインとして呼びものになった。一九二〇年代後期から一九三〇年代、MGMによって開発されたガルボのペルソナは、近代的で知的で自由闊達な女性がときには世間一般の慣習をあざ笑うというものだった。しかし、最後には道徳的な結末がどうしても必要なので、結婚して改心するか、罰が下って死ぬことになってい

た。ガルボ映画のデザイナーたちは、アールデコのセットと家具類を選んで、洗練された豊かな環境をつくった。例えば“A Woman of Affairs”(邦題『恋多き女』、一九二八年)でガルボの演じる浮気な女百万長者のダイアナ・メリック、“The Single Standard”(邦題『船出の朝』、一九二九年)での、家庭の幸福と情事への情熱に引き裂かれるアーデン・スチュアート、“The Kiss”(邦題『接吻』、一九二九年)において、殺人によって愛のない結婚から救出されるイレーヌ・ガーリーなどがそうであった。『スーザン・レノックス』の頃には、これらのより装飾的なセットはモダニストたちのもっとあっさりして、殺風景なものに道を譲り、ガルボにもっとも注目すべき背景を提供したのであった。

『スーザン・レノックス』はロドニー・スペンサー(クラーク・ゲーブル)により、スーザンが心ない伯父によって文字通り売られて結婚させられそうになるのを救われるところから始まり、彼女がサーカスの興業主の情婦になったと、彼が誤解して身を引くところで第一部は終わる。数年がすぎる。第二部は、タイトルの「沈み」の部であるが、ガルボは堕落した女になり、金持ちだが、いかがわしい政治家の情婦だと非難される。ある晩、ロドニーはスーザンのウルトラモダンなペントハウスでのパーティーに出席する。そのあいだに、彼女はまだ彼を愛していることを悟る。彼女はふしだらな生活を悔い改め、第三部では、ロドニーについてジャングルに行き、そこで彼らは元の鞘に収まり、その後ずっと貧しくとも幸せに暮らす。

うわべは現世的装飾でまとめられたスーザン・レノックスの高慢そうなペントハウスは、明らかに彼女の貞操を犠牲にして得たものである。このお陰で彼女は最高の物質的贅沢を味わうことができた。大恐慌時代のアメリカの観客は「禁じられた果物はいつでも一番甘い」という清教徒的エトスを教え込まれていたから、おそらくこの〈交換〉を良いものと思っただろう。

『スーザン・レノックス』のペントハウスは、一九三〇年頃に製作された映画にしだいに増えていくものの一つで、高層建築に住むという魅力が大衆の想像力を捉えて、マンハッタンに高

図92　ロビーハウス、シカゴ(一九〇八年)、〈設計〉フランク・ロイド・ライト(上右)
図93　シュレーダー邸、ユトレヒト(一九二三年)、〈設計〉ヘリット・リートフェルト(上左)
図94　“The Easiest Way”(一九三一年)ジャック・コンウェイ監督、美術総監督セドリック・ギボンズ、コンスタンス・ベネットとアドルフ・マンジュウ

層住宅が続々と建ち始めた時期と平行している。新しい建築工法のお陰で、大きなガラス窓で建物の外側のコーナーを包み込むことができ、多くのアパートメントから摩天楼の林立する素晴らしい景観を見ることができるようになった。その良い例が、一九三一年の『マジェスティック』である。スーザン・レノックスのアパートメントはこの新機軸をひどく誇張して表現しただけではなく、いろいろのセットに現れた近代建築の四つの要素——引き込みの白い暖炉(前に近代的な摩天楼の形の薪載せ台がある)、細い仕切りで横長に分割されたガラス壁、段差のある広いプラットフォーム、および大きな丸天井の梁——を見事に混合している。これらのセットは、ナイトクラブ、ホテル、住宅などで、一九二〇年代後期から一九三〇年代の前期を通じてMGMの映画に見られたものである。これらの特徴は、ガラスに囲まれた円形の広間の中心から放射される対角線を軸にまとめられていることである。その広間の下がった天井梁は間接照明で洗われている(図95)。

このアパートメントを案内するシークエンスは流れるように美しい。撮影技師ウィリアム・ダニエルズのカメラは、この対角線軸に沿って移動し、見る者を広間の半円形のガラス壁を通って、リビングルームへと優雅に連れていく。もう少し行くと、ついにカメラは静かにカーブを描いて立ち止まり、テラスからガルボが登場するのを見せてくれる。テラスの彼方には果てしない空間が広がり、遠く地平線に浮かぶ摩天楼の明かりがイリュージョンをつくり出す。

アパートメントで演じられるシークエンスでは、照明・材料・仕上げが注意深く選ばれて、セットがまさに贅沢そのものであることを示している。金属仕上げが圧倒的に多い。ピアノの黒と銀の面。間接照明された鏡のあるニッチに置かれたサテンのソファ。薄地のカーテンの縦じわが、辛うじて和らぎを与えている金属とガラスのカーテンウォール。ガルボ自身(図96)さえも舞台装置に調子を合わせ、彼女が動くと銀色のドレスが四方八方に反射して輝き、金属パイプの椅子(ミースのMRチェアを思い出させる)の曲線は、彼女のものうい魅力的な曲線

図95　"Susan Lenox: Her Fall and Rise"（一九三一年）ロバート・Z・レナード監督、美術総監督セドリック・ギボンズ

図96　"Susan Lenox: Her Fall and Rise"（一九三一年）のグレタ・ガルボ

をなぞるかのようだ。（二〇年後にジュディー・ガーランドが同じようにミースのバルセロナ・チェアに敬意を表し、『スタア誕生』（一九五四年）で背のクッションをどけて、皮紐をハープの弦のようにはじいた。）ファッションと建築とスターのペルソナがこれほどに澄みきったイメージに組み合わされることは稀である。

スーザンのアパートメントのセットは、その純粋に装飾的な機能に加えて、新奇な方法で、利用可能なスクリーン・スペースのパラメーターを実質的に変えることのできる、枠組要素として利用された。その頃の代表的な長編映画の画面は一・三三対一の長方形、つまり縦より横が一・三倍広い比率だった。下がり梁と天井といった趣向をうまく使って、セット・デザイナーたちはスクリーンの一部をふさいで、近代建築のきわめつきともいえるもっと横長の比率にすることができた。ガルボのペントハウスの広間では、下がり梁がスクリーン上の映像の上部を占めているので、背景を際立たせ、舞台の奥行を深く見せていた。

この時代のMGMデザイン部のもう一つの優れた作品は、"Men Must Fight"*という一九三三年の映画におけるギボンズの制作した米国務長官のマンハッタンのアパートメントである。この映画は、一九四〇年に勃発する世界大戦を扱っていた。この人物の富と社会的地位は、アパートメントのリビングルーム（図97、図98）の広大さですぐにわかる。セットの右側のガラス壁はテラスに通じ、街路を見下ろすことができる。このアパートメントの居住者は屋上テラスをも享受している。部屋の三つの機能的エリア、つまり玄関ホールとリビングルームと図書室に分かれているが、一つの空間的連続体となり、シングルショットで全体が写るのである。ベッドルームと書斎はリビングルームと直接繋がっていて、不要な渡り廊下はない。ソファと本棚とセットバックしたラジオ・キャビネットを組み合わせた造付けのユニットは、カーブしながら、リビングルームと図書室を分けている。支えなしで自立する家具もまた空間を区切っている。近代主義的な家具の腰掛け類は部屋中に任意に置かれているが、中央の家具類はエリ

＊ 邦題『男子戦はざる可からず』

ア・カーペットに載っている。セットの焦点は、ともかく半円形のガラスに囲まれた玄関ホールである。水平軸に沿って部屋を抜けると、今度ギボンズは、幅広の螺旋階段に囲まれた円形のエレベーターシャフトのつくる垂直軸を強調して見せる。“Our Modern Maidens”の階段のデザインに示された断続的な動きではなく、“Men Must Fight”の階段はなめらかに上に這い上がり、三本のクローム製の繰形《モールディング》で装飾された連続的なスパンドレルによって強調される。

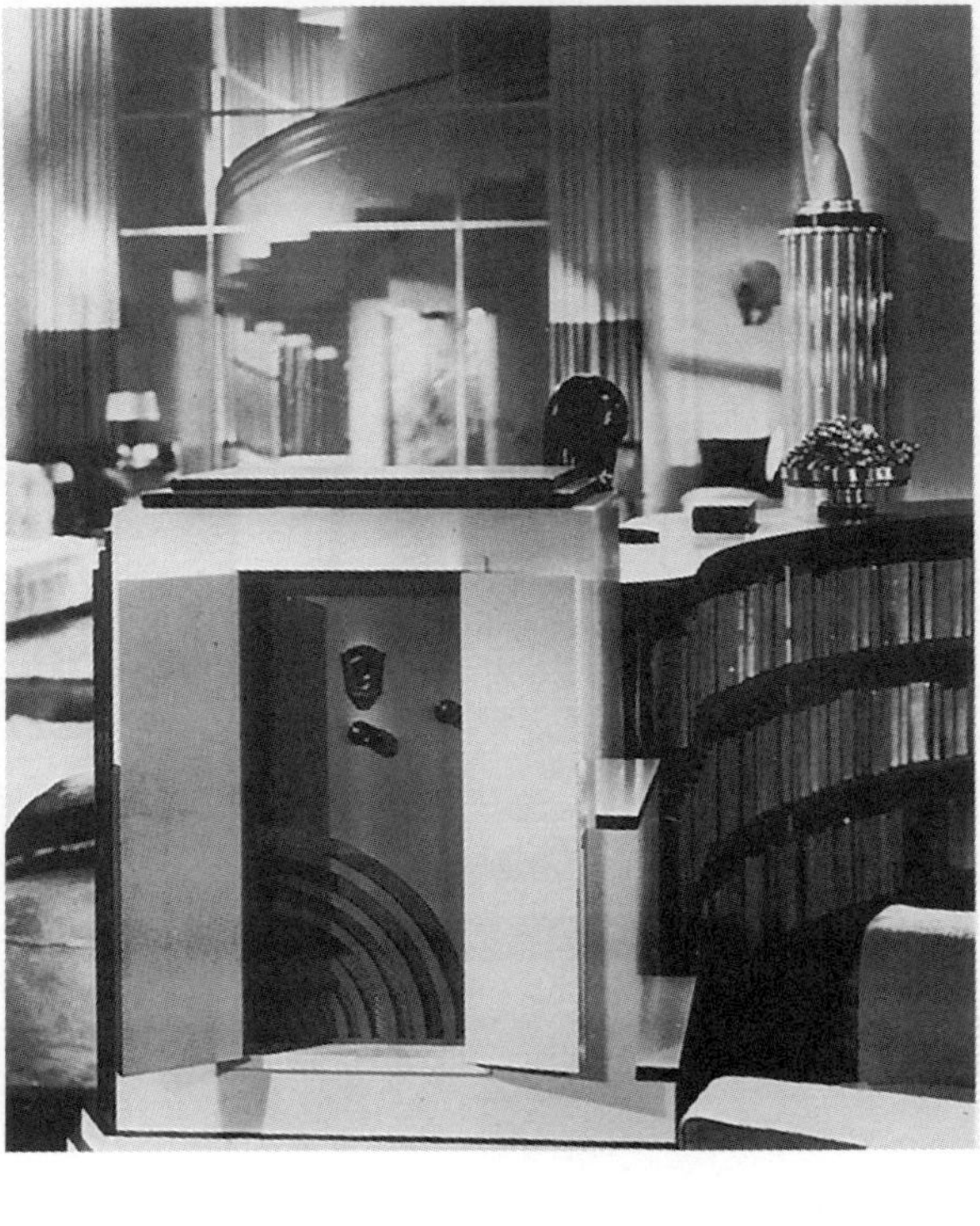

図97　“Men Must Fight”（一九三三年）エドガー・セルウィン監督、美術総監督セドリック・ギボンズ

図98　“Men Must Fight”

一九三〇年代半ばにフランク・ロイド・ライトが多くのオープン・プランニングの新しいコンセプトを生み出した。このようなコンセプトの一つに、空間が建物を螺旋を描いて上っていく、つまりコルク抜きを回転させながら引っ張り上げたような構造とでもいえるものがある。早くも一九二五年に、メリーランド州のシュガーローフ山プロジェクトでライトが開発した螺旋型モチーフは、彼の一九三〇年代の建物でしだいに重要度を増し、一九四〇年代末にはサンフランシスコのモリス・ギフトショップ、そしてライトの亡くなった一九五九年のニューヨークのグッゲンハイム・ミュージアムで完成の域に達した。

ライトの弟子、オールデン・B・ダウはこの螺旋型プランニングを、ミシガン州ミッドランドのジョーン・S・ウィットマン邸（一九三四年）の内部に応用した。これが後に映画では、一九三六年の"After the Thin Man"*（図99）のためにギボンズがデザインしたサンフランシスコ・ハウスにインスピレーションを与えた。この近代住宅は、住人であるニックとノラ・チャールズという洗練された探偵チームの自由闊達な人柄に理想的なセットだった。最上流階級に属するノラの家族は、ヴィクトリア様式のマンションに住み、半分死にかけたような上品さを保っているのとは対照的に、チャールズ一家は進歩的で現代的で、夜を徹してのパーティー、遊び好きの危険な友達、そして素人探偵というやくざな職業への挑戦を楽しんでいる。

ダウもギボンズも水平方向にも垂直方向にも開放的なプランを用い、二重の天井高のホールを使って、ファースト・レベルとセカンド・レベルをつなぐ中間レベルのフロアを設けた。ダウのウィットマン邸では、リビングルームとサンデッキのある中間レベルは、階段のランディングから離れて位置する別個の付加的空間になっている。ギボンズのチャールズ家のデザインでは、中間レベルはその家のプランニングの中に完全に統合されている。それは単に玄関ホールの役をするだけではなく、リビングルームでありランディング・フロアでもある。一段上ると、バルコニー兼書斎があり、ベッドルームに通じるドアがある。一段下がるとリビングルー

* 邦題『夕陽特急』

図99 "After the Thin Man"（一九三六年）W・S・ヴァン・ダイク監督、美術総監督セドリック・ギボンズ

ムになる。"Thin Man"の家の螺旋型の連続体の流れは、カーブした囲い壁によってアクセントがつけられ、ライトによるS・C・ジョンソン社の本社ビルを思わせる。これはギボンズが、空間を限定するために、透明と半透明の平面を相互浸透させるという初期の方法――例えば、一九三一年の映画『スーザン・レノックス』*の住宅――からの離脱だった。

ギボンズの指揮の下に、MGMのセットは一九三〇年代の映画の第一の見せ物だった。その多芸多才なデザイナーたちは、ガルボのためペントハウスの幾何学的模様を鮮明な色彩で区分した豪華さから、"Thin Man"の住み心地良い温かな家庭まで、実に幅

* "Susan Lenox"

広い仕事をした。MGMの成功は結局のところ、パラマウントのエレガントな建築に対する感受性とRKOのエネルギッシュな装飾性を結び付けたところにあった。この二つを完全にバランスさせた結果、どのハリウッドのスタジオよりも価値のある遺産を後世に残したのである。

MGM、パラマウント、RKOのハリウッドの三スタジオだけが近代映画作品をつくる大きな重要な組織ではあったが、他のスタジオのデザイナーたちも近代的舞台装置を使った。これらのデザインが孤立した例に止まり、その範囲に限界があったかもしれないが、それでもしばしば最高の質をもっていた。

一九三〇年代に今やホラー映画の古典となった『魔人ドラキュラ』*（一九三一年）、『フランケンシュタイン』（一九三一年）、『ミイラ再生』**（一九三二年）を製作したユニバーサルが、一九三四年に封切った『黒猫』は、おそらくその一〇年間のもっともエキセントリックなホラーの長編物だったろう。受ける印象が当時の標準的なモンスター映画の規格品からかけ離れていただけではなく、舞台装置は標準的な表現主義者の用いる手法——例えば、きしむ扉、考え込んだような暗い影といった、このジャンルの映画に付き物となっている——をモダニズムと取り替えてしまった。

『黒猫』のデザイナー、チャールズ・D・ホールと、シナリオライター兼監督のエドガー・G・ウルマーの二人は、この強制的な建築ツアーの共同責任者である。素晴らしい近代的な舞台装置をつくった数多くの映画の専門家と同じく、ホールもウルマーも職業建築家の活動とは縁が薄かった。一八九〇年に英国に生まれたホールは、ある美術学校に学び、十代は建築事務所で働いた。彼はユニバーサルの『ドラキュラ』『フランケンシュタイン』のような、ぞっとさせる映画のために素晴らしい表現主義の舞台装置をつくり、またモダニズムの装置でも頭角を現したが、もっとも優れているのは、ウィリアム・ワイラー監督の“Counsellor-at-Law”『巨人登場』（一九三三年）のオフィスとチャップリンの『モダン・タイムス』（一九三六年）の工場

* “Dracula”
** “The Mummy”

である。一方ウルマーは、『黒猫』の狂気の建築家カジャマール・ペルツィッヒ（この名前は実はウルマーがドイツの建築家ハンス・ペルツィッヒに敬意を表してつけた）のヴィラのデザインについては、うまい汁を吸った。ウルマーが予期に反して、ホラー映画に近代的デザインを使ったのは、まさに突然変異のようなもので、この優れた監督の作品を際立たせる、ほとんど奇想天外な手法といえよう。一九〇四年にウィーンに生まれたウルマーは、まだ十代でベルリンの演出家マックス・ラインハルトのためにデザインをしたという劇場育ちだった。しかし彼が近代建築の才能を発揮したのは、一九二〇年代にウーファ社のデザイナーだった頃である。この経験が『黒猫』にインスピレーションを与えた。ウルマーはピーター・ボグダノヴィッチとのインタビューで、この映画の性格を、「私のバウハウス時代に得たものは、ベリー、ベリーマッチだ」と語った。[注20]

『黒猫』の舞台装置のディテールのコンセプトの水準の高さは、映画のセットのような非常に短命な構築物では珍しく、実際に建てたとしても注目すべきものである。セットの個々の部屋はフォルムにおいても空間においても印象的な複合体である。例えばベッドルームは、片持ち梁のもち出しで垂直に分割され、その片持ち梁は、独立した楔形のピアによって一方の壁沿いに支持されている。あらゆる部屋にはピカピカに磨き上げられたクローム製のパイプ椅子が散在している。照明で明るい壁と天井、照明器具、引き戸、デジタル時計などが、この優雅な、コルビュジエのいわゆる「住む機械」の住人に仕える電気器具類である。

人工照明がまた映画を通じて視覚的ライトモティーフとして働き、しつこいポップクラシックの映画音楽より、各シーンのムードの変化をはるかに微妙に詩的に暗示した。ボリス・カーロフが超然と冷酷に演じるペルツィッヒを観衆が初めて一瞥するのは、この建築家がゆっくりとベッドから起き、まっすぐに立ち上がり、そのシルエットが明るく透き通った背景に映るシーンで、まことに無気味である。バックライトの壁のフォルムは、実はこの舞台装置の主役な

注20　ピーター・ボグダノヴィッチの引用。「エドガー・G・ウルマー」『Bの王様達―ハリウッドの組織内で働く』、トッド・マッカーシーとチャールズ・フリン編（ニューヨーク、E・P・ダットン版、一九七五年）、三八九頁

のだが、たいへんな工夫が凝らされている。例えば、中央ホールの二階部分の明るい壁は、実際はイリュージョンにすぎない。壁の表面は磨りガラス入り薄い桟の格子模様に見えるが、実際にはだまし絵で、桟と影を描いたパネルを寄せ集めたものである（図100）。

この壁が映画で家を紹介する上で主役を演じる。アメリカ人の新婚さんを含む四人の迷い子が、雨の夜のアクシデントで、ここに逃げこんでくる。そのシーンは、ドアベルが鳴り、このヴィラの真っ暗なリビングルームがゆっくりと明るくなるところから始まる。ほとんど間を置かずに、撮影技師ジョン・メスカルのカメラはメインドアに向かって動き始め、リビングルームから中央ホールを横切って玄関ホールへと移動する。このシークエンスは一連のリズムをもって構成される。スクリーンを横切ってカメラは移動し、それぞれの空間の高さの変化のみならず、つぎのエリアが見えてくると、それぞれその緩やかな照明も撮影される。リビングルームは隠れた光源からの拡散した照明によって、中央ホールの二階部分のガラス壁は埋込みの照明によって、玄関ホールは明るい天井によって照明される。このシーンで人工照明、オープン・プランニング、移動撮影技術が三位一体となって、迷い子夫婦、お化け屋敷といった陳腐な話を映画史上もっとも忘れ難いシークエンスに変えてしまった。

ハリウッドの近代デザインを調べるのに、ライル・ウィーラーとアントン・グロットを論じなくては話にならない。ウィーラーは建築家であり、イラストレーターであり、また商業デザイナーである。彼が一九三〇年代後期にデーヴィッド・O・セルズニックのためにした仕事が映画界における彼の名声を確立した。とくにウィリアム・ウェルマン監督の『スタア誕生』*（一九三七年）のデザインが優れている。これはセルズニックが一本立ちのプロデューサーとして三本目に製作した映画で、ハリウッドがハリウッドを映画にしたものとして、いまなお際立ったものである。映画プロデューサー、オリヴァー・ナイルズのスタジオ食堂のためにウィーラーの制作した舞台装置のイメジャリーは豪華客船から借りてきたものである。円い独立柱に赤

* "A Star Is Born"

いマリオンの入った横に長いガラスのはまった壁が、主室と食堂「プロムナード」とを分けている。水平なブラインドが規格外れの舷窓から入ってくる光を拡散している。銀の円盤でできた照明器具が吊り下がっていて、アンサンブルを完全にしていた。ウィーラーがこの映画のために用意した全部で四二セットのうち、他のものでは、埋め込まれた器具からくる光とガラス煉瓦を通ってくる光が、木と石の壁の温かいトーンに生命を吹き込んでいる。ウィーラーのデザインの重要な点は、これらの材料が、カラーフィルム用の現代のセットに初めて用いられたことである（『スタア誕生』は改良三原色プロセスのテクニカラーの最初の映画の一つであった）。

つぎの年のセルズニックの製作した、ペテン師の芸術家の一家が出てくる風変わりな喜劇である"The Young in Heart"（邦題『心の青春』、一九三八年、図101）のために、ウィーラーがデザインしたナイトクラブは、これが黒白映画ではあっても、セット・デザイナーはさまざまな光の反射面を使えば、どれほどの豊かさを表現できるかを示していた。バックライトのガラス煉瓦の柱を左右対称に置いて、漆黒のぴかぴかに磨いた一対の羚羊との鋭いコントラストをつくり出している。部屋に見える限りの光源は、ガラス煉瓦の柱と天蓋の中に埋め込んだたった一つの器具であるが、このセットで光が満ち溢れているように思わせ、椅子の金属枠までが明るく輝いている。正方形のパネルに分割された壁画は、この空間のテーマである厳格な幾何学的明晰性をもち続けると同時に、青々と生い茂ったジャングルのモティーフを明暗だけで描写する方法は、クラブのウルトラモダンを和らげる箔《フォイル》の役をしている。

アントン・グロットがヨーロッパから移住して、一九〇九年に合衆国に到着する以前に、美術、イラスト、インテリアデザインを学んだという背景は、彼の卓越した技巧を部分的にしか説明しない。多くの仲間と同じように、映画のデザインをすること自体が、潜んでいた建築的感性を喚起したのかもしれない。一九二七年から一九四八年に引退するまで、ワーナー・ブラザーズのトップ・デザイナーとして、グロットはこのスタジオの専売ジャンル、例えば、メルヴィン・ル・ロイ監督の『犯罪王リコ』*（一九三〇年）のようなギャング物、バスビィ・バークレーのミュージカル（“Gold Digger of 1935”論については、二二四頁参照）、マイケル・カーティス監督の“The Private Lives of Elizabeth and Essex”（一九三五年）のような気どり屋物語などのために素敵なデザインを制作した。ワーナーの一九三〇年代の歴史物の映画――その

* Little Caesar”

図100 “The Black Cat”（一九三四年）エドガー・G・ウルマー監督、美術監督チャールズ・D・ホール
図101 “The Young in Heart”（一九三八年）リチャード・ウォレス監督、美術監督ライル・ウィーラー

スタジオ独自のスタイルは、ほとんどグロット自身の輝かしい作品からの産物だったが——に対しては、極端に様式化した表現主義に傾き、眩惑的な遠近法と明暗法を使った。グロットはときにはもっと人工的でショッキングな効果を狙って描いた影すら使った。しかしワーナーは、一九三〇年代の映画の多くでは現代の労働者階級の環境に狙いをつけたので、近代建築のセットは、多分シックで洗練されすぎていて、不適当だと認識したのだろうが、もっと普通のリアリスティックな建築を大事にするようになった。グロットの膨大なスケッチのコレクションは、しかしもし彼がパラマウントやMGMのようなスタジオでデザイナーとして働く機会を与えられていたら、成し遂げたであろうことをはっきり教えてくれる。おそらくは一九三〇年代のものと思われる、未確認の多くの映画のために描いたナイトクラブや住宅のスケッチは、彼が近代建築の空間的ダイナミックスを創造する才能に恵まれていたことを物語っている。

グロットのあるカフェテリアのスケッチ（図102）は、デ・スティール美学の優れた実現であって、とくに画家・彫刻家・建築家のテオ・ファン・ドーズブルクが、近代的な住宅の計画は、「空中に吊り下げられ、自然の重力に反抗するような印象」でなければいけないと定義しているとおりである。[注21] グロットは彼のデザインした浮かぶ平面が、地上の利点と遠近法をうまく操作して、まるで低空を飛ぶ航空機の翼のように、見る者の頭上にさっと舞い下りてくるかのようなイリュージョンを誇張して見せた。

グロットの二番目のスケッチ（図103）は、シャンパン色とレモン色と白色で描いた住宅だが、あのカフェテリアの直線的で幾何学的なデザインから曲線のデザインに変わり、しかも空間の豊かさと活力を失っていない。透き通ったカーテンはカーブしたリビングルームの下端に沿って垂れ、天井の高さの異なるリビングルームの空間を決定している。空間は広い開口とバルコニーを通って流れ、部屋に散在するエレガントで丈の低い家具に妨げられることはない。

パラマウント、RKO、MGMの美術部は、近代的セットを大量に制作したが、スタジオで

注21　ドミニク・デシュリエールとヒューベルト・ジャヌーの引用。テオ・ファン・デスブルク「建築の要求するもの」、ロベール・マレ＝ステヴァン著『建築家』、四五頁

働く一匹狼のデザイナーたちは、際立ったモダニズムの表現形式を開発することは決してなかった。例外的な仕事――ある場合など、実現する可能性のないセットのスケッチをする気にもなった。『黒猫』のように破格な映画やウィーラーとグロットの例外中の例外は、一九三〇年代のモダニズムにあらがいがたい強い魅力のあることの証明である。ハリウッドにおける映画の近代的セットの豊富な制作協力の行われた外部にいる者に対してさえもそうであった。

図102　空想映画のためのカフェテリヤのスケッチ、〈スケッチ〉アントン・グロット

図103　空想映画のための応接間のスケッチ、〈スケッチ〉アントン・グロット

一九三九年のニューヨーク世界博の開催の頃、そして第二次世界大戦の前夜には、映画の近代的セットは、世界中の映画セットのデザイナーのレパートリーから文字通り姿を消してしまった。この凋落に対する説明は、気まぐれなファッションの凋落の説明と同様複雑ではない。モダニズムが映画デザイナー間にはやったのは、それが新奇だったからで、はやったと同じ火花に今度は焼かれたというわけである。同様に重要なのは、より大きくリアリズムに転換したことであった。それは一九二〇年代にアブストラクトが強調された後、多くの芸術の分野がとった保守的方向であった。映画デザイナーたちが、モダニズムと同様な新しいスタイルに適応するための必要条件とした独創性・技巧・様式化に付したプレミアムを、現実に記録しようという意図が圧伏してしまい、最後に近代運動の崩壊が痛手となった。映画製作者たちが近代運動からもっと明確でわかりやすいスタイルを提供されていたなら、もっと容易にモダニズムに適応したことだろう。ほとんど雑誌か本で見る例だけに頼っていたセット・デザイナーたちは、モダニズムにしだいに注目しなくなり、その見分けがつかなくなっていったのである。

一九二〇年代には映画の舞台装置のパイオニアだったフランスでは、映画製作者たちはもはや作品に独創的な近代デザインを求めなくなった。マルセル・レルビエの"Le Parfum de la Dame en Noir"（一九三一年）や"Le Bonheur"（一九三五年）のようなトーキーは、サイレントの先輩の多くがもっていた視覚的興奮に欠け、甘口の舞台装置は主として可もなく不可もないアールデコの装置の被害者となった。新機軸の衰弱の一つの理由は、たぶんフランスの映画界がトーキーへの困難な移行期に十分備えていなかったので、レルビエに負わされた経済的・技術的制約であったろう。レルビエの"Le Vertige"（一九二六年）はマレ゠ステヴァンの最後の近代的セットとされる作品であった。彼の映画への関心は一九三七年のパリの国際博まで再燃することはなかった。このパリ博では、彼の電気館の巨大なカーブしたファサードに夜間フィルムを映写した。この彼の最後の重要な建物で、マレ゠ステヴァンは自分がどんなに映画に打ち込んでいたかを再確認し、また彼の同国人に対し一九二〇年代の映画の途方もない成功が彼自身の功績であることを思い出させた。

メールソンの近代的作風のセットでは最高の『自由を我等に』以後、彼の近代的舞台装置の質もまた低下した。彼の「詩的リアリスト」のスタイルは、一九三〇年代前期のルネ・クレール監督の『パリの屋根の下』のような映画ですでに明らかだが、一九三〇年代半ばの彼の力作をも支配していた。『大いなる賭』(一九三四年)と"Le Kermesse héroïque"(邦題『女だけの都』、一九三五年)はともにフェーデの監督作品であるが、メールソンは特定の場所・時代・人物を再現するための写実的ディテールをきめ細かく選び出し、これら個々の要素を素晴らしい抽象的コンポジションに織り上げた。それらは、フォルムに対する彼の厳格なセンスを開示し、モダニストだった彼の後の映画への遺産となった。

ドイツでは映画の近代的舞台装置の凋落はナチスの登場と時を同じくする。一九三三年一月、権力の座に上ると、ナチス政府と国のお抱え建築家たちは、彼らが君臨した一二年間、近代運動を追放した。一部の理由は、近代運動が社会主義に傾斜していたからであったが、またそのインターナショナリズムのイデオロギーが、ナチスの強いドイツ民族主義をいらだたせたからである。一九三三年四月、ナチスは当時ベルリンにあって、ミースが校長だったバウハウスを強制的に閉鎖した。一九三〇年代を通じて、ドイツのもっとも優秀なモダニストたちの大部分は亡命し、多くの人が合衆国に落ち着くこととなった。エーリッヒ・メンデルゾーンは一九三三年に、グロピウスは一九三四年に、ミースは一九三八年にというふうである。ドイツの建築界からモダニズムが姿を消して(産業界の建築デザインは例外だった)、在来のコテージスタイルが住宅建築に幅を利かしたが、官庁建築はばかでかい新古典主義を採用した。

ナチスの反ユダヤ主義・右翼政治・反知性主義はまた、ドイツの多くのもっとも優れた映画監督たちを追い出したが、フリッツ・ラングはその中の一番目立った例だった。第三帝国宣伝相のゲッベルスがラングに会って、ドイツ映画界の最高の地位を与えた（ヒットラーが『メトロポリス』の豪華さを大いに買っていたのが、大方の理由だった）が、その会見後数時間のうちに監督はドイツを去った。彼はまずフランスに逃亡し、その後まもなくハリウッドに移って、以後二〇年以上にわたって数多くの映画をつくった。しかしそれらはモダニスト的なものではなかった。ラングのデザイナーたち、ハスラー、ケッテルフートおよびフンテは一九三〇年代には大した作品はつくっていない。『冬の夜の夢』（一九三五年）のためのハスラーの舞台装置は、ラングの下で彼が映画に採り入れた機能主義的モダニズムの延長ではあるが、以前のセットを活気づけた、ラングの輝かしい抽象的コンポジションは、もはや見られなかった。このグループの駄作のうち一つだけ抜きん出ている例外は、空想科学物語『ゴールド』（一九三四年）のためにフンテがデザインした素晴らしい原子炉であるが、これとても近代建築としてよりも、工業機械装置を代表するものとしてのほうが印象深かった。

イタリアでは一九三〇年代後半、映画界では新古典主義がますます流行したのと、この一〇年間にイタリア建築がとったコースとが見合っていた。建築家ルイジ・フィジーニとジノ・ポッリーニによる二つの大規模プロジェクトのケースを考えてみるがよい。この二人がルイージ・ダヌッソとBBPR設計事務所との協力でデザインしたパラッツォ・リットリオ設計競技は、モダニストによるデザインのいい例である。それに比べると、一九四二年のローマ万国博覧会のための闘技場と付属建物のコンペティション（一九三八年）に彼らが出した案は、大げさな新古典主義で、大階段・英雄像・劇場装置なみの大空など、まぎれもなく映画のセットであった。

グイド・フィオリーニは映画のデザインでこのパターンを繰り返した。フィオリーニの「吊り構造（Tensistruttura）」、すなわち中央コアからケーブルでフロアを吊る多層建築の工法は、ル・コルビュジエとピエール・ジャンヌレを魅了したので、彼らは一九三〇年代初め、彼らの「アルジェのための大規模な提案」で実験した。しかし一九三三年からフィオリーニは、有名なローマの映画学校であるチェントロ・スペリメンターレ・ディ・チネマトグラフィアの教授として、またセット・デザイナーとして映画にも専念した。彼のデザインでもっとも注目されたのは大歴史スペクタクルの類だった。一九三〇年代後期までに、ほんの数年前まで、そのモダニズムでお呼びがかかったセットにすら、フィオリーニは時代色をつけることとなった。彼の"I Grandi Magazzini"（『大百貨店』、一九三九年、図104）のための新古典主義的インテリアでは、例えば古典的円柱やエンタブラチュアを用いた。

最後に合衆国では、ハリウッドの映画デザイナーたちも同じように、リアリズムへの傾向に応え、映画の舞台装置に冒険的なデザインを選ぶことがどんどん減っていった。この時期に、セドリック・ギボンズがMGMで制作した作品は、ハリウッドの他のスタジオの制作したスタイルの代表的なものだった。一九三〇年代半ばまでに、ギボンズは彼のモダニズムの映画デザインを古典主義の要素の焼直しで薄めていた。『マンプルーフ』（一九三八年、図105）のベッドルームでは、幅広で薄い付け柱は入口のドアを枠取りし、ドアの上に変則なペディメントを置き、大胆な三角形の面で装飾されている。かなめ石がぽつんと半球形のニッチの下に浮かび出ている。壁の下方には大きすぎるパネルが並び、壁の上方には細い筋が巡らしてある。『マンプルーフ』のセットは、すでに馴染みになったデザインの再版のシグナルだった。つまりもっとシンメトリカルなプランが戻ってきたのである。空間は透明か半透明な平面の相互浸透ではなく、取り囲む壁で形成され、工場生産の光沢のある材料やガラスの壁は、木・石・布地の壁紙・敷き詰めたカーペットに道を譲った。伝統的な布ばりの椅子やソファにとって代わられたパイプの家具は、いまやキッチンへ追い払われた。かつてはバウハウスのモダニズムに一番影響されたパラマウントでさえも、ドライアーとロバート・アッシャーは、ルビッチ監督の『青髭の八番目の妻』（一九三八年）において、クラーク・ゲーブルの演じるアメリカ人の金持ちのパリのアパートメントのデザインで、モダニズムの語彙と円柱とモールディングという赤裸々な古典主義とを混用した。

二つのデザインの傾向が、ハリウッドをこの方向に動かした。フランク・ロイド・ライトの再登場によって、より温かく、より自然に見える伝統的建築材料へと興味が移っていった。二番目は、コロニアル様式の復活であった。一九二〇年代に出現したこの様式が、もっと広範囲に人気を得たのは一九三二年以後で、ヴァージニア州ウィリアムスバーグの街の再建以後であった。大恐慌時代の一〇年を通じて、農業中心の昔に帰りたいという願望がアメリカに育まれ

図104　"I Gradi Magazzini"（一九三九年）マリオ・カメリーニ監督、〈スケッチ〉グイド・フィオリーニ
図105　"Manproof"（一九三八年）リチャード・ソープ監督、美術総監督セドリック・ギボンズ

たが、コロニアル様式の復活は、この国の建築的遺産に対する自覚と自信の成長を表現していた。

　ギボンズは一九五〇年代に引退するまで、コロニアル・リバイバルと「温かい」モダニズムという二つのモードの中間で安全に生き残れる舞台装置を選び続けたといえよう。ギボンズの最新式コロニアル・デザインは、MGMはアメリカの伝統的価値の砦であるという、一九三〇年代半ばに現れた考えに合っていた。これらの新しいセットは室内装飾雑誌で破格の扱いを受けた。反対に、これらの雑誌はハリウッドの以前のデザインを――皮肉なことにずっと良かったのに――ファンシーすぎる、行きすぎだと批判した。

　振り返ってみると、ハリウッドの近代建築の舞台装置の歴史は、とくにMGMがそうだったが、アメリカの近代建築の歩んだ道と同じ道を、たとえ数年遅れていたにしても、歩んだと見なすことができる。一九三〇年代初めの輝かしい実験時代は、一九二〇年代の発見時代をしのぐものである。一九三〇年代半ばの心地よい成功の後、ともかくモダニズムは事実上アメリカのスクリーンから姿を消してしまった。そしてハリウッドの高級スタイルの一〇年、そして舞台装置におけるもっとも偉大な功績の時期は終わったのである。

　一九三〇年代後期の近代建築の舞台装置の凋落は、流行の変化、リアリズムへのより大きな変換、近代運動の解体の結果だったかもしれないが、もう一つの理由があるのかもしれない。一九二〇年代後期と一九三〇年代に映画製作者たちは、近代建築というものは、肯定面もあり否定面もある、つまり魅惑的だがおそろしいという考えを抱いていた。一九三〇年代が終わりに近づくと、否定的考えが前面に出てきて、多くの映画ファンの目はモダニズムを信用しなくなってしまった。近代建築が映画に発見した神秘性は、したがって一九三〇年代末には失われたのである。これがつぎの章の主題である。

第五章　現代の神秘

美術にもラディカルな新しいヴィジョンが非常に多くあったから、近代建築は初め大衆に熱心に受け容れられたとはいえなかった。近代的な建築物の硬く厳しい線は多くの人に窮屈で不快と、オルダス・ハックスリーの『見事な新世界』[訳注]が予見した機能的効率の実現にあまりにも近いので、歓迎される発展にはほど遠いという印象を与えた。『カリフォルニアの美術と建築』誌の一九三八年版の一冊の記事で、セドリック・ギボンズのことを、「高度な機能主義教徒の建築家」[注1]だと、あたかも彼が病膏肓に入っているかのごとく、あるいは要注意の政治団体と組んでいるかのごとく書いたとき、大衆の気持ちを簡潔に要約していた。

一つの都市の中心地区で異議のあることが、映画関係ではしばしば異なった意味をもつことがある。これまで論じてきた数多くの映画の例が示すように、映画に近代建築が現れたとき、それが肯定的であろうと否定的であろうと、つねに製作者が意図したものとはるかにかけ離れた意味をもつようになった。もし現代のパイオニアたちが、彼らの建築を、ヒューマニストの規律とか、平等社会を求めて闘う前衛的な力として、社会的観点から見られたいと望んだとしても、一般の映画製作者たちはもっと建築の外的側面、セット・デザインの審美的価値に的を絞ろうとしたのは理解できることである。モダニズム的傾向のもつ政治的内容は、一九二〇年代にそれがヨーロッパ映画に順応しようとしているあいだは、大方無視されてきたが、この運動がおよそ一九三〇年頃ハリウッドに移ってきた際に経験した根本的な変化によって、さらにドラマティックに明らかになった。

訳注　広辞苑による。原書“Brave New World”

注1　アンソン・ベイリー・カッツ著「今日の映画の中の明日の住宅」『カリフォルニアの美術と建築』五四号（一九三八年一一月号）一八頁

一般的にいって、一九二〇年代末期と一九三〇年代の映画に、近代建築の舞台装置が使われたのは、映画に登場するキャラクターやテーマが進歩的、あるいは少なくとも前向きであることを暗示するためであって、モダニズムの本来の意味とは矛盾するものだった。一方において、近代デザインは新しく獲得した富の領域、つまり裕福な人物、あるいは富裕になろうと熱望するふりをする人物のためには不可欠なセット――例えばペントハウス、重役室、ナイトクラブなど――であった。これら数少ない運の良い人々にとって、近代デザインとテクノロジーは、一つのご利益であって、贅沢な豪華船や自家用飛行船に乗ること、あるいは摩天楼の最上階の明るい照明のインテリアの中に住むことなどの快楽を自由に追求する手段であった。もう一方では、当時の映画の多くは、大衆がもっていたモダニズムの不安に符合していた。それは現代生活に流れる新しいもの、しかし脅威でもあるものの暗喩であった。これらは、柔弱な『新しい女』の私室に始まり、流れ作業の工場の冷たい規格化、ついにはラング監督の『メトロポリス』の地下都市という反ユートピアにいたっている。『メトロポリス』では、人類はロボットとの区別がつかなくなり、工業化社会の犠牲となっているのである。

本章は、これまで客観的に論じてきた近代建築の別の面を主観的に読み解くことによって、「現代の神秘」を検討することにある。モダニズムの映画セットは、キッチンとか婦人の私室とかバスルームといった小規模な部屋に使われようと、あるいはオフィス、ナイトクラブ、ホテルおよび豪華客船のインテリアなどの大規模な公共建築に使われようと、ないしは現代の建物に不可欠な摩天楼や都市自体のデザインに使われようと、この時代の映画に力強く、長く続く残響をもたらしたのであり、今日さえ我々がモダニズムをどのように考えるかは、ある程度、スクリーンでの出会いによって条件づけられているのである。

住宅の中のモダニズム

ル・コルビュジエは『建築について』の中で書いている。「住宅の問題はその時代の問題である。今日の社会の均衡はそれにかかっている。」[注2]一九二〇年代のヨーロッパの近代的建築家たちは、近代住宅の建設と計画に努力を集中した。しかし効率的な住宅をつくろうという彼らの目標は、とっくの昔に大いに研究されてきた主題だった。アメリカの女性改革論者たちは、召使い階級のない国での家事労働を軽減するために、独自の能率研究を行ってきた。例えば一八六九年に、キャサリーン・ビーチャーはリビングルームを階段・バスルーム・煙突といったセントラル・コアの周囲に置くというコンセプトをアメリカン・ウーマンズ・ホームに提案していた。[注3]（歴史家レイナー・バンハムが言うように、ビーチャーはR・バックミンスター・フラーのダイマキシオン・ハウスの案をほとんど六〇年も先取りしていたわけだ。[注4]）二〇世紀の初めの頃は、特定の部屋の合理的な計画は図表で処理することになっていた。そこでクリスティン・フレデリックは、一九一五年に書いた彼女の本『家庭の科学的管理法』で、読者に厨房と厨房器具の能率的なレイアウトのプランを提供した。[注5]

モダニスト自身のこの問題の解決策はテクノロジーを手段に用いることであった。ル・コルビュジエは住宅問題に関する彼の宣言文に従って、一連の住宅のプロトタイプを提示した。まず一九二一年に自動車の名をつけた、多層の「シトローエン」住宅計画について、この建築家は乗合自動車か船のキャビンのように考えて実行したと書いている。[注6]つづいて一九二二年には一〇〇ユニットの集合住宅を提案した。これらのデザインのすみずみまで、彼が一九二六年にコード化した建築に関する五つの要点どおり、近代建築の豊かなヴァリエーションを生んだ。すなわち、経済的に大量生産が可能で、効率のよい空間をもち、見た目にはなめらかで単純化されテクノロジーの産物のようであった。これらの特質によって近代的住宅は、ル・コルビュ

注2　ル・コルビュジエ、二一〇頁

注3　レイナー・バンハム著『環境としての建築』（ロンドン、アーキテクチュラル・プレス版、シカゴ、シカゴ大学出版局、一九六九年）、九六頁（鹿島出版会訳刊）

注4　注3に同じ

注5　アドリアン・フォーティ挿絵、『家庭の科学的管理法』、「ユニット二〇、電化家庭」『ブリティッシュ・デザイン』（ミルトン・ケインズ、オープン大学出版局、一九七五年）、四六頁

注6　ル・コルビュジエ、二二二頁

ジエの有名な言葉「生活のための機械」[注7]になったといえよう。

近代主義の建築家たちは、住宅デザインの改善に努め、進歩的な改革者たちは女性の労働の場をもっと効率の良い人間的なものにして、彼女らの生活を楽にしようとして働いたが、こうした家庭問題に対する映画の反応は、高度に保守的なものであり、女性の地位についての一般的な不安感を反映していた。部分的には、二〇年代のフラッパーの性の自由化の結果として、また男たちが乏しい職に対し権利を主張する、大恐慌のもたらした新しい経済的現実の結果として、女性は彼女に「向いている」家庭の役割に帰ることが執拗に求められた。その家庭は、いままでもそうであったように、因襲の座であり、モダニストや改革者が提案するような進歩的理念の場ではなかった。

モダニズムがミドル・クラスの家庭に不似合いなことは、映画製作者たちも認めていることで、それについて書いたものさえある。ギボンズの「進歩的能率主義」について書いた同じ一九三八年の記事で、パラマウントのハンス・ドライアーはつぎのように書いた。「近代建築は、今日の世界、とくにアメリカに存在する場をもっている。なぜならば摩天楼、放送局、汽船、工場、その他の工業関係とか非人格的な性質の建物は、過去との絆が浅く、現代的なデザインと材料を必要としている。機能的であればあるほど良いというわけだ。しかし家庭には情緒もあれば知性もある。これらは廃れることのない慣習であって、そのデザインは、我々の生活の中で本質的に親密な役割をもつ数多くの絆や側面を表現しなければならない。[注8]」

一般大衆のもつ性的保守主義とモダニズムに対する不信感は、こうして大恐慌時代に結合して、極めて興味深い結果をもたらした。近代デザインは家庭の安全を脅かす力と同盟を結ぶにいたった。女性が自由になって、家庭外で活躍できるようにすると思われたテクノロジーの粋を集めたキッチンは、落首にまでなった一方、ベッドルームとバスルームは、家事に背を向け、快楽にふけるだらしない女たちのごく自然な背景となった。これら三種類の部屋が、当時

注7　前掲一〇頁

注8　カッツの引用。ハンス・ドライアー、一一七頁

の映画にどのように描かれているかを一瞥すれば、ラディカルな建築観が、社会の保守的イデオロギーと正面衝突した後に、いかに大衆文化に同化したか明らかである。

キッチン

ル・コルビュジエの『建築をめざして』はたくさんの仰天させるような文章と図面を並べたものである。その中の航空機についての一章は、卓越した実例で説明されており、「住居に関するマニュアル」と題する一節で、著者は読者に衛生的で効率の良い住居を要求することを勧めている。ル・コルビュジエは、住宅についての議論が航空機の章に含まれている理由を説明して、航空機のレッスンは、問題提起とその実現を図る論理の中に存在するとしている。[注9] したがって住宅のデザインも同じ手順で分析されるべきである。さらにいうならば、「生活のための機械」としての二〇世紀の住宅は、理想的な外観のモデルとして、航空機・自動車・豪華客船の磨かれたルックでなければならないと。

住宅の新しい機械化の大部分の場として、キッチンが近代建築家の注目を相当に浴びた。彼らはキッチンを実験室の完全な類似物とみたのである。グレッテ・シュッテ=リホツキーのデザインしたフランクフルトのキッチン（図106）では、キッチンは近代住宅のコントロール・センターとして、主婦は食料の準備・調理・掃除という家庭機能を楽々とコントロールする主任技師として考えられた。

近代建築家たちが、キッチンをテクノロジー的な機能の表現と考え、光沢のある機械のイメジャリーに合わせようとしたのに反し、映画製作者たちは、しばしばキッチン兼実験室をコメディーやパロディーの種にした。プレストン・スタージェス監督の『サリヴァンの旅』（一九四一年）では、トレーラー住宅の流線型のキッチンがどたばた騒動の舞台である。一九三〇年代半ばに、もっとも美しい近代的キッチンのデザインの一例が“Sailing Along”（一九三八年）に

注9　ル・コルビュジエ、一〇頁

現れた。英国のミュージカル・コメディーで、主演はジェシー・マシューズ、舞台装置はドイツ生れの亡命者アルフレッド・ユンゲであった。伝統を重んじる英国人は、すでに近代的デザインの特異体質を当てこするのを楽しみにしていた。W・ヒース・ロビンソンの一九三六年の著書『低層共同住宅に住むには』の器用なスケッチがそうだった。この書物では、一風変わったフラットを、同時代の数多くの観察者は新しい建築のせいにしていた（図107）。K・R・G・ブラウンの文章も同じ見解で、ひとひねりした一節で述べている。「ウルトラモダンなリビングルームは、手術室と飲んだくれの悪夢と新しい編み物の組合せである。[注10]」“Sailing Along”ではマシューズは、才能のある芸人を演じている。この芸人は金持ちだが、ややエキセントリックなスープ製造業者のお気に入りだ。才能を集めるのが好きなこの大立者は、クレージーな抽象美術家シルヴェスターまで雇い入れ、この男が流線型のトレーラーハウスとウルトラモダンの

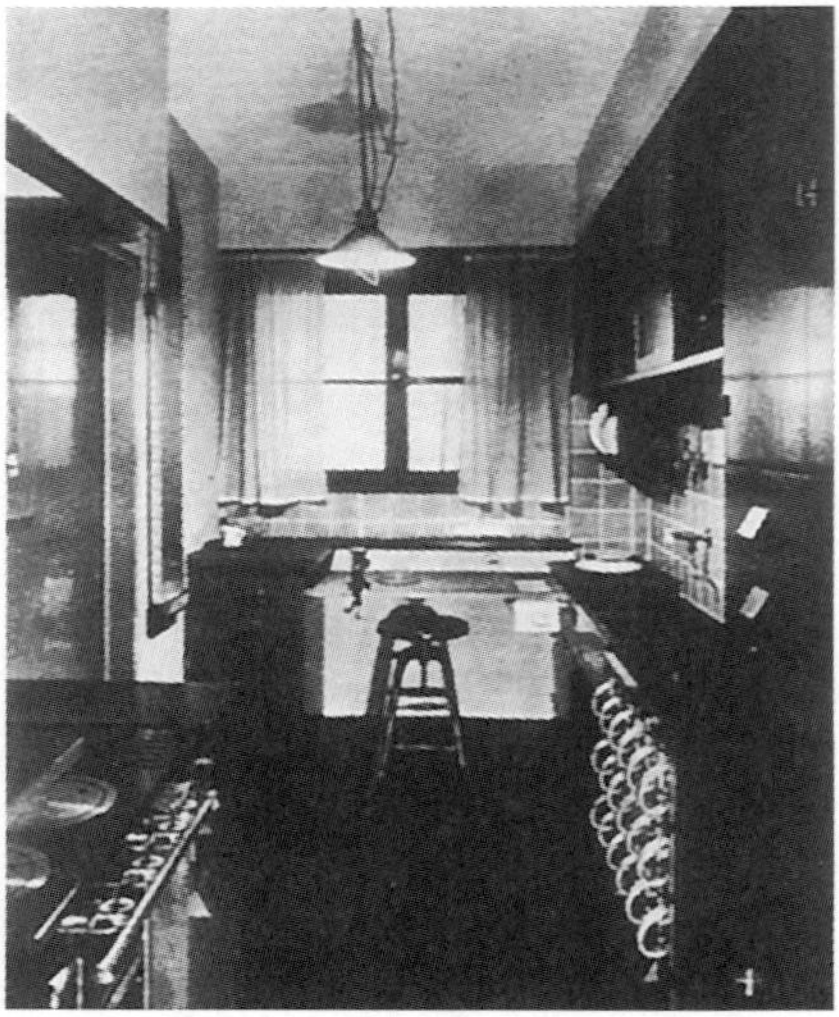

図106　フランクフルトのキッチン、フランクフルト（一九二六年）、〈設計〉グレッテ・シュッテ=リホツキー

図107『低層共同住宅に住むには』（一九三六年）の中の食堂のスケッチ、〈スケッチ〉ヒース・ロビンソン

注10　K・R・G・ブラウンおよびヒース・ロビンスン著『低層共同住宅に住むには』（ロンドン、ハッチソン版、一九三六年）、三〇頁

続き部屋付きのリビングルームの半分をデザインした。このリビングルームは壁で仕切って、半分はヴィクトリア様式、半分はキッチン（図108）になっていた。ユンゲのデザインしたキッチンのセットはその巨大なサイズからだけでも豪華客船のエンジンルームなみだった。事実、その前年のＲＫＯの“Shall We Dance”（二一五頁参照）における船のクロームと白色のボイラー室が直接のインスピレーションになったかもしれない。このボイラー室でフレッド・アステアがはしゃぎ回ったのである。部屋のカーブしたフォルムは磨き上げられ、こまごました機械と制御盤で飾られて、ブラウンが冗談半分につくった「手術劇場」の図をなんともよく伝えている。

刺激的な近代的キッチンのセットは、たとえ皮肉に扱われても、当時の映画にはたまにしか現れなかったから、映画ファンは、伝統的な家庭で普通に備えられた炉辺にお目にかかることのほうがはるかに多かった。中流階級以下の家庭生活を扱った大衆映画では、とくにそうだった。キッチンテーブルのまわりで、家族は食事をし、金勘定をし、宿題をやり、もめごとを話した。女性にテクノロジーの便利さを享受してもらうために、映画が進んで行った譲歩には、新しい機械類を家庭生活の中に置いて「馴染んでもらう」ことが必要だった。ハワード・ホークス監督の“Bringing Up Baby”（邦題『赤ちゃん教育』、一九三八年、図109）のキッチンでは、二〇世紀の装置と一九世紀の装飾を組み合わせて、問題の一つの解決策を示した。室内は無関係な要素のコラージュであって、近代的なレンジが厚い石の壁にはめこまれ、流線型のミキサーがバター攪拌器や年代物の白磁製の器物と並び、しかも石油ランタンに電球が入っている。ここでは伝統が勝利をおさめた。そしてつぎの三〇年間勝ち続けるにつれて、キッチンがモダニズムの進歩に一番抵抗したセットの一つであることの証明となった。

ベッドルームとバスルーム

映画は、女性を妻として、母として、主婦としての伝統的イメージを美化すると同時に、性的に解放されたフラッパーの後裔で、肉欲の追求のためだけに生きている女とか、家庭を捨てて働きに出ている職業婦人とかの「新しい女」を非難しよう、少なくとも懲らしめようと意図した。これらのキャラクターがそれぞれ本来の役割から、どれほど迷い出ているかは、映画が彼女らをキッチンに戻すとたんに、家事万端が苦手で、すごくおかしい喜劇となることで、よくわかる。キャサリン・ヘップバーンはジョージ・スティーヴンス監督の "Woman of the Year"(一九四二年、邦題『女性No.1』、一九四九年)で洗練された職業婦人を演じ、夫に朝食をつくろうとして、もっとも簡単な台所器具さえ扱えないので散々な目に遭うシーンがある。働く女性(これはつぎの節で論ずる)に比べて、性的に解放された女性はキッチンを逃げ出し、ベッドルーム兼私室やバスルームに住みついた。前者は、一九世紀の芝居やオペラのヒロインたちの典型的な舞台であったし、後者は家庭の新しい便利な設備として比較的最近登場した。したがって、映画ではこれらの部屋のセットは豪華ではあったが、決して実用的ではなかった。家庭志向の女性だけが、入浴は純粋に衛生的な務めであると考え、あるいはベッドルームはツゥインのベッドがあって、本来眠るための部屋であると考えたように見える。

映画のベッドルームはセット・デザイナーたちに奇態な難題をもちかけた。キッチンは調理と後片づけという活動機能をもち、両方とも映画の検閲になんら触れるものではないが、ベッドルームのもつ睡眠と性行為機能は静的であるかタブーのどちらかであった。そのためデザイナーたちは、ベッドルームの代表的機能の変更を余儀なくされ、ヒロインは検閲で認められる行為を行いながら、同時に解放されたセクシュアリティを遠回しに表現するよう求められた。前者のほうをやり遂げる一つの方法は、ダブルベッド自体をプラットフォームの上に置くか、

図108 "Sailing Along"(一九三八年)ソニー・ヘイル監督、〈スケッチ〉アルフレッド・ユンゲ
図109 "Bringing Up Baby"(一九三八年)ハワード・ホークス監督、美術総監督ヴァン・ネスト・ポルグレーズ、美術監督ペリー・ファーガソン

図110　"The Single Standard"（一九二九年）ジョーン・S・ロバートソン監督、美術総監督セドリック・ギボンズ

図111　"Dinner at Eight"（一九三三年）のウォレス・ベアリーとジーン・ハーロウ、ジョージ・キューカー監督、美術総監督セドリック・ギボンズ、美術監督ホープ・アーウィン

あるいはカーテンをかけたニッチの中に置くかであった。この策略を使うと、この家具だけをヒロインの専用私室に置くことになるが、男をスクリーンに映さねばならなかった。もう一つの策略は、部屋の規模と着付け化粧用のテーブルの位置を誇張して、身づくろいする機能の部屋であることを強調することだった。

「新しい女」のエロティシズムを描くことは、あまり問題にならなかった。ヒロインの性的魅力をちらつかせるには、その時期に流行した舞台装置の一つである寝台兼用の長椅子とか、ほかにリクライニング式長椅子あるいはソファなど、ヒロインが寄りかかった姿勢で、本を読んだり、電話をしたり、煙草をすったり、あるいは"The Single Standard"（一九二九年、図110）の人生に飽き飽きしたガルボのようにエレガントなパジャマ姿で、あるいはまたジョージ・キューカー監督の"Dinner at Eight"（邦題『晩餐八時』、一九三三年、図111）のジーン・ハーロウのように白一色にくるまれて、のらくらできるような家具を置けばよかった。デザイナーたちはまた一歩退いて性的危険の象徴に頼ることもできた。コブラの装飾のランプスタンド、蛸の形をした時計、枠がこうもりの羽をかたどった鏡は、ポール・イリブがデミルのためにデザインした『アナトール』の魅惑的「バンプ」役のサタン・シン（図112）の死をもたらす罠のようなセクシュアリティを暗示していた。

もっと変わった「エロティックな舞台装置」はオープン・プランニングを使う戦略で、ベッドルームが直接リビングルームに開放されているというプランである。一九二〇年代に、アレクサンドル・デュマの一九世紀のパリで瀕死の娼婦とのロマンス、『カミーユ』の現代版が製作されたとき、アールデコのナターシャ・ランボーヴァのデザインは、その後しばしば起こる映画の近代的舞台装置と娼婦とのつき合いの初期の例であった。記憶に残るシーン（図113）で、横になったカミーユ（アラ・ナジモヴァ）が哀願するアルマン（ルドルフ・ヴァレンチーノ）を悩ましげに見つめている。開いている二枚のガラス扉を通して背後に見えるベッドが差し招いている。入りやすいのは安い貞操というわけだ。"The Easiest Way"（図114）は一九三一年のMGMの映画で、貧乏なファッション・モデルが俗っぽい広告会社の重役の情婦になるというものだが、ヒロインのペントハウスのデザインでは、黒のプラットフォームの上の朝食用のテラスはガラスで囲まれ、このプラットフォームがベッドルームとリビングルームをリンクしている。アパートメント内部の空間のゆったりした流れは、下がった梁とガラス壁の水平な線の強さで強調されている。内部のキュービックなフォルムは窓の外に見えるマンハッタンのぎざぎざしたスカイラインと共鳴して、登場人物の生活の落着きのなさの表現に役立っている。

映画につねに現れるベッドルーム・デザインがどんなにきわどいといっても、おそらく新しい女の解放されたセクシュアリティを表現するのに、バスルームに匹敵する映画のインテリア

はないだろう。二〇世紀の科学に影響されずに済んだベッドルームとは違い、バスルームはキッチンのように素晴らしいテクノロジーの革新の場だった。バスルームは一九世紀の末に屋内に移ったが、一九二〇年代の建築ブームのあいだに、やっと新しい住宅建設の定番となった。その一〇年間のアメリカにおけるバスルームの一番重要な進歩は、実はスタイルではなく、五フィート×七フィートの標準化にあった。一九二九年までに、クレーン社の「コーウィス」デザインは、美術工芸品の扱いでイラスト入りで説明し、『アメリカンホーム』誌はその年の感謝祭の社説で、自信たっぷりに雑誌の読者の多くに問いかけたものだ。「私はときどき、我々はバスタブと十分の水という、二つの魔法の恩恵に十分感謝しているかどうか、疑う。」[注11]

世界中の衛生改善などには映画製作者は興味がなく、一方ではバスルームを古代ローマの豪華な奢侈逸楽《しゃしいつらく》の神殿に変え、さもなければ、厳格な健康法に捧げられたパロディー的な体育館に変えてしまったが、それは、近代的な建築家にとってはほとんど宗教的礼賛の基礎となった。ジャック・フェーデ監督の"Gribiche"（一九二五年）のためにラザール・メールソンがデザインしたバスルーム（図115）は、二年前ル・コルビュジエが『建築をめざして』において激賞した原理を実践したものだった。この建築家は熱心に主張した。「バスルームは住宅やフラットの中でもっとも広い部屋の一つである。例を上げれば、昔の応接室のようなものだ。」そして、部屋には「シャワー・バスと体操器具をもったもっとも最新式の備品」を備えなくてはいけないと教示した。[注12]ル・コルビュジエのサヴォワ邸の夫婦用浴室は、体操用具はなかったけれども、彼の理論を劇的に実現したものだった。広さはほとんどベッドルームと同じで、バスルームは入浴・洗い・トイレットの機能を分離した一連の小部屋であり、一方シャワーバスは、ブルーのタイルを貼った造付けの長椅子で、ベッドとは隔離されていた。メールソンの美しいデザインでは、明るい吊り天井のそれぞれが、ニッチに組み込まれている巨大なタブと黒い台座に載ったオープン・シャワーのストールを照らしていた。その進歩的な美学にかかわらず、

図112 "The Affairs of Anatol"（一九二一年）のベベ・ダニエルス、セシル・B・デミル監督、美術監督ポール・イリブ

図113 "Camille"（一九二一年）レイ・C・スモールウッド監督、美術監督ナターシャ・ランボーヴァ

注11 「感謝祭、一九二九年」『ジ・アメリカン・ホーム』（一九二九年一一月）、一二九頁

注12 ル・コルビュジエ、一一四頁

"Gribiche"は同じメールソンのデザインした『自由を我等に』と同様、モダニストの体育マニアぶりを風刺していた。愛すべき貧乏人のグリビシュが金持ちのマラネ夫人に拾われた後、科学的近代育児法に服従させられ、起きているあいだ中命令される。早めに入浴してからボクシングの練習をし、つぎに冷たいシャワーを浴びると家庭教師がきて勉強し、それから家事をしてやっと一日が終わる。実の母親の元に帰るときだけ、グリビシュは初めて自分自身にもどるわけである。

より代表的な映画のバスルームは、レクリエーションのシーンであって、体育的である以上になまめかしい誘惑する女の隠れ場所となる。彼女の職業はエロティックであることだけである。デミルの一九一〇年代と二〇年代のきわどい映画は、シナリオの性的なくすぐりを高めるために、エキゾティックなバスルームを使う先例をつくった。同じようなやり方で、デミルは、おそらくモラルを向上させるはずの宗教物語を、一番みだらな古代ローマの乱交パーティーの映画で口実に利用した。デミルはよくバスルームを、少しばかりきわどいセックスに逸脱する手段に利用した。ウィルフレッド・バックランドがデザインを担当した『男性と女性』(一九一九年、図116)では、グロリア・スワンソンがほとんど裸でバスタブに入って、アメリカの大衆を憤慨させた。

デミルは映画の観客に、このような新奇なバスルームの贅沢さを広めるために、噂によると彼らは、合衆国中の配管工事業者による最新のデザインから、石鹸の広告に出るスターの卵たちのためのセットにいたるまで、あらゆるもののモデルを準備したという。デミルの兄弟のウィリアムは自慢げに言った。「彼はバスルームを、楽しいリゾートに――ヴィーナスに、ときにはアポロンに捧げる神秘な神殿に仕立て上げている。入浴の術は単なる衛生上の務めというより、愛らしい儀式として見せた。」[注13]しかしデミルは、彼の映画に出てくるバスルームは、あなたの趣味かと聞かれたとしたら、社会の利益になると、その使い方を弁護することだろう。

図114 "The Easiest Way"(一九三一年)ジャック・コンウェイ監督、美術総監督セドリック・ギボンズ
図115 "Gribiche"(一九二五年)ジャック・フェーデ監督、美術監督ラザール・メールソン

注13 ケネス・マクガヴァンの引用。ウィリアム・デミル『スクリーンの後ろで』(ニューヨーク、デラコート社版、一九六五年)、二六二頁

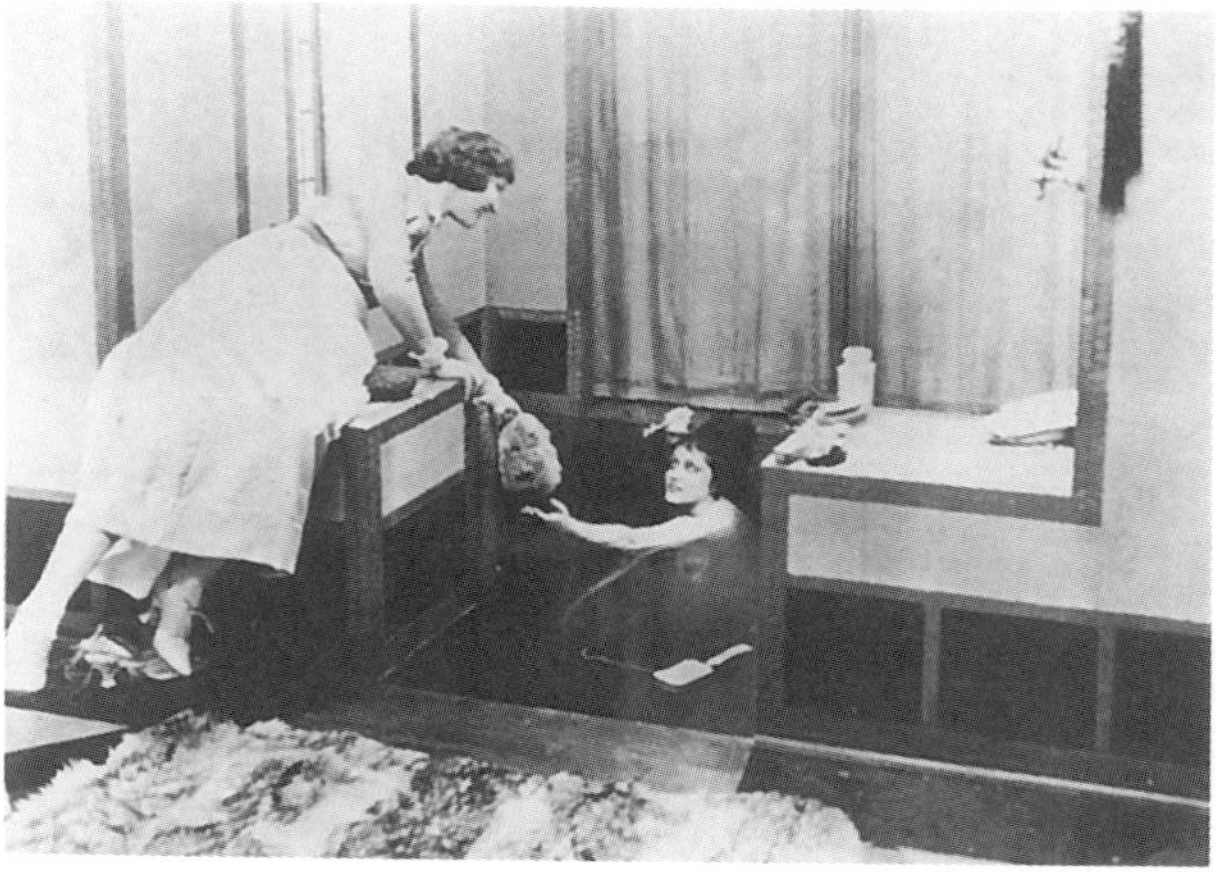

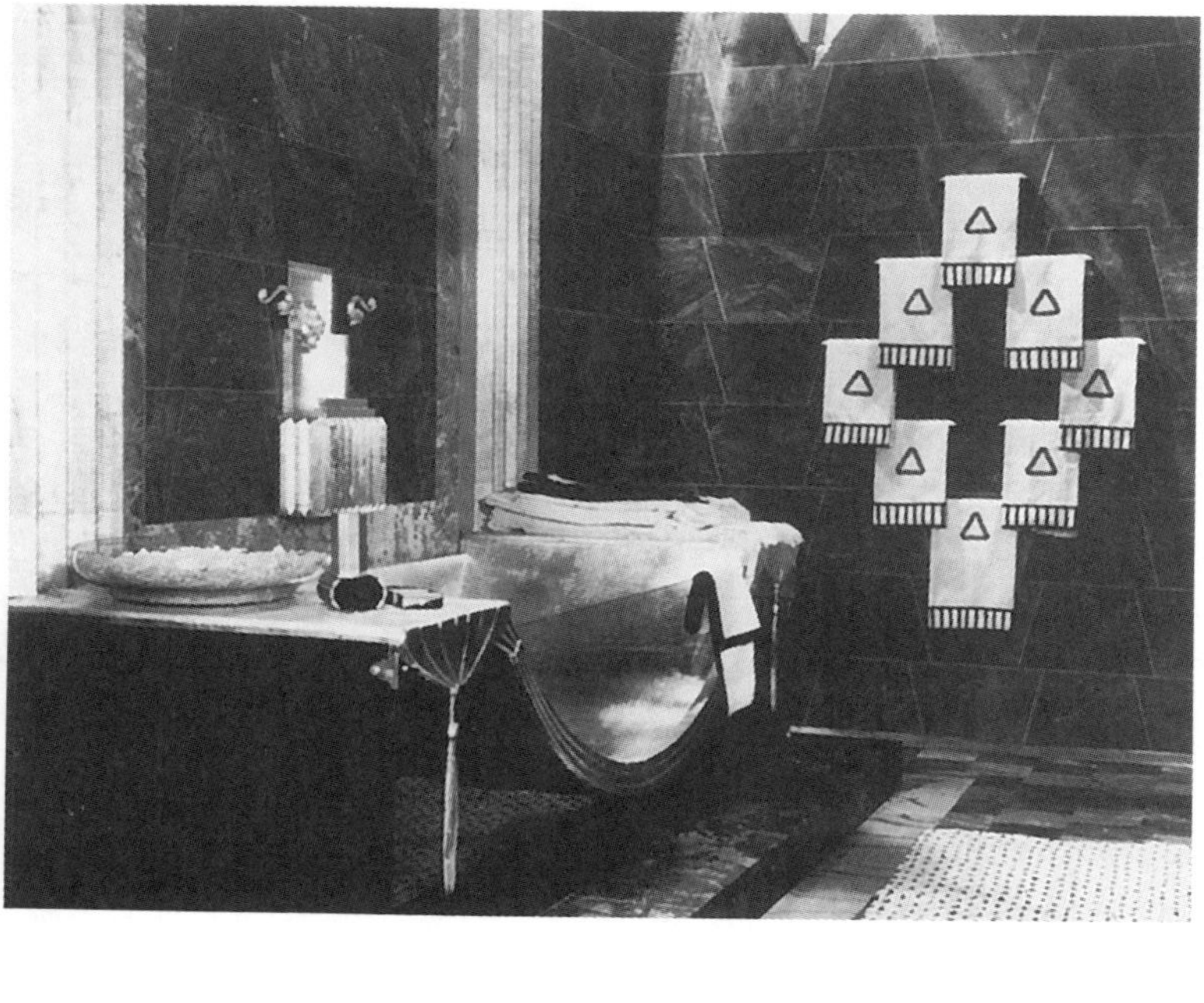

私は、私の映画にバスタブとバスルームがしょっちゅう登場するという事実に全然たじろいだりしない。もし近代的なアメリカのバスルームが近代的なアメリカの家庭で清潔で快適な場所であったとすれば、私の映画はその健全な発達に寄与するところがあったかもしれない。——この部屋が明るくて、清潔で、快適でありうることをスクリーンで見せる機会があれば、私はそれを逃さなかった。注14

明るく清潔で快適なデミルのバスルームの典型は、おそらくMGMの『ダイナマイト』（一九二九年、図117）における金持ちの社交界の名士のための魅力的なバスルームである。金線の入ったタブは、長椅子や房飾りその他すべてのけだるい曲線やモティーフを反復して使っている。観客への刺激を増すように、バスの前面はガラス張りである。黒大理石の台座と左右対称の金色に塗った壁柱によって、タブがこの部屋の舞台装置の焦点に仕立てられ、蛇口までがシンメトリーにこだわったこのデザインに調和している。織物のタオルとエリア・カーペットの黒白の幾何学模様はアンサンブルを完璧にしている。

デミルのバロック過多がハリウッドの雛型になった後でも、その時代の映画はより派手なバスルームを含めて、非常な努力をしてきた。一つの目立った例は、一九二八年、パラマウントでハリー・ダァバディ・ダラストが監督したコメディー“The Magnificent Flirt”（邦題『情炎夜曲』、図118）のためのヴァン・ネスト・ポルグレーズのデザインである。ダラストは、宝石をちりばめたアールデコのケースの中に洗練された献立を詰め込むといった才能の持主で、その才能によって、後に“Laughter”（一九三〇年）や“Topaze”*（一九三三年）に生気を吹き込んだものだったが、ここでも、一九二〇年代のもっともデラックスな映画のデザインで卓越していた。大理石の壁に囲まれ、祭壇のような台座の上で、映画のヒロインは埋込み式のタブに入る前に、巨大な円い鏡に映る己が姿にもの静かに見入っている。タブも化粧机もニッチの中に逆さにした帆立貝の殻の形で収められている。たぶんボッティチェルリの「ヴィーナスの誕

図116 “Male and Female”（一九一九年）セシル・B・デミル監督、美術監督ウィルフレッド・バックランド

図117 “Dynamite”（一九二九年）セシル・B・デミル監督、美術総監督セドリック・ギボンズ、美術監督ミッチェル・レイスンおよびエディー・イマズ

注14 セシル・B・デミル著『セシル・B・デミル自伝』（ニュージャージー州イングルウッド・クリフス、プレンティス＝ホール社版）、二一〇頁

* 邦題『トパーズ』

生」が参照されたのだろう。
近代建築家自身も数多くの素晴らしいバスルームを製作したが、もっぱらモダニズムの言語で仕事をするのをつねとし、映画製作者たちが新古典主義のタッチを使うのを、二〇世紀には似つかわしくないと退けた。しかし一九三〇年代の映画のデザインには、例えば英国人オリヴァー・ヒルのような、もっとエキセントリックなアールデコのデザイナーたちの作品に似かよっているものも少しはある。一九三二年にヒルがデザインしたロンドンのノースハウスのバスルーム（図119）は、ロバート・ハドソンのためのもので、金色のモザイクを埋め込んだ大理石のタブの周りには古典的な縦溝が掘られ、薄い鏡の面で囲まれている。空気の精のような裸婦が二人、本来は写真家にとって贅沢な装飾と

図118 “The Magnificent Flirt”（一九二八年）ハリー・ダァバディ・ダラスト監督、美術監督ヴァン・ネスト・ポルグレーズ

図119 ノースハウス、ロンドン（一九三二年）、〈設計〉オリヴァー・ヒル

いうコンセプトを完全なものにしている。

ヒルはノースハウスで、鏡を使って移ろう空間の広がりを達成したが、これには映画のデザイナーたちもたいへん気に入っていた。MGMのクラレンス・ブラウンが監督した“Sadie Mckee”(一九三四年)では、アルコール中毒の百万長者と結婚する貧乏な働く女性をジョーン・クロフォードが演じた。そこでは、ガラス壁にはめ込んだ数々の鏡によって、サディのバスルーム、ドレッシングルーム、リビングルームが一つに見えるようになっている。大部分は房飾り、シャンデリヤ、花綱で隠されてしまってはいるが、にもかかわらず、このデザインは、多くの大恐慌時代の映画ファンにとっては、物質的な報酬のためにロマンティックな恋を売った女にとって、罪の建築的報いとはどんなものかを啓示していた。タフで妖しい性的魅力の滲み出るスターとしてクロフォードは、よく、エキゾティックなバスルームこそ自然の棲み家であるような役をしばしば演じた。ハリー・ボーモン監督の“Our Dancing Daughters”(一九二八年)において、フラッパー役の彼女の化粧する場所は、ガラス棚に化粧品を並べたてた商店のようだったし、一九三〇年代末に、ジョージ・キューカーが監督した“The Women”(一九三九年)では、出演者はすべて女性で、クロフォードは家庭破壊者の役を演じ、化粧品棚と電話のついた凝りに凝ったバスタブに住みついているように見えた。

映画製作者たちは、ヒロインに設備のととのった舞台装置を提供するのに熱心で、家庭でますますよく見かけるようになった標準的なバスルームは、映画ではめったにお目にかかれなくなった。衛生的なバスルームは二〇世紀の近代的生活に必需品だという、近代建築家たちと一般大衆とのあいだのコンセンサスは映画では通用せず、あまり機能的なセットはもっとも平凡な意味しか伝えることができなかった。

オフィス

一九二〇年代と一九三〇年代の映画において、登場人物たちがひとたび彼らの近代的な家庭を離れると、一様に最新式スタイルにデザインされたオフィスで仕事をすることになる。今世紀における新しい経営者階級の出現とともに開発された近代的オフィスは、現実的・象徴的力の産物だった。ホワイトカラーの環境は、まずより複雑になったビジネス業務を扱う現実的な必要条件、すなわちテクノロジーと種々のコミュニケーション・メディアによって形成されるとともに、合理的な統制と効率の神話をオフィスに与える必要を認識することによって形成されたのである。企業に対する進歩的な公衆のイメージは、市場における自信を鼓舞するためにも、会社をその業界の指導者にするためにも貴重となったが、そのイメージはおそらく一九二三年にミース・ファン・デル・ローエがオフィスビルについて言った、「仕事をする館、組織の館、明晰の館、経済の館」という言葉にもっともよく特徴づけられるだろう。[注15]

一九二〇年代と一九三〇年代の映画におけるインテリアの大部分は、ファッション・金融・そしてとくにメディアなど景気のよい業界のものだった。ラジオの諸施設はことに人気があり、一九三〇年代早々、NBCラジオは、後にニューヨーク・ロックフェラーセンターになる建物に移り、近代的映画におけるラジオ局の高まりに刺激を与えた。パラマウントの"Big Broadcast"ミュージカルのシリーズ、とくにミッチェル・ライセン監督の"The Big Broadcast of 1937"のためにドライアーとアッシャーがデザインした「ナショナル・ネットワーク・ブロードキャスティング・カンパニー」を凌ぐ作品はほとんどなかった。ガラスの壁、下端が半透明の庇、パイプ家具といった近代的なディテールの質が、あか抜けしたオフィスや受付エリアなど、会社の隅々まで優れていた。例えば録音スタジオへは、透明と半透明なガラスをクロームのマリオンにはめたアブストラクトな飾りのついた巨大な引き戸を通っていった。

注15　ルードウィッヒ・ミース・ファン・デル・ローエ著『一九二三年版、オフィスビルディング』フィリップ・ジョンソンにより『ミース・ファン・デル・ローエ』として再版（ニューヨーク、近代美術館、一九七八年版）、一八八頁

映画では、しばしば一攫千金を約束する場所として描かれた広告業のオフィスは、もう一つの好まれるセットであった。そのしゃれた廊下を通るのは、一発コマーシャルで当てて這い上がるのを夢見る安月給取りの事務員や、モデルでやっていけるような幸運を待つ若い女たちである。"It Pays to Advertise"（邦題『宣伝第一』、一九三一年）は、アールデコのセットで、ありもしない商品を売る詐欺師の喜劇によって、この広告業を諷刺している。出版業と金融業の二つはニューヨークのパラマウント・フェイマス・プレイヤーズ＝ラスキ・スタジオが制作するデザインの題材によくなるビジネスだった。これらのセットの多くをデザインしたウィリアム・ソルターは、マンハッタンの川向こうに建つ途方もなく大きい商業建築をショウケースに見立てた。彼の舞台装置の背景にはニューヨークの摩天楼のスカイラインのぎざぎざがいつも現れただけではなかった。クライスラービルの角から出っ張っている翼のついたラジエーターキャップを連想させる突出し燭台が、ソルターのデザインした"The Laughing Lady"（一九二九年）では、銀行コングロマリットの会議室のインテリアにもち込まれていた。同様にソルターの"Gentlemen of the Press"（一九二九年、図120）に登場するオフィスでは、特徴のある多角形のピア、セットバックした輪郭と新しいスタイルの摩天楼の山形模様のモティーフを組み合わせ、机の支持柱すらも、アールデコのデザイナーたちが好んだぎざぎざ型を使っていた。

これらの映画のオフィスで働くスタッフは大部分が女性だった。第一次世界大戦によって、女性は戦っている男性に代わってオフィスで働くことが必要となったので、大戦は女性の解放の強い起動力となり、一九二〇年代を通じて、女性のファッションは彼女らの新しいステータスを反映していた。より単純でゆったりした服、短めのスカート、あまり複雑でないヘアースタイルのお蔭で、ずっと自由に活動できるようになり、女性が車を運転したりゴルフをするのがファッション雑誌に始終掲載されるようになった。一九二〇年代末に、大恐慌の影響が映画のヒロインたちに及び始めるにつれて、今まで金持ちのフラッパーを演じていた女優たちが、

今度は勤めに出るキャラクターを配役されるようになった。"Our Dancing Daughters"(一九二八年)と"Our Modern Maidens"(一九二九年)で、ジョーン・クロフォードの演じた役は、野性的で無鉄砲なキャラクターだったのが、このシリーズの最後となるつぎの映画、ハリー・ボーモン監督の"Our Blushing Brides"(一九三〇年)では、クロフォードは仕事の厳しい百貨店の売り子の役をふられた。この映画は株式市場の大暴落の九カ月後に封切られたのである。

映画界が、女性はアメリカの労働力に不可欠な部分になっているという認識に達したにもかかわらず、まもなく、女性は家庭にいるのが良いのだということを彼女らに思い出させる必要を感じさせた。大恐慌が続き、労働市場が窮屈になるにつれて、手に入るわずかな仕事は男にいくものと期待された。その結果、一九三〇年代初期を通じて、一つ新しいジャンルが現れた。無邪気な秘書が職を見つけるが、つぎつぎにおそろしい試練や苦難に遭うことになるというものである。一人の若い女性が貧しい速記者から高給取りの広告ライターに出世するというコメディー"Big Business Girl"(邦題『繁昌娘』、一九三一年、図121)の批評で、あるアメリカの新聞はこれらの映画の環境を、「セックスが頭角を現し、オフィス・ドアの後ろから覗き見し、文字と余白のあいだでタイプライターのキーボードの上をじれったそうにのろのろと動く」場所として描いた。[注16] しかしお伽話と同様、これらの苦難が報いられないことはあまりなかった。一九三一年だけでも、現代版シンデレラ・シナリオの国際版が四本も出現した。その中では一人の秘書が初めは好色なマネジャーに追い回されるが、滑稽なごたごたが解決すると、結局ボスと結婚するというものである。ドイツ映画"Die Privatsekretärin"『私設秘書』はレナーテ・ミューラーが主演で、建築家エミル・ファーレンカンプが当時完成させたベルリンのシェル・ビルディングを舞台にしていた。同じ映画の英国版"Sunshine Susie"でミューラーは彼女の役を再演している。フランス人は"Dactylo"『タイピスト』を観たし、イタリアでは未来派のヴィニチオ・パラディーニがセットを担当して"La Segretaria privata"『私設秘書』がつ

図120 "Gentlemen of the Press"(一九二九年)ミラード・ウェブ監督、美術監督ウィリアム・ソルター

図121 "Big Business Girl"(一九三一年)ウィリアム・A・サイター監督、美術監督ジャック・オキー

注16 未確認の新聞の切り抜き。一九三一年六月一二日

くられた。

職業婦人をテーマにしたもう一つのタイプ——これはハリウッドの「新しい女」というテーマの素晴らしいヴァリエーションである——は、ヒロイン自身に重役を配していた。マイケル・カーティス監督の"Female"（一九三三年）では、ドレーク自動車会社の後継ぎであり重役であるアリソン・ドレークは、男が女を追いかけるのと同じほど熱心に男を追いかけ、彼女の会社を一生懸命経営し、独身のままでいる。最後に、彼女は典型的な女性本能から結婚し夫に会社を譲る。オフィス（図122）でも自宅（図123）でも近代性が彼女を取り巻いている。後者はフランク・ロイド・ライトが一九二〇年代にロスアンジェルス地区にデザインした住宅の、キュービックなマッスと接合ブロックのファサードを、デザイナーのジャック・オキーが再生したものである。（オープニング・ショットのヒロインの自宅は、一九二四年に実際、ハリウッドの丘にあるライトのエニス邸でロケーションしたフィルムである。）

アリソン・ドレークのオフィスの内部は、数本の横線が部屋の大きな窓を横断するという特徴をもっている。このような幾何学的パターンは近代建築家がしばしば使うもので、テクノロジーはモダンライフに対して合理的コントロールを行使できるということの象徴であった。映画製作者たちも同様に、オフィスのデザインに碁盤目パターンを使った。これはそこで労働者がそれぞれ割り当てられ、組織化された仕事を遂行するはたらき蜂の巣のメタファとなり、チェスボードとしてならば、相手プレイヤーの動きを事前に予想し抑止するチェスボードのメタファ、または会計係の原簿と照合して発注量を決めるグラフ用紙のメタファとして、便利で融通性に富むものだった。『メトロポリス』は厳格な幾何学的デザインを使い、仕事が非個性的で規格化したものだということを示唆した、もっともよく知られた例であるが、碁盤目パターンはキング・ヴィダー監督の"The Crowd"（一九二八年）でも同様に効果的に使われた。このMGMの映画は、アーノルド・ジレスピーとセドリック・ギボンズがセット・デザインし、小

図122 "Female"（一九三三年）のルース・チャッタートン、マイケル・カーティスおよびウィリアム・ディーテルレ監督、美術監督ジャック・オキー

図123 "Female"（一九三三年）

さな町の少年がニューヨークへ出てきて、成功し「名前を残そう」とする話である。彼はある保険会社（図124）の何百人もいるうちの一人の事務員として働き結婚し家庭をもつ。うだつが上がらないのに嫌気がさし辞めてほかの仕事を試すが、成功のほうが彼を避けて通り貧乏になってしまう。彼はなんとか気を引き立てようとする。この映画の最後のシークエンスでは、彼は奥さんと映画を観にいき、見ず知らずの群衆の中に埋没してしまう。主人公が庸われた保険会社のエクステリアのために、ジレスピーとギボンズは一面に単調な窓をデザインしたが、ヴィダーは、それを事務机の海とオーバーラップさせ、しだいに溶暗させる。それは前途の不吉を予感させ、忘れがたいシークエンスとなっていた。

しかしながら長方形の碁盤目パターンが一番頻繁に使われたのは、大きなガラス窓の基礎としてであった。映画のセットでは窓のマリオンの碁盤目は、窓の位置を決めるだけだったから、セット・デザイナーは換気とか防水という実際面は無視できた。第二次世界大戦後、モジュール式のガラス・金属のカーテンウォールが導入された結果、近代建築のお決まりとなった、蜘蛛の糸のように細いマリオンと広いガラス面は、一九二〇年代と一九三〇年代の映画では当たり前のことだった。例えば『メトロポリス』（図125）の巨大なガラス窓から映画の壮大な未来都市を眺めることができるが、碁盤目は背景を奥行深く見せる役割をしているだけでなく、お偉方が彼または彼女の領地に維持している秩序と支配を象徴する力強いサインでもあった。工場に隣接したオフィスには、デザイナーたちは水平連続窓を好んで使った。長い窓ガラスと本当は仕切られてない水平マリオンは、内部の組立てラインを映して見せるデザインだが、『自由を我等に』で登場するレコード工場、"Sprengbagger 1010"（一九二九年）の機械工場、および"Female"の自動車工場で使われている。

"Dodsworth"（一九三六年、図126）の自動車メーカーのためにリチャード・デイがデザインしたオフィスでは、二次元の碁盤目パターンが三次元的に広がり、正方形の窓のパターンが壁

図124 "The Crowd"（一九二八年）キング・ヴィダー監督、美術総監督セドリック・ギボンズ、美術監督アーノルド・ジレスピー

図125 "Metropolis"（一九二七年）のアルフレッド・アーベルとグスターフェ・フレーリッヒ、フリッツ・ラング監督、美術監督オットー・フンテ、エーリッヒ・ケッテルフートおよびカール・フォルブレヒト

と天井の一部に及んでいる。この空間の一消点パースは、デイの背景の工場によって暗示される奥行をさらに深く見せ、見る者の注意を広大な帝国の中央に立つ全能の経営者に向けさせる。翌年、デイはダッズワースのオフィスに手を加え、ちょっと修正をし――水平連続窓のブラインドと全面カーペットを加え、背景の工場を摩天楼に変えただけで――、失業中の女性建築家をめぐる一風変わったコメディー“Woman Chases Man”（邦題『木に攀《よじのぼ》る女』）の登場人物、発明家で不動産開発業者のB・J・ノーランのオフィスをつくり上げた。

ごく普通のビジネス・スーツを着ているので、この近代的重役には、見た目に貴族的な半面のあることを示す兆候がない。そこで彼の権威を表すために、映画製作者たちはテクノロジーに目を向け、この重役を巨大な機械化した机の真ん中に座らせて、強力な通信網の中心にすえた。『メトロポリス』のジョー・フレダースンは一九二〇年代の典型的な産業資本家であるが、彼の巨大な帝国を物的力ではなしに、最先端の機械装置で支配する。機械のパーツを暗示する大きな山形のものが壁を飾っていて、彼の巨大な半円形の机には、株式相場表示機・時計・電話・種々の配電盤などが置いてある。フレダースンは部下とは壁掛けテレビで話をする。映画“Female”でジャック・オキーは、後ろの壁に貼った増減グラフと同じ長さの、会計監査役のたいへん長い机をデザインした際に、かつて重役室のガラス壁に与えた水平性の強調を繰り返した。“Rackety Rax”*（一九三二年、図127）におけるマックグロイン・エンタープライズのためにゴードン・ワイルスがデザインした重役室は、重役の机が祭壇のようにどんと置かれた広い宮殿のような空間である。その机は、一対の燭台型スタンドを置いて飾り、マスター・コントロール・パネルと壁と同サイズのマックグロイン帝国の地図の前に置かれている。このような机は、しばしば重役の権威を象徴するためだけにデザインされ、機能的な仕事をする場にしようという気は毛頭なかった。例えば“Reaching for the Moon”（一九三一年）におけるダグラス・フェアバンクスの机には電話が一六台も置いてあった（邦題『月世界征服』、図128）。

* 邦題『武装ラグビー』

図126 “Dodsworth”（一九三六年）ウィリアム・ワイラー監督、美術監督リチャード・デイ

図127 “Rackety Rax”（一九三二年）アルフレッド・ワーカー監督、美術監督ゴードン・ワイルス

McGLOIN
RED
TONY
DEVELOPMENT
McGLOIN ENTERPRISES, INC.

映画の重役室は、産業界や金融界の大物たちが働く本当の環境を映すことはめったになかった。映画の典型的なプロットでは、この人々が「閉じた扉の後ろ」で企む謀略を暴こうとしたのである。映画産業のお偉方のためにデザインされた実際のオフィスでさえ――流行の建築のセットを自ら要求し支持するのにやぶさかでない連中なのだが――、映画のオフィスに比べると見劣りした。ハリウッドの実際のものとフィルムのものとの違いは、本節で写真を掲げた大袈裟な重役室と、デーヴィッド・O・セルズニック自身の古ぼけたオフィス（図129）を比べて

図128 "Reaching for the Moon"（一九三〇年）エドモンド・グールディング監督、美術監督ウィリアム・キャメロン・メンジス

図129 オフィスのデーヴィッド・O・セルズニック、ロスアンジェルス（一九三六年）

みればすぐわかる。

映画のオフィスのスケールの大きさ、眼下に見下ろす眺め、テクノロジーの集積は結局のところ現実を正確につくり直したものというより、重役という役割自体を誇張したものであった。この点でも、彼らは、労資間の争いについて、大衆映画の一様に単純化した考えに支持を与えたし、映画の観客たちは、ボスとは羨むべき絶対権力をもった者、自分たちは彼のなすがままと、おそろしいファンタジーを現実のものとしたのである。

ナイトクラブ

惜しみなく金をかけた住宅や重役室と並んで、ナイトクラブもまた近代建築の舞台装置に一番頻繁に登場する題材だった。裕福な人々のこの上ないレクリエーション行動としてのナイトクラブ通いは、映画の観客たちにとっては暇のある生活様式の特権であり、陽気なドンチャン騒ぎ、タキシード姿の浮かれ者、金持ちの社交界へのデビュー、カクテル、明け方までのダンスといった人生の理想的な夢の実現だった。

一九二〇年代にフリッツ・ラングの映画によれば、ナイトクラブは不道徳的なものではあるが魅力的なものであった。ラングはしばしば題材にドイツ社会の戦後現象を採り上げた。それを彼は「ヒステリー、絶望、放逸な悪、インフレーションに苦しんだ国の何事も行きすぎた時代」[注17]の一つとして描き出した。ラングのシナリオに最適の舞台装置のナイトクラブは、「ほったらかしの戦争とインフレーションで、簡単に稼いだ金によって支えられた最盛期にあった。このような場所で、新しい精力的な成金階級は天井知らずのギャンブルができたのである」[注18]。ラングの作品で一番壮観なクラブが現れるのは『メトロポリス』で、未来の映画セットだというが、退廃した社会の描写は明らかに同時代の狂乱のベルリンを連想させた。『メトロポリス』に

注17　ロッテ・アイスナーの引用。『フリッツ・ラング』（ニューヨーク、オックスフォード大学出版局版、一九七七年）、九五頁
注18　注17に同じ。

おけるヨシワラ・クラブ[訳注]（図130）は映画の演技では要ともいうべき役割を演じている。このクラブで科学者ロートヴァンクが彼の邪悪なロボット、マリアを粗野で好色な烏合の衆どもにお披露目すると、彼らは躍り上がって喜ぶ。その目の前では、奴隷にされた労働者たちが街を破壊している。

一九二〇年代のハリウッドの映画のナイトクラブはもっとはるかに俗っぽい雰囲気をもった場所であった。これらは普通都会の酒場に毛が生えた程度のもので、酒を密売するチンピラギャングどもが良からぬ企みをしては、お上りさんのお人好しの若い娘を騙すところだった。ところが一九二〇年代末にトーキーの時代になると、この小さな悪の小屋は、もっとましな顧客の気を引き始めたばかりでなく、巨大なスケールの、金のかかる新しいミュージカルの理想的な舞台装置にまで成長した。その並はずれた例は、『ブロードウェイ』（一九二九年、図131）のためにチャールズ・D・ホールがデザインしたパラダイス・クラブであった。この映画は楽屋裏のドラマと舞台上の豪勢さを織り混ぜたシナリオに、ナイトクラブのセットを利用した数あるものの一つだった。撮影技師ハル・モアは、一九七〇年の初め、このクラブのデザインの由来をレオナード・マルティンにインタビューで語っている。『ブロードウェイ』のそもそものプロットは、おちぶれたキャバレーのちょい役芸人が、なんとかして王侯の御前に出たいと夢見ているというものだった。この映画の監督ポール・フェホスは、映画の音楽曲目を盛り上げるにはもっと見世物的な舞台装置が必要だと決心した結果、「宮殿とウィンターガーデンと古代の円形競技場[注19]」を混ぜこぜにしたような舞台装置になった。しかし映画のセットがあまりにも大きかったので、普段の機材では撮影することができず、特別の装置が建てられた。ブロードウェイのカメラのクレーンは五万ドルもかかり、四〇フィートも延びるアームが付いていた。オープニング・ショットでは、観衆はタイムズスクエアの谷にそって進み、パラダイスクラブに滑り込む。モアの移動カメラは、ホールのデザインした目の回るようなアールデコの空間を

訳注　舞台のカーテンには、縦横でYOShIWARAの文字が描かれているのが見える。

注19　レオナルド・マルティン引用によるハル・モア著の *The Art of the Chinematographer*（ニューヨーク、ドーバー社版、一九七八年）、八六頁

図130『メトロポリス』（一九二七年）フリッツ・ラング監督、美術監督オットー・フンテ、エーリッヒ・ケッテルフートおよびカール・フォルブレヒト

図131『ブロードウェイ』（一九二九年）ポール・フェホス監督、美術監督チャールズ・D・ホール

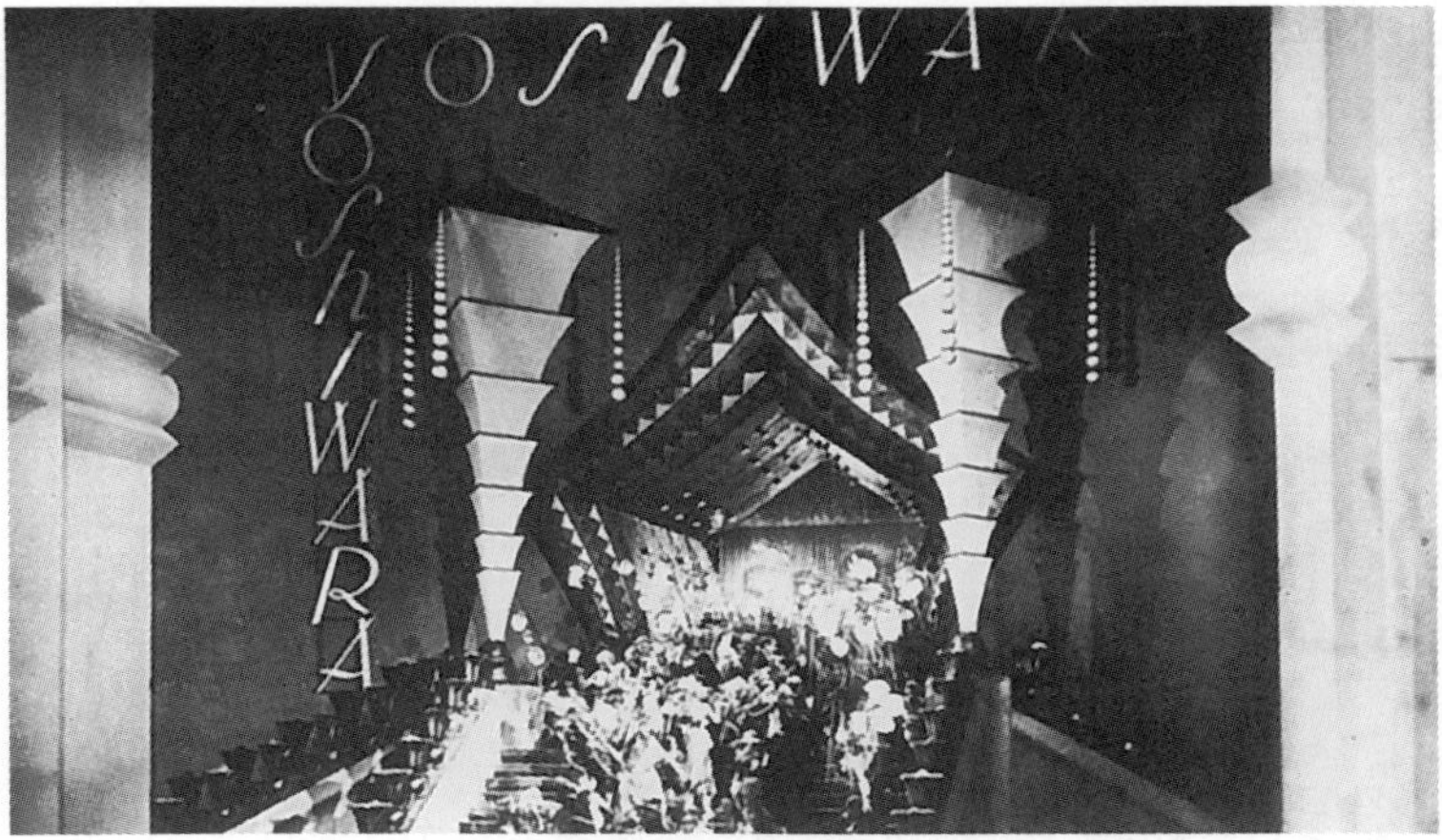
YOShIWARA
YOShIWARA

MOVING PICTURE
BROADWAY

くまなく案内していく。浮かれた客たちがバルコニーに満ち溢れている。

皮肉なことに、スクリーンの「ナイトクラブの一〇年」がまさに始まった頃、大恐慌が深刻化して、クラブがつぎつぎに閉鎖を余儀なくされ、一九二〇年代の野放図さが鎮静していった。アメリカの禁酒法が一九三三年に廃止され、ナイトクラブは合法的になったが、依然として大衆映画の舞台であり続け、大部分の映画ファンの被った経済的困難の緩和剤としてアピールし始めた。喘ぎ苦しむ都会の無料給食の列や安アパートのはるか上、摩天楼のてっぺんに宿る魅力的な環境、すなわちナイトクラブは、メタファとしても、文字通りにいっても、経済問題や政治問題を超越し、快楽の追求を妨げるものが何らないところであった。プロットでさえ、能率的に最小限にしてしまった。ナイトクラブは、薄っぺらなストーリーの短いシーンを使って、念入りに制作番号順につないでいく映画にとって、十分な存在意義を提供することがしばしばだった。

人口照明ほどナイトクラブの魅力を効果的に喚起したものはない。視覚的工夫として、多量の照明が映画のセットの美しさを増したばかりでなく、上流生活の富裕さと贅沢な光沢といったものを示唆していた。映画のナイトクラブでは、光が舞台装置のあらゆる要素を引き立て、対象を非常に反射しやすくし、テクスチュアやマッスの表面のなめらかさを強調した。またクラブの中では、光は夜を昼に代え、怠け者の金持ちは労働者が休んでいるあいだも遊ぶことができた。映画のナイトクラブでは、光は巧みな装飾品として節度を保って使われてきた。例えばソヴィエト映画“Moscow Laughs”(“Vesolye Rebyata”一九三四年)のナイトクラブの舞台のきらきらした縁取りとか、“Der Tanzstudent”(一九二八年)のカーサ・ドーロ・クラブの半透明のガラスの看板がそれである。MGMの“Broadway Melody of 1936”*(図132)のためにデザインされたナイトクラブは、光を主要な構成要素として考えられた空間である。玉虫色のガラス玉から出る光はカーブしたガラスブロックの壁を通り抜け、金属製の家具に反射する。

* 邦題『踊るブロードウェイ』

内部から光を当てた高い円柱はクロームの輪を通り抜け、その輪から張り出した片持ち梁で支えたアームが波打つ帆を支えている。これらの帆は室内装飾を外部に引っ張り出し、どんな映画にも見られる都会の摩天楼に向かっているように見える。その摩天楼の明かりの灯った窓々は、夜のふけるまで歓楽をつくしている人々のいることを暗示している。

適宜場所を占める観客、広大なフロア、劇場のような照明によって、ナイトクラブはアステアとロジャースのシリーズに代表されるような一九三〇年代頃の多くのミュージカルにとっては合理的な背景であった。経済的困難からの逃避がもっとも明瞭に表現されたのは、ジョージ・スティーヴンス監督による"Swing Time"(一九三六年)において、RKOでデザインしたシルバーサンダル・クラブの舞台装置であった。この映画はアステアとロジャースの六番目のもので、おそらく一番できの良かった作品であろう。他の映画のナイトクラブはマンハッタンのスカイラインの尖塔の中にあったのに、シルバーサンダル・クラブ(図133)は摩天楼の上空の成層圏に浮かんでいた。観客がこのクラブに触れたとたんに、離れわざが展開する。描かれた摩天楼の林をカメラが抜けて上昇していくように見える。突然カメラはクラブのフロアの開口を通過する。その開口は片持ち梁の支えるオーケストラ・スタンドの足元にある。そしてカメラは最後に湾曲した一対の階段の前を上っていく。さらに広々として星空のようにきらめく背景を強調するのは、ナイトクラブの「壁面」であって、実際に金属で枠取りされていた。そのあいだに見える星の輝きによって、閉塞感がほとんど消される。きらめく光は、ぴかぴかに磨き上げた黒白のフロア、クロームのアクセサリー、しわだらけのセロファンかサテンで包んだ家具にまたたく。

つぎの年、シルバーサンダル・クラブの相棒が"Top of the Town"*(一九三七年、図134)のムーンビーム・ルームに現れた。ユニバーサル映画のために、少し前に美術監督になったばかりのジョン・ハークライダーがデザインしたものだった。伝えられるところによると、ムーン

* 邦題『明朗時代』

ビーム・ルームは一エーカーの広さをもち、一〇万ドルの費用がかかったが、同じスタジオが八年前にパラダイス・クラブで起こしたのと同じように宣伝の大騒動を起こした[注20]という。

ハークライダーの金遣いの荒さは、過去一〇年間で評判になった。その頃、彼は金惜しみしないことで有名な一九カ所のジークフェルト・プロダクションで、美術監督、衣裳係、ときには製作助手として働き、ジョセフ・アーバンとの協同作業が多かった。彼は一九三〇年代早々からハリウッドで働いていたが、一九三六年に西海岸で成功

図132 "Broadway Melody of 1936"（一九三五年）ロイ・デル・ルス監督、美術総監督セドリック・ギボンズ

図133 "Swing Time"（一九三六年）ジョージ・スティーヴンス監督、美術総監督ヴァン・ネスト・ポルグレーズ、美術監督キャロル・クラーク

注20 映画"Top of the Town"の宣伝本、一九三六年一一月二三日付

図134 "Top of the Town"（一九三七年）のミッシャ・アウアー、ラルフ・マーフィー監督、美術監督ジョン・ハークライダー

を果たしたのは、"The Great Ziegfeld"（邦題『巨星ジーグフェルド』、一九三六年）の製作に加わったためだった。これは、彼の先生によるMGMの伝記物であった。ある印刷物によれば、その映画の舞台装置がライバルのスタジオの妬みを買ったので、RKOは"Swing Time"の製作を止め、ハークライダーはMGMでの力作に勝るナイトクラブをアステアとロジャースのためにでっち上げたという。[注21] RKOはシルバーサンダル・クラブ全体がハークライダーのデザインだとしているが、彼自身は、アステアの「ボジャングル・オブ・ハーレム」の一部分の背景だけしかやっていないといっている。

いずれにしてもハークライダーはシルバーサンダル・クラブの最高のアイディアを数多くユニバーサルにもち込み、ムーンビーム・ルームにたいへん効果的に使った。一番目立つのはニューヨークのもっとも高い摩天楼の最上階、空中一〇二階にある"Top of the Town"の三層のクラブを照明する星空である。この舞台装置で並はずれて表現豊かな要素は、逆さにした一対の船体のあいだに延びるデッキのようなバルコニーであった。これは、ナイトクラブの役割とは逃避の宮殿である、と明言していた。シルバーサンダル・クラブの場合と同様、ハークライダーは部屋のデザインを光で決定している。その光は磨いた金属の腰壁スパンドレルと階段のカーブをなぞり、さらにはセロファンのテーブルクロスからなめらかな輪郭の繰形《モールディング》に沿って光り輝く。植込みさえも、きらめく黒珊瑚でできているように見える。

巨大で大袈裟な舞台装置によって、ナイトクラブは大恐慌時代の映画の観客にもっとも手の込んだ夢を提供し、大衆には近づき難い高嶺の花だった。そこは疑いもなく金持ちの世界であり、大衆の中で入れる者といったら、芸人、給仕、クローク係の娘、金持ちの連れの腕にぶら下がるあばずれ女といったところが大部分だった。ナイトクラブは映画ファンの多くにとって、普段まったく経験しないものであるから、映画のファンタジーには恰好な題材となり、映画製作者たちの手に渡れば、ナイトクラブは都会のパラダイスに変貌し、巷のはるか高みに座

注21　ニューヨークタイムズ、一九三六年六月二八日

して動ぜず、自信たっぷりといったところであった。

ホテル

大方の映画ファンはナイトクラブを見物人としてしか楽しめなかったとしても、一九二〇年代と三〇年代に映画に描かれた他の公共の空間は、もっと近づきやすかったばかりでなく、社会的エレベーターとしても役立った。とくにホテルは、映画では上下の階級が混じり合い、結婚することもできる場所として描かれた。このような社会的流動性は、この種の映画のメッセージとでもいうものらしく、こうした背景が提供する機会を普通の人間が利用するには、野心的であって悪賢いことが必要だった。

この時代に映画でホテルが流行したのは、戦間期に旅行が盛んになったこと、とくに一九三〇年前後にホテルが建設ラッシュになったことを反映している。ロンドンでは一九二七年から一九三二年のあいだに、ドーチェスター、グロヴナーハウス、メイフェア、パークレーン、ストランドパレスが建ったし、ニューヨークでも同じ頃、バービゾンプラザ、ホテルカーライル、ウォードルフ゠アストリアが生まれた（元のウォードルフは壊され、エンパイア・ステート・ビルディングが建った）。

これらの大都会のホテルの映画版では、広範な社会階層の人々がロビーを行き来した。社会的にも経済的にも素性の異なった人物が無闇やたらとぶつかり合うというのが、この時代の無数のプロットの土台だった。男を追いかけるか、あるいは色好みのお偉方に追いかけられる女店員とか秘書、未亡人の母親の反対を押し切って貧乏なボーイと恋に陥る相続人の娘、なけなしの貯金を叩いて週末を高いホテルに泊まり、社交界の女の振りをして金持ちの夫を釣り上げようとする若い娘など、さまざまだった。

ホテルのロビーは客たちが互いに出会い、彼らの運命に直面する十字路みたいなものであるから、視覚的に動きを伝える建築的要素が含まれている。階段とエレベーターは近代的なセットの多くに現れたが、一番表現豊かに使われたのは一九二〇年代と三〇年代の映画のホテルのロビーであった。F・W・ムルナウ監督の"The Last Laugh"（"Der Letzte Mann"一九二四年）のロビーは、移動式撮影法の一番有名な例の一つとして知られている。この場面を撮影するために、後に『メトロポリス』で共同撮影をやったカール・フロイントは、カメラをホテルのエレベーターの中に入れ、キャブが下がるに従ってロビーが見えてくるようにした。ロビーの周囲のざわめきは、入口の回転扉が絶え間なく回って、ガラスから反射する光の変化する様で捉えられていた。移動はまたこの映画のプロットの核心だった。ストーリーは、ホテルのえばりくさったドアマン（ドイツの代表的俳優の一人、エミール・ヤニングスが演じた）がもっと若くて強い男に取って代わられるという運命の変化を追う。前のドアマンは立派な制服を剝ぎ取られ、トイレの係員にまで成り下がるが、奇蹟的に以前のホテルの客の財産を継ぐことになり、今やホテルの一番甘やかされた常連として勝ち誇って帰ってくる、というのである。

エレベーターの狭苦しい中での撮影は、多くの映画製作者にとってあまりにも困難だったので、彼らはホテルの客の行き来する凝った階段をつくることを求めた。ロベルト・ネーパッハのデザインした"Das grüne Monokel"（一九二九年、図135）では、交差した階段がロビーを見下し、一方"Die tolle Komtesse"（一九二八年）における多層のロビーは、映画のロマンティックなおふざけに最適のセットだった。この映画は、厚かましい上流階級（タイトルのクレージーな伯爵夫人とホテルに泊まっている同じくらい金持ちの女性）と労働者階級（女性のメイドと同じホテルで働く彼女のボーイフレンド）が絡み合う話である。

金持ちのホテルの常連と簡単に縁組できるというファンタジー、つまり大恐慌の厳しさによって強化されたもう一つの神話を伝承するのにMGMの『グランドホテル』に勝るものはなかった。一流の人たちが定宿とするベルリン一の高いホテルとして、グランドホテルでは、きびきびしたボーイが運転手付きの高級車から贅沢な設備の整ったスイートに荷物を運び、かしこまった新婚さんが華麗な飾りつけの中を歩き回り、経費を惜しまない会議が開かれることだった。電話の会話中にすばやく挿入したカットのシーンで映画は始まり、金を使う人物、失う人物、求める人物が錯綜するシナリオで簡潔に紹介される。貧乏な男爵役を演じるジョン・バリモアは、おちぶれた役で、世の中に愛想をつかしたロシアのバレリーナ（グレタ・ガルボ）から真珠を盗もうと企てるが、彼女と恋仲になってしまう。そこで計画を変えて、どうしても合併を決めなければ、破産に瀕する企業家（ウォーレス・ビアリー）から金を強奪しようとする。この企業家の元の使用人（ライオネル・バリモア）は救い難い駄目な帳簿係で、一生かけてためたわずかな貯金を最後に無茶苦茶に使ってしまう。野心家の速記者（ジョーン・クロフォード）はビアリーにつきまとわれているが、結局ライオネル・バリモアが勝って、一緒にパリのグランドホテルに行ってしまう。皮肉屋の医者（ルイス・ストーン）がナレーター役を演じ、グランドホテルで繰り広げられるこのような短いエピソードの数々と目まぐるしく変わる登場人物の役柄を公平に物語る。

『グランドホテル』のデザイン（図136）では、運命の糸車のようなシナリオのイメージにふさわしく、円形が随所に目立っている。円形のモティーフは、ホテルの円形のアトリウムにも、回り続ける回転扉にも、アトリウムのバルコニーの手すりの装飾にも現れている。このモティーフはまた、円い受付デスクにも現れる。このデスクは、映画の登場人物の動きを追ってカーブしながら撮影する際の要の役を果たし、人物たちは、チェス・ゲームにおけるポーンのように黒と白のフロアを横切って移動する。これほど映画のプロットと建築が密接に調和している例はめったにない。

一九三〇年代の映画における都市の大ホテルは比較的に長続きしなかった。皮肉なことに、映画が示唆した社会的向上の過程そのものが可能となったことによる犠牲でもあった。かつては金持ちの特権だった旅行も、一九三〇年代末には社会のもっと広範囲の人の手に届くようになり始め、ホテルの常連ももっと異質になったので、ホテルは社会的な策略の場としての

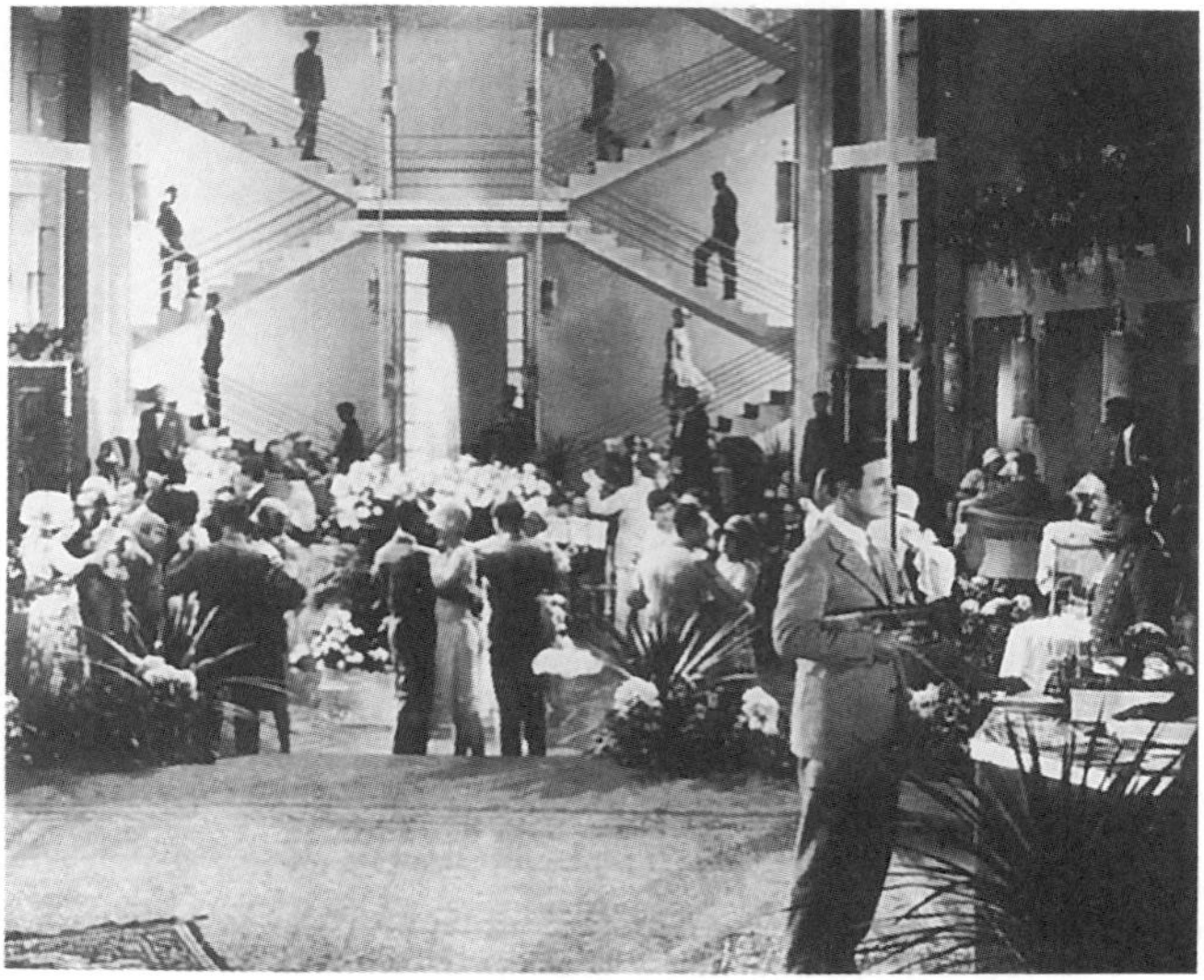

図135 『線のモノクール』(一九二九年)ルドルフ・マイナート監督、美術監督ロベルト・ネーパッハ

図136 『グランドホテル』(一九三二年) エドムンド・グールディング監督、美術総監督セドリック・ギボンズ、美術監督アレクサンダー・トラボフ

魅力をほとんどなくしてしまった。映画での都市ホテルに取って代ったのが規模の小さい田園の隠れ家であり、第二次大戦後のモーテルを先取りしたものであった。これらの新しいホテルは一戸建てバンガローのグループとしてデザインされ、公共的ロビーの代わりに南米風の中庭にしたので、一般大衆の出会いの場所という役割はひどく減殺されてしまった。こういう建築の傾向は、一九三〇年代末にハリウッドで温暖な南の地方で映画のセットをつくるのが流行したからである。戦争はハリウッドのヨーロッパ市場を閉鎖してしまったので、スタジオは仕方なく南米の観客を増やす努力に励んだ。ブラジルの人気女優カルメン・ミラ

図137 『マイアミの月』(一九四一年) ウォルター・ラング監督、美術総監督リチャード・デイ、美術監督ヴィアード・イーネン

ンダを招いたのは、ハリウッドのこの方面でのもっともめざましい努力であったが、同様に「国境の南」での装飾の影響による援護射撃もあり、ハリウッドのデザインに浸透した。柳枝や籐の家具、藁のマット、日除けすだれがしだいに映画の舞台装置に現れるようになり、椰子の木のモティーフはいたる所に見られるようになった。

二〇世紀フォックスのテクニカラーのミュージカル“Moon over Miami”(『マイアミの月』、一九四一年、図137)は、ホテル映画の舞台装置と感性の違いをとくによく物語っている例である。二人の若い女が金持ちの男をキャッチしようと宿泊している、瀟洒《しょうしゃ》なリゾートホテルのフラミンゴホテルは、リチャード・デイとヴィアード・イーネンのデザインだが、小さな個室の窓のないファサードが荒れた広場に面し、その広場は例の野放図な踊りの舞台となるよう設計された。戦後のアメリカならば、モーテルは駐車する車で広場をいっぱいにしたことだろう。それは広場の公共的機能から私的機能への著しい変化である。グランドホテルのロビーを歩き回りながら人を見る術、人に見られる術は隣のバンガローをスパイする習慣に成り下がり、街をうろつく遊び人がのぞき屋にまでおちぶれたというわけである。

豪華客船

どの点から見ても、豪華客船より理想的な映画のセットは存在しなかった。豪華客船は観客の逃避の夢を間違いなく満たし、この運のいい積荷を異国の地に運ぶだけではなく、本土の社会的制約からかけ離れ、しかも船上生活では、社会的にもロマンスの上からもより冒険的息抜き期間を約束した。(汽車も映画では豪華客船と同じ意味をもっていたが、汽車はここでは扱わない。その理由は、映画の美術監督たちは汽車の外観は在庫のフィルムにばかり頼っていたし、狭苦しい内部は建築的というより純粋に実用的に扱うのがつねだったからである。)

よく大きさで比較される摩天楼と同じく、豪華客船は一般大衆の心を捉えて放さないものだった。一九二〇年代、三〇年代のニューヨーク旅行なら、かならずハドソン河に係留してある数多くの船の一つを訪れたものだ。中でも一番立派なのは、一九三五年に処女航海したノルマンディー号で、フランス政府が出資し、海に浮かぶ親善大使としてフランスのデザインの栄光を大規模に展示していた。ノルマンディー号のメインダイニングは、長さ三〇五フィート、幅四六フィート、天井高二五フィートで、毎晩七〇〇人の船客にディナーを供した（図138）。照明つきの三八の壁パネルと二つのシャンデリアと一二のセットバックした光

図138　ノルマンディー号の食堂のスケッチ（一九三五年）、〈スケッチ〉不明

柱は、すべてルネ・ラリックのデザインで、他のどんな映画のセットにも負けない目もくらむような雰囲気をつくり出していた。数知れぬ映画ファン雑誌が、マレーネ・ディートリッヒ、ジョセフィン・ベーカー、ノエル・カワードたちの大西洋を行き来する記事を満載したのと同様に、定期客船の広告は、上流社会の魅力を宣伝した。ノルマンディー号自体は、少なくとも二本のフランス映画の舞台となっている。クリスチャン=ジャックとサーシャ・ギトリーの監督した"Les Perles de la Couronne"（一九三七年）と、もう一つは『パリ―ニューヨーク』（一九四〇年）である。後者は船上で起こる殺人ミステリーで、一九三九年のニューヨーク世界博のフランス館で終わっている。

豪華客船は大衆的な呼び物としてだけでなく、新しい建築と競い合う正式なモデルとして、近代主義者たちによってもち出された。『建築をめざして』の中で、ル・コルビュジエはつぎのように書いている。私と私の仲間の建築家たちが、「もし一瞬でも汽船が運搬用の機械であることを忘れて、新鮮な目で見たなら、我々は、大胆さ、規律、調和、美といった静謐で活気に満ち、かつ強靱なものの重要な表明に対面していることを感じるだろう」と。[注22] 一九二〇年代を通じて、ル・コルビュジエ、マレ=ステヴァン、バウハウスの建築家たちのデザインは船のモティーフ――白い外側に水平連続窓、開放的な遊歩道とテラス、力溢れる彫刻的フォルム、細い手すり――を巧みに利用して、船のもつ斬新さとスピード感を建築にも与えようとした。一九三〇年代の流線型の全盛期には、アールデコのデザイナーたちは、そのものずばりの海のスタイル、とくに水滴形を使うようになった。ロバート・ダラーは彼のロスアンジェルスにあるコカコーラ・ボトリング社の流線型の工場（一九三六～三七年）の「船体」をデッキのような狭い通路と舷窓で飾り、てっぺんには看板の役もする大マストを立てた。

一九二〇年代後期のフランスの映画製作者たちは、アンドレ・バルザックが"Maldone"（図139）で、ロベール・ジュール・ガルニエが"Le Diable au Cœur"（九六頁参照）でデザインした

注22 ル・コルビュジエ、九六～九七頁

ものを含めて、数多くの船のセットにおいて、ル・コルビュジエが推進したなめらかなスタイルの豪華客船をつくった。"What a Widow!"（図140）でポール・ネルソンがデザインした船のインテリアは、直接フランスのデザインに影響を受けている。ネルソンの階段の波打つ壁は、モーリス・デュフレーヌのデザインした「フランス芸術社」の丸写しである。ネルソンのデザインは、しかしハリウッドの船の建築にほとんど影響を与えなかった。ハリウッドでの流線型はもっぱらインスピレーションの産物だったからである。ＲＫＯの"Shall We Dance"のセットのぴかぴかの船のボイラールームで、アステアの踊る曲"Slap That Bass"は、レジェの"Ballet Mécanique"をポップ調にしたものである（図141）。

一九三〇年代の半ばには、どのスタジオもそれぞれ流線型の船を進水させたが、もっとも豪華だったのは、パラマウントのミニチュア水槽とサウンドステージに浮かんだものだった。ハンス・ドライアーとエルンスト・フーテがデザインしたアメリカ丸のセットは、"Anything Goes"（一九三六年）のためのセットだが、コール・ポーターがブロードウェイでヒットしたときの映画化だった。ほとんどのシーンの撮影がこの船の特別船室、ナイトクラブの内部とか通路で行われ、したがってなめらかな船体とかデッキを見せる機会がなかったから、海のモティーフは、主としてもっと小さな建築的要素が適用された。例えば、柱とか机さえも、その形は船自体の極端に細長い外形を模していた。壁面を横切るダークグレイの横線も、舷窓の水滴形と同様に、標準的な流線型の舞台装置だった。在来の円い舷窓は天井に使われた。一九三八年の"Big Broadcast"において、パラマウントは一九三二年に提案された豪華客船ノーマン・ベル・ゲデス号そっくりの「ジャイガンティック号」をつくり、放送局が主催する大西洋横断レースにおいて「コロッサル号」に対抗した。この船のスピード感を高めるために、スタジオではベル・ゲデス号の流線型のデザインに、巨大な飛行機のプロペラを付け加えた。このように機能的に無用なものをあからさまに加えたため、ベル・ゲデス号は漫画になってしまった。

映画における豪華客船が近代的なものの適用であろうと、流線型の適用であろうと、それがもつ動きとスピードのイメジャリーは、船ならば逃避は可能だというメッセージを事実の上からもまた象徴的にも補強するものだった。例えば映画"What a Widow !"では、ヒロインのタマリンド・ブルックスは、若くして結婚したために失った自由な生活を経験しようと決心して、イール・ド・フランス号に乗ってヨーロッパにわたる。この映画の宣伝に言うには、「──男を見つけた──あらゆる種類の、──そしてあらゆる種類の恋──彼女はダンサーに会った──そしてダンスのレッスンを受けることにした！　スペイン人のバリトン歌手に会った──そして歌いたくなった──ロシア人の巨匠に会った──そしてヴァイオリンのレッスンを受けた」と。[注23]

非日常的なものの誘惑が"Dodsworth"の主役を航海（図142）に引きつける。映画のヒーローのサム・ダッズワース（ウォルター・ヒューストン）がアメリカの自動車会社の社長を引退してから、彼の妻フラン（ルス・チャッタートン）が、ヨーロッパに住めば田舎者でなくなるだろうと夫を説得する。皮肉なことに、フランの今までになかった俗臭が彼女をきつい冷たい女に変えてしまうが、サムのほうは心の温かい洗練された亡命者（マリー・アスター）に会って生き返り、彼女に恋をしてしまう。

豪華客船はホテルと同様、本人の属する社会階級以外の人々と会う機会を与える公共的な背景を種々組み合わせたものである。一例として、"Bachelor's Affairs"（一九三二年）の金鉱探しは航海中にうまく百万長者を引っかけるし、一方"Anything Goes"では、金持ちのアメリカ人、密航者、ナイトクラブの歌手、ギャングがそれぞれ一人ずつ乗り合わせ、錯綜したプロットをつくる。しかしときには、豪華客船は厳格に等級が分かれているので、社会的軋轢と社会的流動性の皆無とが、映画の底流を形成することがある。マリオ・カメリーニ監督のイタリア映画"Il Signor Max"（一九三七年）では、ローマの新聞売子が金持ちの友達から地中海クルー

図139　"Maldone"（一九二八年）のための豪華客船のバーのスケッチ、ジャン・グレミヨン監督、〈スケッチ〉アンドレ・バルザック

図140　"What a Widow !"（一九三〇年）アラン・ドゥワン監督、美術監督ポール・ネルソン（下右）

図141　"Shall We Dance"（一九三七年）のフレッド・アステア、マーク・サンドリッチ監督、美術総監督ヴァン・ネスト・ポルグレーズ、美術監督キャロル・クラーク（下左）

注23　"What a Widow !"のための宣伝材料

ジングの一等切符を貰う。乗船して、ジェノアの金持ちの紳士マックスに化けても、金持ちの友人たちに好印象を与えることに完全に成功したわけではない。そのうちに彼の新しい知人たちの俗物根性に飽き飽きして、最後には彼らの女中の一人と結婚してしまう。

航海はまた登場人物を陸にいるときの道徳的束縛から解き放し、ロマンスの自由な舞台を提供した。『歴史は夜つくられる』(一九三七年)では、ジーン・アーサーが、彼女の邪悪な夫の奸計を逃れて、シャルル・ボワイエと不倫の海の道行きをしている。たまたま夫が船の持主で、船を沈めて彼らの関係を絶とうとする。二年後には『ラブ・アフェア』(一九三九年)で画家の役のボワイエと成功した歌手イ

図142 『ダッズワース』(一九三六年)のウォルター・ヒューストンとルス・チャッタートン(中央右)、ウィリアム・ワイラー監督、美術監督リチャード・デイ

レーヌ・デュンヌがナポリ丸に乗船して、ヨーロッパからニューヨークへ行くあいだに二人のロマンスが始まる。

第二次世界大戦までに、豪華客船はすでに最盛期を過ぎてしまった。より速くより安い飛行機旅行の時代がきていた。合衆国の指揮下にあったノルマンディー号は、戦争の初期の一九四二年に、ニューヨーク港で戦艦に改装されている最中に炎上し沈没した。映画では、パラマウントのプレストン・スタージェス監督による"Lady Eve"(一九四一年)のためにデザインされた船だけが、ダイニング・ルームの壁に舷窓に似た開口をあけ、一九三〇年代の豪華客船のイメジャリーをわずかに留めた。映画の豪華客船は巨大なナイトクラブと同じ道を歩んだが、それが映画に華麗さを添えた年月にあっては、映画のもっとも優れたデザインを喚起する源であった。この時代のもっともあらがい難い二つの理念、スピードと流線型を実現するに当たって、これらの船は大衆文化の中で、逃避しようとすれば、すみやかに気安くできる可能性をもっとも生き生きと表現していた。

摩天楼

一九二〇年代は都市に関する人間の可能性については楽観的な一〇年であり、建築フィーバーの一〇年だったが、その二〇年代の末には、摩天楼は近代アメリカ建築の真髄だった。それは構造工学、機械工学、都市計画、法人組織の財務の発達などの総合の産物であって、進歩の権化ともいうべきものだった。ニューヨーク市だけでも世界的に素晴らしいビルが建った。ウォーカーとジレットの設計したフラー・ビルディング(一九二九年)、スローンとロバートソンのチャニン・ビルディング(一九三〇年)、ウィリアム・ファン・アレン設計のクライスラー・ビルディング(一九三〇年)、中でも重要なのはシュリーヴ・ラム&ハーモン事務所設計のエンパイア・ステート・ビルディング（一九三一年）などがそれである。摩天楼に対する大衆の関心は甚だ大きく、一九二〇年代に計画が始まり、一九三〇年代に建った唯一の摩天楼である、ロックフェラーセンターのようなプロジェクトは、まだ整地の済まぬ前から宣伝された。建物自体が評判になったように、セットバックしたプロフィールといった摩天楼のモティーフも、家具、広告、ファッション、そしてもちろんのこと映画などのデザイン・イメジャリーに影響を与えた。映画の場合、その範囲は空想科学映画の豪勢な未来派の舞台装置に始まり、安上がりのサイレント映画のクレジット・デザインやタイトル・デザインにまで及んだ。

　摩天楼熱が最高になろうとしていた時期に株式市場が暴落して、数年間は大恐慌で新しい建物はまったく建たなくなった。一九三〇年代にも実際に建ったものはほとんどなかったが、この一〇年、映画は摩天楼に夢中で、ファンタジーいっぱいの屋上のナイトクラブとか、ペントハウスとか、重役室とかが引き続きアピールされた。新しい建物が建たないので、何年ものあいだ、映画は大衆の人の手の届く摩天楼神話のもっとも有力な御用商人となり、大恐慌と戦争のダブルパンチで止まっていた建築が再開するまで、その炎の消えることはなかった。

　一九三〇年代を通じて、とくにアメリカの映画にとっては、摩天楼は都会の映画になくてはならない要素だった。それは大望を抱いたエンジニアたちの夢のプロジェクトを具体化するもので、“Skyline”（一九三一年）ではほとんど勝算のないものに挑戦して建てたり、“Love Affair”（邦題『邂逅《かいこう》』、一九三九年）では希望に満ちた恋人たちのランデブーの場所だったり、あるいはまた“Easy Living”（一九三七年）では思いがけない幸運の手段となる。ここでは安月給の秘書の上に五番街の高層建築から黒てんのコートが降ってくる。彼女の暮しは突如として変わる。誰もが彼女は見かけどおり金持ちなのだと思う。彼女はみすぼらしいアパートを出てホテルルイーズの豪奢なスイートに移るが、自動販売式《オートマット》レストランの騒動に巻きこまれ、間違ったアイデンティティの海にいることに気づく。

摩天楼はまた映画のつくる金持ちのイメジャリーに必要だった。一九三〇年代のミュージカルは、マンハッタンでロマンスや名声や幸運を探す、お伽話のシナリオが多かったが、摩天楼の舞台装置をとくに想像力豊かに使っていた。コーラスガールたちの胴には窓形の穴、セットバックした肩、頭には凝った冠など、摩天楼のような衣裳をつけていた。ロイド・ベーコン監督の"42nd Street"（一九三三年、図143）はワーナー・ブラザーズの豪勢な楽屋ミュージカルだが、ルビー・キーラーとディック・パウエルの行う馬上槍試合の

図143 『四二番街』（一九三三年）のルビー・キーラー、ロイド・ベーコン監督、美術監督ジャック・オキー

シークエンスのためのバスビィ・バークレーの振付けは豪華なデザインに良く合っていた。イーザン・モーデンは『ザ・ハリウッド・ミュージカル』誌に鮮やかに描き出している。

リムジン・タクシーらしきものの上でキーラーがタップで踊り始める。セットが劇場よりも広く拡大すると踊り子たちが取って代わる。そしてポーエルが二階の窓から密造酒を手にこのシーンを見渡す。そこでバークレーならやりかねないだろうことが起こる。幅広い階段の上に、ニューヨークのスカイラインを切り抜いた黒いボール紙の型紙をもった踊り子たちが幾列にも並ぶ。その中央の通路は摩天楼の映写の中に溶け込み、バークレーはその頂上に飛び上がり、ポーエルとキーラーは喜ばしげに微笑む。[注24]

MGMのロイ・デル・ルスの監督した“Broadway Melody of 1938”（一九三七年）はバークレーの建築的振付けのもっとも優れたものの影響を見せてくれる。後退していく踊り子たちのいくつもの列は、投光器からの光で切子面に刻まれたタワーが集まったり散ったりをくり返すように振り付けられている。タワーの黒白の色彩計画に合わせて、踊り子たちはみな燕尾服に白タイ姿で、これは映画のミュージカルで描く神秘的大都会の正式の服装だった。

映画製作者は、摩天楼のエクステリア・デザインに、決まってロマンティックで空想的なものを選び、フィラデルフィアのPSFSのような一九三〇年代に施工された数少ない近代運動の装飾性のないデザインはむしろ敬遠された。近代建築家たちは摩天楼を機能的にフロアを積み重ねた平屋根として表現したが、映画の摩天楼は一九二〇年代の数知れぬアールデコの摩天楼からヒントを得ていた。クライスラー・ビルディングほど現代のゴシック寺院に似たのはなく、丈の高い矢が天に向かって立ち上がっているようだ。アールデコの標準的モティーフである垂直な黒と銀色の縞が、『ブロードウェイ』のパラダイス・クラブを飾るミニチュアの摩天楼の高さを強調しているし、一方で、クラブの背景に表現された摩天楼は、ベレニス・アボットとエドワード・スタイケンの摩天楼の写真によってなじんでいる、垂直線の収斂という目の

注24　イーザン・モーデン著『ザ・ハリウッド・ミュージカル』（ニューヨーク、セント・マーチンス社版、一九八一年）、四七頁

錯覚を模している。これらの摩天楼はこの世のものでない光輪や後光とともに、文字どおり「天を引っ掻いて」いる。“Child of Manhattan”(一九三三年、図144)のデザイナーは、摩天楼の高さを強調するために、この映画の摩天楼のオリジナル・デザインの遠近法を歪めて使った。そのオリジナル・デザインは、ヒュー・フェリスが一九二九年に出版した夢想的な本、“Metropolis of Tomorrow”『明日のメトロポリス』によるものであった。製図工を職業にしていたフェリスは、一連の驚くべきスケッチで、かすんだ光の中に浮かぶ水晶のようなタワーの立ち並ぶ未来の都市を描いた。

映画製作者たちが摩天楼の垂直性を誇張するのに、写実性を歪めたのは、高さが摩天楼の神秘の源だという暗黙の了解があったからである。しかし彼らは撮影技術によって、一歩踏み込

図144『マンハッタンの子』(一九三三年)のジョン・ボールスとナンシー・キャロル、エドワード・バゼル監督、美術監督不明

み、高い建物の基本的な魅力は、都会の喧騒、混雑、不潔のはるか上空に人々を引き上げる彼らの能力にあることを示唆した。その際立った例は、もちろん“Swing Time”のシルバーサンダル・クラブで、摩天楼の峰々の頂上に落ち着きはらって「浮かび」、都会の雑事からはまったく超越していた。これほど知られていないが、やはり優れたデザインは、パラマウントのミュージカル“The Big Broadcast”(一九三二年)のケム・ウェーバーのデザインしたナイトクラブである。このクラブはテラス付き摩天楼の都市景観というフェリスのヴィジョンに生命を吹き込んだようなセットの中に納まっている。テラスは、一九一六年のニューヨーク市の用途地域条例によって義務づけられたものだが、フェリスにとっては、セットバック摩天楼の副産物として、むしろ歓迎すべきものだった。“The Big Broadcasting”のウェーバーのナイトクラブはカメラによって、つぎのように紹介される。カメラは都会のタワーのあいだを降っていき、やがて止まって観客の注意を数ある上品で優雅なテラスの一つに絞る。二重写し——一つのシーンがフェードアウトし、もう一つのシーンがフェードインする編集技術——によって、この都市景観はスタジオ内につくられたナイトクラブへの転換が行われ、この都会のはるか上空、クラブのエリート階級の岩窟住居を映画ファンが実際に訪問したようなイリュージョンをつくり出す。

しかし未曾有の規模の摩天楼は、人間の制御できる域を超えてしまって、潜在的に危険な建物になった。バスビィ・バークレーの監督した“Gold Digger of 1935”におけるアントン・グロットのデザインした屋上ナイトクラブは変則的なもので、暴力と不測の死の舞台となった。役者の群れが一人のフラッパーに一緒に踊ろうと迫る。彼女は断るが、彼らが執拗なので、彼女はクラブを逃げ出し、小さなテラスに避難する。しつこい群れは止めどがなくなり扉を蹴破って、彼女を突き落として殺してしまう。そして映画史上もっとも反響の大きかった『キングコング』(一九三三年、図145)の終わりで、大猿がエンパイア・ステート・ビルディングをよじ登る時代になると、摩天楼は、逆説的に大都会のスペクタクルの舞台であり、都市の潜在的破滅の道具でもある。キングコングは、自分をジャングルの自然の住み処から誘拐してきた興行主の強欲によってたけり狂い、都市資本主義の見なれたシンボルの一つの尖塔から怒りをぶちまける。

皮肉なことに、ハリウッド摩天楼の高さをこんなにも魅力ある〈逃避〉とした要因は、一九三〇年代末に映画の主題としての人気が低下したことに起因する。一九三〇年代の半ばには、マンハッタンの摩天楼の最上階のナイトクラブ、ペントハウス、重役室のセットは、すでに都

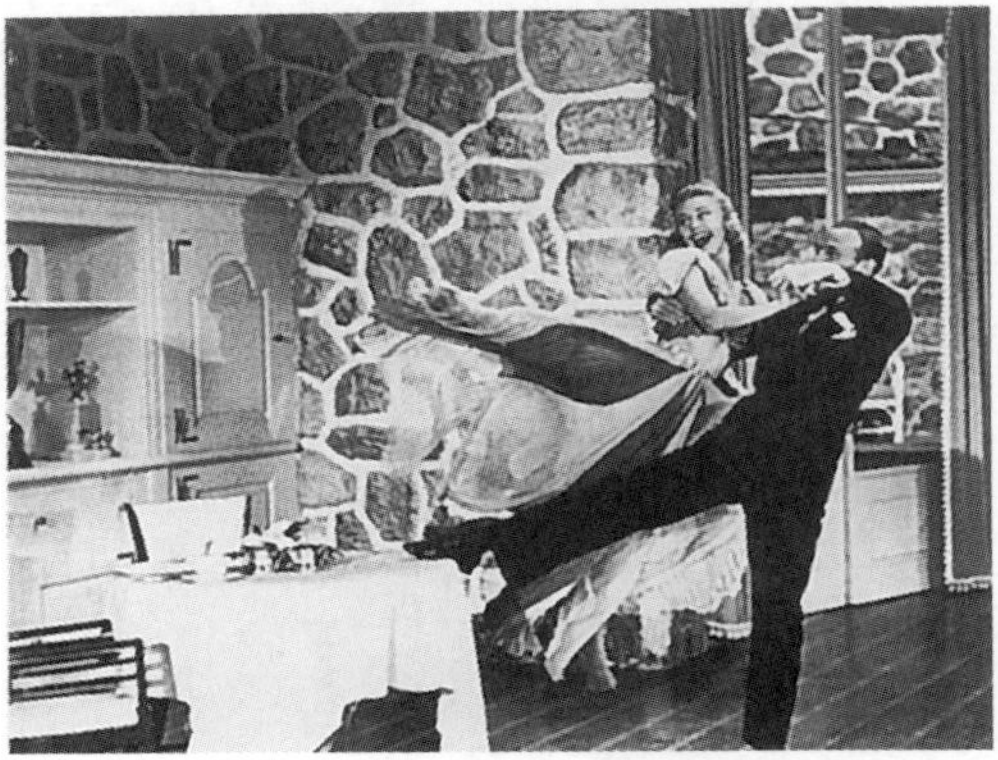

図145『キングコング』(一九三三年)メリアン・C・クーパーおよびアーネスト・B・シェドサック監督、美術監督キャロル・クラークおよびアル・ハーマン

図146『呑気なものさ』(一九三八年)マーク・サンドリッチ監督、美術総監督ヴァン・ネスト・ポルグレーズ、美術監督キャロル・クラーク

会生活の賛美というよりは、その迷いからの目覚めを表現しようとし始めた。その時代の映画に現れた都会のナイトクラブの歴史をたどると、まず一九二九年の近代的摩天楼の出発点となった“Broadway”におけるチャールズ・D・ホールのデザインしたパラダイス・クラブから始まり、締めくくりはタワーの上に浮かぶ宇宙船である。一九三六年のアステアとロジャースの“Swing Time”のシルバーサンダル・クラブ、つぎの年の“Top of the Town”のムーンビーム・ルームとなる。この両者がともに離陸せんばかりに係留されており、ついには離陸した。

RKOのミュージカル“Carefree”(一九三八年)はアステアとロジャースの最後から二番目のものだが、屋上のナイトクラブは地上に舞いもどり、そこでカントリークラブに変わってしまった(図146)。郊外の平和な安全を求めて都会を離れ、このナイトクラブは洗練された光沢を捨て、木の梁、石の壁のネオコロニアル様式になってしまう。この映画で我々は、第二次大戦後の郊外建築のみならず、殺風景になる都市環境からの広範な層の都市住民の遁走という注目すべき予見に出会うのである。

未来の都市

この近代的神秘に関する議論を、多くの点で、映画のデザインでもっとも挑戦的なものといえる主題で終えるのは適切なことである。ユートピアであろうと反ユートピアであろうと、未来派の都市は映画にたびたび現れることはなく、そのほとんどはファンタジーのジャンルの映画である。しかしそれが現れるときには、セット・デザイナーたちは、ふだんのインテリアやエクステリアの舞台装置を準備するだけでは済まず、街路計画、大規模建築物、公共交通システムも含めて、完全な都市環境をつくり上げなければならなかった。もっとも大切なことは、平和な合理的文明国であろうと、残酷な機械化した専制国家であろうと、デザインが映画の主題である未来社会のイデオロギーを反映していなければならないことである。一九二〇年代と三〇年代の未来派の映画は、社会と科学のあいだの和解で終わっているものが多いが、そのドラマはいつも登場人物のテクノロジーと進歩に関する対立する見解の衝突の結果として発生していた。保守的であろうと進歩的であろうと、彼らの選択肢は、要するに大衆文化自体がテクノロジーの発達した現在に希望をもつか、恐怖をもつかにかかっている。都市が（したがって人類が）いかに進化していくかは、その成長を、そしてテクノロジー自体の成長を、いかに注意深くコントロールできるかによるのである。

一九世紀半ば以前には、都市計画は主として公共的モニュメントを結ぶ公道のレイアウトと景観デザインに関する美的領域の学問だった。しかし産業革命の招来した巨大な社会変化によって、ヨーロッパでも合衆国でも「都市芸術」が「都市の科学」に代わった。都市計画家は都市の外観のみならず、美学、流通、衛生、社会福祉の複雑な相互関係をも考慮した。一九世紀半ばの彼らのもっとも革新的な計画は、都市の混雑を緩和する手段として、道路を多層化して、歩行者、線路、電気・水道などのサービス、後には自動車交通などを分離することを求めていた。一八六五年にアンリ=ジュール・ボリーは一一階建ての建物の都市（アエロドローム）を提案した。これは、屋上に公共施設を収容し、空中の歩行者道路で連絡する都市であった。新しい都市計画家で、もっとも有名なのはユージェーヌ・エナールである。彼の勧告で一番よく知られているのは、パリの交通問題は立体交差にすれば解決できるというものであった。エナールはまた未来都市について、高度に予言的な計画を想像している。彼のデザインの中には、ル・コルビュジエの「建築に関する五つの要点」の一つとなった、陸屋根を屋上庭園だけでなく、航空機の離着陸にも使おうという提案があった。このアイディアはH・G・ウェルズが一九〇八年に出した『宇宙戦争』の空想科学小説の分野で進められたといえよう。

図147　『王の夢のニューヨーク』（一九〇八～〇九年）の将来のニューヨーク市のスケッチ、〈スケッチ〉ハリー・M・プティット

二〇世紀の最初の一〇年間を通じて、ニューヨーク市は多くの都市計画家の予言をかなえるかのように発達していったように見えた。ボザールの一連の摩天楼の空想的イラストは細い橋で繋がれていたが、モーゼス・キングの監督した"King's Dream of New York"（図147）は、大衆の想像力の中にマンハッタンこそ複雑な都市の中心地になる可能性のあることを叩き込んだ。一九一〇年に完成したグランドセントラル駅は、一部はオーバーラップしてはいるが、五つの交通モードを分離した初めての多層都市建築の一つになった。両者のデザインはともに、未来派のアントニオ・サンテリアが彼の『未来都市』（一九一三～一四年）の図面で、ル・コルビュジエがヴォアザン計画（一九二五年）で示した都市戦略を先取りしていたといえよう。

ニューヨークは、現実面においても想像の世界でも、ドイツの空想科学小説『メトロポリス』の映画化で最初の未来都市のモデルとなった。フリッツ・ラングは一九二四年にニューヨーク港に入港中、大未来都市の映画を製作しようと考えた。石塔の乱立するマンハッタン（それを『メトロポリス』のデザイナーたちはキュービストのコラージュを思わせるオーバーラップした切子面の構成に圧縮したのであろう）を見たラングは、写真家アルフレッド・スティーグリッツが一〇年も前に表現したのと同じ情感に動かされたのかもしれない。「魅惑的だ。何か巨大な機械のようで、無情で、心のかけらもない。――それでもただ今現在、世界でニューヨークほど素晴らしいものはないのではないか」。[注25]

ラングは映画のプロットで、ニューヨークに対する相矛盾する感情をスティーグリッツとともに分かち合っていたが、この感情を脚本家である妻のテア・フォン・ハルボウが、悪夢であり夢でもあるものとして書いた。メトロポリスの親方の息子のフレダー・フレダーセン（グスターフ・フレーリッヒ）は、虐げられた者の精神的なお守り役である無邪気なマリア（ブリジット・エルム）から、奴隷のいるおそろしい地獄のことを聞く。フレーダー（白い絹をまとっている）はマリア（ぼろをまとった腕白小僧に囲まれている）に初めて屋上の楽園で出会う。それはエリートをテクノロジー都市（図148）の騒動から隔離する、緑と泉のエデンの園であった。最後にフレーダーは二つの世界のあまりの違いに衝撃を受け、まだ見たことのない地下の都市を探検しようと決心する。フレーダーは父親に彼の目撃した苦しみをぶちまけ、マリアがそれを懸命に和らげようとしていることを話す。しかし堕落した父親フレーダーセンは代わりに、マリアを陥れて奴隷たちの革命騒ぎを抑圧しようとする。彼は正気でなくなった科学者ロートヴァンク（ルドルフ・クライン・ロッゲ）に邪悪な「偽の」マリアをロボットでつくることを承知させる。しかし機械のマリアは二重に奴隷たちを刺激して、奴隷たちは暴動を起こし、地上の都市に燃料を送る機械を破壊し、フレーダーセンの計画は逆効果を生んでしまう。「偽の」マリアは壊され、本当のマリアが親方と労働者を和解させて、この映画は終わる。

多くのジャンルの映画と同じように、『メトロポリス』は近代工業社会の扱い方が矛盾していた。空想科学小説作家のジュール・ヴェルヌやH・G・ウェルズの一九世紀的ユートピアの

注25　ドロシー・ノーマンの引用。アルフレッド・スティーグリッツ著『アメリカの予言者アルフレッド・スティーグリッツ』（ニューヨーク、ランダムハウス版、一九七三年）、八〇頁

図148『メトロポリス』(一九二七年)フリッツ・ラング監督、美術監督オットー・フンテ、エーリッヒ・ケッテルフート、カール・フォルブレヒト

下地にあるような、実証主義的テクノロジー信仰をもち上げる一方で、早くはマリー・シェリーの『フランケンシュタイン』(一八一八年)や、サミュエル・バトラーの反ユートピア小説“Erewhon”(一八七二年)に表現されている、テクノロジーの非人間性に対する絶望的恐怖に共感を示している。『メトロポリス』の後者の見解をもっとも如実に見せているのは地下の奴隷都市である。汚れた煙を吐き出す「モロッホ」(図149)はフレーダーの悪夢では人を喰って生きている機械であるが、アステカのピラミッドを思い出させる。そのピラ

ミッドは、事実ニューヨークのセットバックした摩天楼のモデルとして空想的都市計画の専門家によって提案されたことがあった。未来派は、すでに前述したようにケッテルフートによる“Herzmaschine”(地下都市の動力センターで、四六時中人間が維持管理しなければならない)のためのデザインの資料となった。しかし今一度、テクノロジーの積極的な視覚的表現として創作されたもの――未来派の基本的な教義――は、映画では否定された。「人工心臓」は人間の行動を規制したが、その逆ではなかった。そしてフレーダーは機械装置を利用しようとしたのに、彼の動きが機械的になり、スタッカート・リズムになり、彼の伸びきった腕は機械によって十字架にかけられた人間のイメージになった。

工業化に関するこの暗い、ディッケンズ的なヴィジョンが、近代運動の建築家たちのテクノロジー信仰にあまりにもはげしく挑戦をしたので、ドイツ工作連盟の機関誌『ディ・フォルム』誌は、『メトロポリス』の提示した「モロッホ」を、熟練した技師が一人いれば管理できる、清潔で能率的な発電所を提示して反駁しなければならなかった。『ディ・フォルム』の寄稿者たちは、この映画の他の面ではそんなに失敗しているとは思わなかったろう。とくに地上都市のデザインではテクノロジーの可能性に酔いしれていたから。これらのセットのうち、もっとも革新的に開発された建築的舞台装置の要素は人工照明であった。建築家たちにとっても、映画デザイナーたちにとっても、光は明示することができるエネルギーであり、その動力を利用する能力は、明らかに近代の達成した偉業であった。夜間照明は一九二〇年代の摩天楼の建築家たちを魅了し、建築主の商売の宣伝にしたいという望みを満足させる手段ともなり、夜の都市を美しいイベントに変えたいという建築家自身の望みをかなえる手段でもあった。建築家ブルーノ・タウトの表現派的な照明計画や、アドルフェ・アッピア、ゴードン・クレイグ、マックス・ラインハルトの劇場的な照明計画がニューヨークの多くの摩天楼に大規模に取り付けられ、夜間にその王冠は煌々と照らされた。映画ではサイレント時代、トーキー時代を通じて執拗に視覚のモティーフとして使われたことは、光のもつシンボルとしての響きの強さを証明していた。例えば“L'Inhumaine”の実験室では鮮明なジグザグした形が壁にゆらめき、警告灯に明かりがつくと、「警戒警報」と「死の危険」を警告する。そして科学者エイナール・ノールセンが死に挑戦して、クレール・レスコの死体に生命を吹き込むとき、スクリーンの枠自体が照明で脈打つ。『メトロポリス』では光線がロボットのマリアの人工出産をアナウンスするし、地上の都市は照明の入った看板とサーチライトで明示されるだけでなく、都市の崩壊は光を消すことが合図となる。投光器で都会の摩天楼の姿を縦横に照らす試みは、ストップ・モーションでアニメーション映画を製作する方法を利用すれば、達成できると考えられた。ケッテルフ

図149『メトロポリス』（一九二七年）
図150『メトロポリス』（一九二七年）

ートは、光の当たったタワーに模して、光の具合で変化する一連の白い円錐形を描き、その変化の段階を別々に撮影した。その結果このシーンは、この映画のもっとも壮大なショウ的効果を生んだものの一つとなり、近代建築の狙っていたことではあるが、実際にはめったに実現されないことを最小限の努力によって、劇的に達成したのである（図150）。

　特殊効果の分野は絶えず改良されたので、スタジオはさらに空想科学物のジャンルのプロジェクトと取り組むようになった。『メトロポリス』をまねするものも多く、その一つが英国の"High Treason"（一九二九年）である。この映画は一九四〇年のニューヨークを想像上のモデルにしたものであった。ハリウッドのフェイマス・プレイヤーズ=ラスキ・コーポレーションは未来都市の映画を製作し始め、デザイナーはジョック・ピーターズであったが、『メトロポリス』が封切られると、スタジオは製作を中止した。もう一つのスタジオのフォックスは、一九三〇年代の最初の未来都市を呼び物にし、また最初の空想科学物のミュージカル・コメディー"Just Imagine"（邦題『五十年後の世』、一九三〇年）を製作した。"Just Imagine"は一九八〇年に想定され、アメリカ社会はテクノロジーの進歩によってかち得た自由と、各人に確認番号を割り当て、新恋愛法[注26]を制定し、食料を錠剤の形で機械的に分配し、同じ気楽さで、あらかじめ決められた結婚をパッケージで行うなどの制度化とによって分割されている。

　ステファン・グッソンのデザインした、"Just Imagine"のニューヨークは入念につくられたミニチュア（図151）で、デザイナーによれば長さ四〇〇フィート、幅二〇〇フィートの気球格納庫がいっぱいになる大きさだった。[注27]グッソンは映画のデザインのインスピレーションをル・コルビュジエから貰ったとしているが、[注28]それはル・コルビュジエのヴォアザン計画を同じような多層建築物に再現しただけで、ル・コルビュジエの機械で研ぎ澄ましたようなクールな都市イメージは、映画にはあまりに厳格すぎた。もっとアイディアの源になり得たのは、建築家ハーヴェイ・ウィレー・コーベットが、「一九七五年のニューヨークは、きわめて近代化したヴェ

注26　"Just Imagine"の広告、フォトプレイ誌（一九三一年一月号）、九頁

注27　ステファン・グッソンの南カリフォルニア大学のロバート・クヌッソン宛の私信、一九七二年七月一八日付

注28　注27に同じ。

ネチアに似ているだろう」[注29]という予言とヒュー・フェリスの『明日のメトロポリス』に提示された都市であろう。

フェリスの都市デザイン集はまもなく、ハリウッドの一九三〇年代の未来都市（摩天楼も含む。二二三頁参照）の解釈に影響を与えた唯一つの重要なテキストとなった。進歩の観念がフェリスのこの本の構成の基調をなしている。三幕からなる都市のシナリオである『明日のメトロポリス』は現在「今日のメトロポリス」に始まり、予知できる未来「計画された傾向」から、さらに未来派の夢「想像のメトロポリス」へと進む。デザイナーたちは例外なく本書のはかない、思わせぶりな記述スタイルと詩的言語に引きつけられる。「想像のメトロポリス」の書き出しの部分はほとんど映画的イメジャリーを用いていた。

我々に現存する都市の昔の鳥瞰図を与えてくれるパラペットに話を戻そう。ふたたび夜明けである。早朝のもやが景色を完全に包んでいる。ふたたび、我々の下に、もやのカーテンがかかって、メトロポリスが横たわっている。そして再度カーテンは上がろうとしている。しかしこの場合、上げたままにしておこうではないか。現存する都市の上にではなく、想像の都市の上に。[注30]

フェリスの「想像のメトロポリス」のビジネス・センター（図152）はグッソンの未来派のニューヨークに一番直接のインスピレーションを与えたものである。幅広のスーパーハイウェイが幾何学的基本計画を決定する。それは重複する橋、台状の歩道および街路を通じて上に延びる。碁盤目の交通網は、低層のセットバックした建物に囲まれた巨大な摩天楼を貫通する。「フットヒルに囲まれた高山の頂」[注31]という自然界のアナロジーとして、フェリスはこのデザインを製作しながら（この比較はグッソンのデザインにも当てはまる）、タワーがこう密集していては、タワーを一つ一つ鑑賞するのは不可能だと説明した。

我々の眼前にある都市では、個々の大きなマッスはそれぞれ広々とした空間に囲まれてい

図151 "Just Imagine"（一九三〇年）デイヴィッド・バトラー監督、美術監督ステファン・グッソン、ミニチュア監督ラルフ・ハメラス

注29 「ニューヨークと周辺環境の地域計画」Vol. 2（一九三一年）、三〇九頁

注30 ヒュー・フェリス著『明日のメトロポリス』（ニューヨーク、イーヴス・ウォッシュバーン社版、一九二九年）、一〇九頁

注31 注30と同書

る。市民の日常の眺めはたっぷりした展望といえるかもしれない。立ったまま姿勢を変えずに、目はゆっくりと辺りをなぞってゆくと、終わりに直立する圧倒的な尖塔を見つけ出す。注32

フェリスとグッソンではタワーの「クロッシング」のスタイルが異なる。両方のデザイナーとも垂直性を強調するのに、隅の目立つパイロンが付け柱と窓のファサードをもちこたえる方法を使った。しかし、フェリスは、ジョン・ミード・ハウェルズ設計のニューヨークのパンヘレニック・ホテルでおなじみの単純化した方式を選んだのに対し、グッソンは、レイモンド・フッドとハウェルズのデザインしたシカゴ・トリビューン・ビルディング（一九二二〜二四年）に顕著なアーチと先端装飾にネオゴシック様式を選んだ。

注32　注30と同書

図152　『明日のメトロポリス』（一九二九年）の中の未来のビジネス・センターのスケッチ、〈スケッチ〉ヒュー・フェリス

"Just Imagine"のような映画は、テクノロジーの発達した広範囲の消費財を見せることで観客を喜ばせた。とくに少なくとも一九二四年以来、映画の小道具となったテレビジョン、それにテレビ電話、個人的移動の究極的な手段としての自家用飛行機などである。摩天楼の尖塔のあいだを飛行することは、グッソンのような映画デザイナーにとっても、都市計画家や建築家にとっても常識であった。そのような計画がいかに実行不能であったにせよ、低空を飛ぶ飛行機が空に群れている図は、モーゼス・キングの空想都市でも、サンテリアの図面にも、ル・コルビュジエと『メトロポリス』によって提案された都市にも見られた。飛行機から見た都市のパノラマは、もう一つの人気あるテーマだった。例えば『未来都市』の観客たちは、サンテリアのイラストによって、未来都市の多層テラスと尖塔のど真ん中に着陸準備に入ったかのような気になるのだろう。

建築と空中旅行の似ているところは、ただイデオローグの夢だというだけではない。一九三〇年にフランシス・キーリーはニューヨークのペンシルヴェニア駅の上に飛行場をつくることを提案した。エンパイア・ステート・ビルディングの元の計画には、尖塔を飛行船の係留マストに使うことが含まれていた。建物の頂上を航空機の離着陸場に利用するという向こう見ずな計画が一度も実現したことがないのは、デミル監督の『マダム・サタン』(一九三〇年)を見たことのある映画ファンなら、決して驚かなかったろう。この映画は「ジャズ時代」の究極ともいうべきもので、フィルムはアンジェラ・ブルックスを追う。彼女は夫の愛を取り戻そうと、〈運命の女〉マダム・サタンに扮して仮装舞踏会に出る。マンハッタンの上空を飛ぶ飛行船の船内で行われる上流階級の贅沢な舞踏会のあいだ、テッド・コスロフは〈バレエ・メカニク〉の中の〈電気〉の役を踊る。それは、雷雨で飛行船が破壊されるさし迫った予兆であった。乗客の大部分はセントラルパークの湖にパラシュート降下して救出されるが、まるで冗談の一部として組まれた出来事のようである。

図153『トンネル』（一九三五年）モーリス・エルヴィー監督、美術監督エルノ・メッツナー

惨事がいつ起こるかわからないのに、都市と飛行機の組合せは、一九三〇年代の映画を通じてモティーフとして幾度も使われた。一九三三年には、攻撃する飛行機の群れがキングコングを撃ち落とした。テクノロジー志向の英国の空想科学映画の『トンネル』（一九三五年、図153）のためのエルノ・メッツナーのデザインで一番有名なのは、流線型のニューヨーク―ロンドン・トンネルとその列車・自動車であって、空輸計画も含まれていた。これは、都市旅行に合わせた航空機のためのユージェーヌ・エナール方式に非常に近いもの

である。すなわち、「垂直方向のプロペラーのほかに水平方向のプロペラーも装備していて、ある地点の上空に浮かんで空中で静止していられる軽飛行機[注33]」であった。これはヘリコプターの基礎になる構想で、エナール自身も空想科学小説作家H・G・ウェルズの一九〇八年の作品『宇宙戦争』によるとしている。

空想科学小説の分野でのパイオニアとしてウェルズは、すでにたびたび未来の生活について予言しており、映画でのこの主題の扱い方を先取りしていた。例えばウェルズの小説“When the Sleeper Wakes”(一八九九年)のヒーローは、まるでリップ・ヴァン・ウィンクルのように、二世紀も未来に目覚める。すると、彼はその相貌が『メトロポリス』のそれにそっくりな都市を発見する。「両側に大きくカーブしているタイタニック・ビルディング」「強大な片持ち梁」「軽く薄い吊橋には深い渓谷を渡るかのように歩行者が点々としている」、そして巨大なファサードは、「大きなアーチ、円形の開口部、バルコニー、バットレス、角櫓の出っ張り、無数の大きな窓、複雑な建築リーフで分割[注34]」されている。しかしウェルズ自身は、自分が与えたかもしれない影響を否認するのは苦痛だったに違いない。一九二七年の『メトロポリス』の批評で彼は書いている。「先日すごくばかげた映画を見た。もっとばかげた映画をつくることなど、とてもできないだろう。[注35]」

一〇年後に、ウェルズは彼の一九三三年の小説の“The Shape of Thing to Come”の映画版“Things to Come”(一九三六年)は映画として受け容れられるのではないかと請け合った。ウェルズのこの作品は一九二〇年代の自由放任経済と、ヨーロッパ中に勃興したナショナリズムに対する攻撃であって、これらをこの小説家は西洋文明の破滅をもたらす破壊力と見ていた。まったくアンチ・テクノロジーの感情をもたない、進歩的な男女のエリートの一団だけが、この惨事を免れることができるというのである。こうしてウェルズの科学的進歩についての楽観主義は、この時代の数少ない、そして疑わしいところのないテクノロジー支持の映画の一つ、

注33　ピーター・M・ウォルフの引用。ユージェーヌ・エナール著「ユージェーヌ・エナールとパリの都市計画一九一〇~一四年」(博士論文、ニューヨーク大学版、一九六八年)一〇一頁

注34　ジェームス・ガンの引用。H・G・ウェルズ著『代りの世界—科学小説の写真解説史』(ニュージャージー州イングルウッド・クリフス、プレンティス=ホール社、一九七五年版)、九五頁

注35　エイズナーの引用。前掲書、八四頁

しかも最後の映画にイデオロギー的基礎を提供したのである。

"Things to Come"は一九三六年のクリスマスに封切られた。休暇の用意の最中だったので、エヴリタウン市（映画でのロンドン）の市民たちは戦争の不吉な前兆を無視したが、目先の効くジョン・カバルだけは用心した。数十年も紛争が続いて、人類は残忍な首領に支配される中世封建社会に戻っている。ウェルズのエリートたちはジョン・カバルに率いられて破壊から立ち上がり、進歩的テクノクラートの路線にそって社会の再建を開始する。二〇三六年のエヴリタウン市。伝統主義者と進歩主義者の止むことのない争い。後者はカバルの孫に率いられ、宇宙探検計画で衝突する。しかし進歩主義者が勝ち、映画は月のショットとウェルズのテクノロジー信仰の喜びの歌で終わる。

"Things to Come"の封切時の批評は素晴らしかったが、興行的には失敗作となっていった。多くの人は、ウェルズのイデオロギーに冷たい全体主義を発見したし、眼識ある映画ファンは、ウェルズのテクノロジー的ユートピアが、オルダス・ハックスリーの四年前の小説、『見事な新世界』で予言した、冷たい反ユートピアをきっちりと受けとめていないと理解したのである。この映画への反応として『アーキテクチュラル・レビュー』誌は、小説家イヴリン・ウォーの"Decline and Fall"の一節をコメントをつけずに掲載した。ほとんど二〇年前に書かれたウォーの小説は、個々の人間は機械力の流通チャンネル以上のものではない、とする"Things to Come"のぞっとするような含意を拒絶していたのである。加えて"Decline and Fall"のシレナス教授は"Things to Come"にかかわった二人の主要な人物、プロデューサーのアレグザンダー・コルダとデザイナーのラズロ・モホリ=ナギへの予言的パロディーとなっていた。シレナス教授の完成した唯一の作品——そのデザインが進歩的ハンガリーの季刊誌（コルダもモホリ=ナギもハンガリー人である）に転載されただけで、採用されなかったチューインガム工場以外の——は、「長大でプロットの複雑な映画のための舞台装置であって、——その複雑さは、プロデユーサーが人間らしい性格をすべてを厳しく抹消したことによって、ますます解きがたいものになり、興行成績も致命的なものとなった。[注36]」

"Things to Come"はアレグザンダー・コルダのロンドン・フィルム社によって、ロンドン郊外のデンハム・スタジオで製作された。監督はキャメロン・メンジスで、このプロジェクトはそもそもの発端から大予算映画で、最終的には三五万ポンド（約一七二万ドル）かかった。映画の高い製作費に固執する点ではハリウッドのプロデューサーと張り合っていたコルダは、映画の中の未来派のシーンのデザインを最初コルビュジエと、"L'Inhumaine"をデザインしたメンバーの一員フェルナン・レジェに依頼した。二人がともに断ると、コルダはバウハウスの前教授モホリ=ナギに転換した。一九三五年にロンドンに移ってからのナギのアブストラクト映画はコルダの注意を引いたのである。モホリ=ナギとか、マルセル・ブロイヤーとか、ワルター・グロピウスのような大陸からの亡命者たちは、英国の近代建築をいっそう発展させた。ちょうどラザール・メールソンやアルフレッド・ユンゲ（一七四頁参照）といった大陸の映画デザイナーたちが英国の映画デザインを若返らせたようなものだった。モホリ=ナギは建築家ではなかったが、視覚芸術のそれこそあらゆる分野に優れており、ベルリンでエルウィン・ピスカートルのアヴァンギャルド劇場のために舞台装置をデザインしたし、写真・絵画・タイポグラフィーを実験的に使った芸術家で、コルダの注文には彼以上の適任者はいなかった。

モホリ=ナギの"Things to Come"のためのプランにはユートピアがあり、そのユートピアに含まれるファンタスティックなテクノロジーは、「固いフォルムをなくしてしまった。住宅はもはや人間に必要な自然の生命力である光を遮るものではなく、受け入れるものとなった。そこには壁はなく、スティールの骨組となり、ガラスとプラスティックのシーツで遮蔽するだけとなった。アクセントは開口と外観に置かれ、リアリティ自体より以上の新しいリアリティを示していた[注37]」（図154）。このようなアブストラクトの建築は一九二〇年代のロシア・アヴァンギャ

注36　エヴリン・ワフ著『衰弱と凋落』（ボストン、リトル・ブラウン社版、一九七七年）、一五九頁

注37　スィビル・モホリ=ナギ著『完全性の実験』（マサチューセッツ州ケンブリッジ、MITプレス版、一九六九年）、一二九頁

ルドの構成主義デザインに啓発されたものである。例えば、ソヴィエトのヴクテマス・デザイン学校でヴェスニン兄弟の生徒の一人だったイワン・レオニードフが一九二七年にレーニン・インスティチュートに提出した案（図155）と比べてみよう。モホリ=ナギのは円錐形、レオニードフのは球と、両者のデザインはともに幾何学的フォルムで、重力に逆らっているように見えるが、実際はぴんと張った、ほとんど知覚できない針金で支えられている。両方の設計はまたモホリ=ナギも参加したのだが、ミース・ファン・デル・ローエの一九二二年のガラスの摩天楼プロジェクトを先取りした高層建築のフォルムをもっていた。ミースのこのプロジェクトは「骨と皮《スキン・アンド・ボーンズ》」の摩天楼様式で、第二次世界大戦後に建てられた。

残念なことに、モホリ=ナギのデザインは使われなかった。おそらく大衆映画には抽象的すぎ

図154『来るべきもの』（一九三六年）の未来都市の模型、ウィリアム・キャメロン・メンジス監督、〈製作〉ラズロ・モホリ=ナギ

図155　レーニン・インスティチュートの案の模型（一九二七年）、〈製作〉イワン・レオニードフ

たのであろう。こうして映画は近代建築の舞台装置を使う大きな機会を失ってしまった。しかしモホリ=ナギは“Things to Come”で九〇秒のアブストラクトのシーンを見せてはいる。これはフラッシュ・フォワード編集の技法を使って時間を圧縮し、長年月の進歩を五分半のシークエンスに描いた中の一部である。まさに我々の目の前で、エヴリタウン市は、二〇世紀における第一次大戦後の瓦礫の都市から二一世紀の輝くばかりの大都会に変貌するのである。

　この映画に現れる最後の大都市は、プロデューサーの兄弟で、彼自身もよく知られたセット・デザイナーであるヴィンセント・コルダの作品である。コルダの舞台装置は、ウェルズが撮影中に出した数知れぬメモの一つの指図に従っている。『メトロポリス』の喧騒と混沌の世界と反対に、“Things to Come”の最後のシーンの舞台装置はつぎのようなものである。

　現在よりもより高度の文明、そこにはさらに裕福で、洗練された秩序、高い能率がある。より組織化された世界での人間の状態は、つねに忙しいわけでなく、混み合うこともなく、もっとゆったりとして、もっと威厳がある。統制のきかない機械化が原因で起こる現代生活の慌ただしさ、乱雑、緊張が際限なく高まることはない。反対にそんなものはなくなってしまう。一般に物や構造は大きい《グレート》だろうが、極端に大きく《モンストラス》はない。注38

　適当な近代的デザインを、幾月もかかって雑誌や図書館をくまなく漁ったあげく、コルダは彼の未来の〈アヴァンギャルド〉都市（図156）を公開した。それは流線型の漫画の域を出ていないが、商売では大成功だった。流線型は衣裳の形にも影響を与えた。その肩幅の広いシルエットは一九三六年の流行になった。実際のデザインには失望してしまうが、コルダのデザインした曲線を描くバルコニー、歩行者道路、モノレール、ガラスのエレベーターは、スケールがあまりに大きいので、一八世紀フランスのエティエンヌ=ルイ・ブーレーのような〈革命的〉デザイナーを想起させるようなユートピアの壮麗さがあった。ブーレーのニュートン記念碑のための提案と同じく、コルダのは空間があまり広いので、上のほうは輝く光の拡散した霞の中に

注38　H・G・ウェルズ著『来るべきもの』（ニューヨークタイムズ、一九三六年四月一二日号）

図156『来るべきもの』（一九三六年）ウィリアム・キャメロン・メンジス監督、美術監督ヴィンセント・コルダ

やっとそれとわかるものになっている。

ＭＧＭのグランドホテルのアトリウムは、強力な活動の中心で、外側の生き生きとした都会の風景そのものである。コルダのデザインでは町の中心は地下にあり、なめらかで平明な輪郭をもち、完全に白い材料だけで建てられているが、『メトロポリス』や"Just Imagine"のような未来派に刺激された初期の映画の都市のもつ熱狂的なものを意識的に拒絶している。同じように快適さとか保護の感覚は、一九三九年のニューヨーク世界博における未来のマンハッタン像に関するノーマン・ベル・ゲデスの提案によって喚起されたものである。彼のフーツラマ展は、ウェルズのみならずトーマス・アダムスの「ニューヨークとその近郊の地域計画」ともヴィジョンを共有している。アダムスは歩道とアーケードが地上から浮いた都市が実現した暁には、「歩くことは気晴らしになるだろう。――ショッピングは喜びになるだろう。今のニューヨークっ子の破裂せんばかりの神経は正常に戻り、その都市は世界中のモデルとなるだろう」[注39]と予言した。ベル・ゲデスのみならず、コルダの計画も、実現可能な都市モデルにはなりえないことが立証されたが"Things to Come"の建築語彙は、三〇年も経って、建築家でありディベロッパーでもあるジョン・ポートマンがデザインしたホテルの不思議な様式の前例となった。ウェルズの理想都市なら除去されるような混雑・犯罪・汚染・騒音に対する解毒剤としてデザインされたポートマンのホテルは、彼のユートピアの原型だったのに、過去二、三〇年のあいだに商売上は大成功し、もっともまねされることが多かった不動産屋のモデルの一つになってしまった。

一九三〇年代末にヨーロッパとアジアが戦争に向かって動き、世界中で安全が脅かされるにつれて、堅固な社会政策とテクノロジーの進歩の魅力は曖昧になっていった。国外における全体主義政府の成功と、想像を絶する破壊的兵器の開発は、これらの理想の欠陥を暴露し、逃避の魅力はフランク・キャプラの『失はれた地平線』（一九三七年、図157）では、もっと牧歌的・

注39　トーマス・アダムスの引用による。ハーヴェイ・ワイリー・コーベット著、三〇九頁

図157 『失はれた地平線』(一九三七年)のドナルド・コールマン、フランク・キャプラ監督、美術総監督ステファン・グッソン

田園的な姿がとられるようになった。キャプラの、文字どおり越すに越せない山々によって文明から隔離された閉鎖的コミュニティであるシャングリラは、極度に近代的なテクノロジー世界を拒み、もっとのどかな黙想的な生き方を良しとした。皮肉なことに、このユートピアは、ほかならぬステファン・グッソンの監督下に製作された。彼は五年前に"Just Imagine"で狂ったような大都会をデザインしたのである。コルダと同様にグッソンもまた囲い込みと保護のア

イディアに基づく彼のデザインを予言していた。すなわちシャングリラのラマ教僧院は、明るく照らされた白壁造りの建物で囲まれた美しい中庭にあって、その建物には幅広の階段とテラスがあり、列柱式のパヴィリオンまでもある。幅広の平らな軒は、中庭の内部が聖域であるという感覚をいっそう深め"Just Imagine"の延々と続くかに見える摩天楼の尖塔の列と鋭い対照をなしている。

"Lost Horizon"(邦題『失はれた地平線』)と"Things to Come"は、一九三〇年代末に映画が総じて"Just Imagine"や『メトロポリス』のエキサイティングな都市計画から、もっと穏やかで静かな環境に移行した代表的な例である。一九三六年以後、空想科学映画自体の人気が劇的に低下し、フラッシュ・ゴードンやバック・ロジャースのような一九三〇年代末の銀河系宇宙のヒーローたちが訪れた未来都市は、昔のデザインの青くさいイミテーションにすぎなかった。"Lost Horizon"が近代テクノロジーを排撃する保守的態度をとったのに反し"Things to Come"は同時期のどの映画にもまして、数多くの近代建築家に帰せられるべきユートピア・フィーバーと同じ波に乗っていた。これらの夢想家たちは、芸術と科学の統一をなしとげようと懸命に努力した。彼らはそれによって、いつの日にか混雑とか過密といった都市問題の解決を提供できるだろうと期待していた。この夢は、一九三〇年代のもっとも目立った建築や映画の舞台装置の下敷としてあったが、三〇年代早々の大恐慌と高まる社会的不安によって、建築家はあまりに高いところを狙いすぎ、芸術の治癒力に信頼を置きすぎると示唆されたときに、実際に建築家たちにとって酸っぱいものになり始めた。この一〇年の末までに、建築家も映画製作者も、近づきつつある戦争の影響をこうむることとなった。そして、この戦争こそ、テクノロジーのおそるべき潜在的破壊力を暴露することになるのである。戦後になると、優雅で洗練された様式で建設された近代建築の最良のものでも、例えば一九三〇年頃にバウハウスに吹き込んだ、あの調和のとれた社会に対するユートピア願望が基本的に欠けていた。映画も同様に刺激的な空想科学映画をつくり続けたが、テクノロジーの積極面は大幅に見落とされ、原子爆弾の遺産が、我々を導いて、テクノロジーの最暗黒面を探究させるようになった。

エピローグ

これまでの章で引用した映画が示しているように、一九三〇年代の後半には近代映画の舞台装置の質が低下して、しばしば近代的要素と伝統的要素の混合、焼直しになった。一九四〇年代にあっては、第二次世界大戦後の近代建築は、デザイナー不詳のオフィスビルディングや集合住宅の様式ではなくなり、土着的様式にかわった。それにつれて、近代的舞台装置は映画界からほぼ姿を消してしまった。アメリカ型スリラー映画に支配的な〈フィルム・ノワール〉(夜の映画)は、しばしば〈運命の女〉や疎外されたアンチ・ヒーローの横行する夜の都会に舞台が設定されるが、三〇年代のモダニストの美学には不向きの手段であった。〈フィルム・ノワール〉の好むテーマである閉鎖社会の中に罠を仕掛けるというのは、開放的空間とか社会的流動性とか逃避というモダニズムの志向とは逆を行くもので、モダニストたちが明るい光を上手に使うのとは反対に、その撮影技術は、暗いおそろしい影を撮影することに打ち込んだ。撮影技術はそのほかにも発達して、映画製作者たちはカメラを使って空間の奥行を出せるようになった。オーソン・ウェルズ監督の『市民ケーン』(一九四一年)のグレッグ・トーランドの撮影技術とペリー・ファーガスンのセット・デザインは、映画での焦点深度の深い撮影のもっとも際立った例で、登場人物にしろ物にしろ、後景にあるものも前景にあるものと等しく明確であった。一九四〇年代はまた、真面目な、問題性のあるテーマを扱ったものが著しく増えた時代だった。ハリウッドでは『失われた週末』(一九四五年)でビリー・ワイルダー監督がアルコール中毒症の問題を扱い、『我等の生涯の最良の年』(一九四六年)ではウィリアム・ワイラーが復員軍人の社会復帰を描いたし、『クロスファイアー』（一九四七年）ではエドワード・ドミトリク監督は反ユダヤ主義を検討した。一方イタリアではネオリアリズムの監督たちが戦争とその余波を率直に扱った。こうしたリアリズムの流れの中では、モダニズムが育んだスタジオ内に縛られた撮影技法は不適格になり、ますます多くの映画がロケーションで撮影された。ロベルト・ロッセリーニ監督の "Roma, Città aperta"（邦題『無防備都市』、一九四五年）は戦争終結時にローマで撮影され、ビリー・ワイルダーの『フォーリン・アフェア』（一九四八年）はベルリンで撮影された。そしてハリウッドもサウンドステージや裏庭で撮影するより安上がりなことを知ると、ロケーション撮影はまもなく普通のこととなった。

映画においてモダニズムは最後に一回盛大にあえいで息を引き取ったが、皮肉なことに、多くの映画ファンには、それが近代建築をセット・デザインに使ったもっとも記憶すべきものとして残った。映画 "The Fountainhead"[訳注] はキング・ヴィダーが監督し、ワーナー・ブラザーズが一九四九年の夏に封切ったが、アイン・ランドのマンモス・ベストセラー原作小説の刊行六年後であった。それは確立された様式として、近代建築の新しいステータスを告げる大衆文化的現象だった。ほとんど七〇〇頁に及ぶ、念入りな筋、誇張した会話、張りつめた感情など、ランドのイデオロギー的漫画本（彼女は脚本も書いていた）は、その不屈のエゴが称賛に値する人間行動の源泉であるような個人と、普通の人間、ランドのいう烏合の衆とを競わせる。後者は前者をおそれ、彼を破滅させるか、自分のレベルにまで引きずり下ろそうと試みる。彼女の哲学を小説に翻訳するために、彼女はヒーローに建築家を当てた。その職業については、彼女はインタビューをしたり、またニューヨークのアールデコ様式の摩天楼の建築家仲間の一人であるアーリイ・ジャック・カーンのタイピストとして短期間働いたりして研究した。映画 "The Fountainhead" はハワード・ローク（ゲイリー・クーパー）の物語で、孤独なモダニズムのチャンピオンは、彼のデザインで建築するために批評家・依頼主・大衆なら

訳注　前出、（邦題『摩天楼』一九五一年封切り）

びに大多数の愚かな同業者たちの策謀と闘わなければならない。ロークの戦いを二人の修行中の利己主義者が助ける。一人は売れっ子だけに不埒《ふらち》な古参の建築家ガイ・フランコンの娘で、知的なドミニク・フランコン（パトリシア・ニール）と、もう一人はその夫ゲイル・ワイナンド（レイモンド・マッセー）である。彼はハーストのようなイエロー・ペーパーの記者だが、最終的にはロークの個人主義的態度に価値を見出す。ロークは自分が密かにデザインしたにもかかわらず、その図面どおり正確に建築されない集合住宅群コートランド・ホームズを爆破してしまう。ワイナンドは、彼の人民党のタブロイド版新聞を使って、ロークの裁判のあいだ中この建築家を弁護する。しかしワイナンドは、ロークをその行為のかどにより有罪にすべし、という読者の庶民大衆の要求に屈して、社説を書いてこの建築家を非難した。しかしながらロークは、主として自分の行った最終弁論の説得力によって無罪となった。ワイナンドは堅固な個人主義者として勇往邁進することのなかったことを感じて、ほかに選択の道がないと知ると、自殺する。彼の自殺が都合よくドミニクを自由にし、もちろん彼女がずっと愛していたロークと結婚する。ロークにそそのかされて、実際にコートランド・ホームズに爆弾をしかけたのは彼女だった。映画の最後のシーン（映画において、もっとも釈明の余地のない試みは、摩天楼を男性性器の象徴として提示したことである）で、ドミニクはマンハッタンのワイナンド・ビルディング（図158）の建築現場にロークを訪れる。世界でもっとも高いこのタワーは、出版社の社主が個人主義への遺産として、彼が死ぬ前に融資したのである。ドミニクはビルの側面を工事用のオープンエレベーターに乗って、高く高く昇っていく。ついに遠くに見えるエンパイア・ステート・ビルディングより高く。映画の最後のショットはドミニクの視点から撮影され、彼女が建物の頂上に近づくにつれて、ロークが見えてくる。そのロークはスチール・パイプの上に、両手を腰に当て肘を張り、独り不敵な面構えで立っている。

　ランドの小説におけるロークのデザインするビルディングの記述から、彼女の建築家のヒー

図158　"The Fountainhead"（一九四九年）のためのワイナンド・ビルの建築デザイン、キング・ヴィダー監督、〈スケッチ〉チェスリー・ボーンステル

ローはフランク・ロイド・ライトに実生活のインスピレーションを得ていたことは、ほとんど疑いの余地はない。例えば、ロークが依頼主のオースティン・ヘラーのためにデザインした、海岸の崖っぷちの家は落水荘に少し似ているといった程度のものではない。「それはあたかも崖が成長し、崖自体が完成し、待ちこがれていた目的を宣言しているかのようであった。その住宅は多くのレベルに分かれ、岩棚に沿って、棚が上がればレベルも上がり、しだいにマッスになり、平面になり、一体となって流れ、一つの完璧な調和にいたる」[注1]。ロークの個人生活さえも、多くの細部でライトのそれと類似している。ライトが弟子入りしたルイス・サリヴァンは、世紀の変わり目には近代建築の大御所だったが、その生涯の終わりには大方忘れられてしまった。この二人の関係は、ロークのヘンリー・カメロンに対する関係に似ている。そ

注1　アイン・ランド著『ファウンティンヘッド』（ニューヨーク、ボップス=メリル社版、一九七一年）、一二五頁

してロークの生涯と同様にライトの生涯も、ビルディングの様式であろうと、もっと社会的なことであろうと、因襲に対する戦いの連続であった。

"The Fountainhead" の仕事が始まると、ロークのビルディングをスクリーン向けに翻訳しようとするセット・デザイナーのために、調査研究をしていたプロデューサーをライト自身に近づけることとなった。この建築家が要求した二五万ドルという天文学的数字から、ライトを雇うことは問題外となり、ワーナー・ブラザーズは、代わりに若い映画デザイナーのエドワード・キャレアに転換した。皮肉にも、ハリウッドが最後に近代的舞台装置を盛大に見せる責任は、二〇年にわたる映画経験のうち、初めてソロで仕事をするデザイナーの手に落ちたのである。

キャレアの "The Fountainhead" のためのデザインは、第二次大戦後に近代建築のイメジャリーがとった逸脱方向を反映していた。すなわちライトとかスカンジナビアのデザイナー、アルヴァ・アアルトなどの影響を受けた、快い〈温かい〉モダニズムと、ニューヨークのリーバーハウス（一九五二年）のような摩天楼のもつ〈クールな〉機械づくりのルックとが同時に見られた。後者は、アメリカの会社が好んだ節約的な様式を用いた最初のビルディングの一つであった。

ロークの最初の依頼によって、キャレアがデザインしたエンライトハウス（図159）は、ニューヨークのセントラルパークの東南端にある戦後の新しいフォルムの摩天楼をモデルとしている。しかしこれらのビルディングが、単純なヴォリュームを金属とガラスの皮膜で包んでいるのと違って、エンライトハウスは薄い床板が層をなし、ほとんど空中に浮いており、ガラスで囲んだ小さなコアで連結されていた。重力に抵抗するかのような平面のテーマはインテリア（図160）でも繰り返され、階段の踏み板は片持ち梁でもち出され、テーブルの上面さえもガラス板で、空中に浮いているかのようである。

この映画のデザインのうち、もっとも論争の的になり、成功しなかったのは、ライトのスタイルを参考にしたことがそれとわかるデザインだった。キャレアの"The Fountainhead"のための住宅は、ライトの一九三〇年代末と一九四〇年代の作品を混合したもので、ライトのこれらの作品は一九三八年一月と一九四八年一月にアーキテクチュラル・フォーラム社からそれぞれ豪華本で出版された。[注2] ロークのカリフォルニアの丘にうずまる小住宅のスケッチは、ライトの一九四〇年のポーソン邸を思い出させる。これは壁の傾斜面に窓のないマッスを片持ち梁でもち出したバルコニーによって均衡を保っている。ゲイル・ワイナンドのための住宅と大西洋岸の住宅は、両方ともに落水荘のコンセプトを繰り返し、見た目には直立した石の煙突ブロックが浮いているトレイを繋ぎ留めているかのようだ（図161）。ワイナンド邸では、キャレアはライトがさりげなく表現したものを誇張して、家のフロアを船のデッキに替え、豪華客船にしてしまった。大西洋岸の住宅は、キャレアのもっともとっぴなデザインで（図162）、数多くの蔓棚が上に這い上がり、外に突き出し、低い視点から建物を描くことによって、バルコニーを高く見せている。これはライトの得意の方法だった。

"The Fountainhead"のデザインに対する建築界の反応はおそるべき憤激だった。その以前にも以後にも、専門誌が映画の舞台装置に対しかくも轟々たる非難を行ったことはなかった。ハリウッドの俗物どもが、偉大な巨匠を解釈するとは、なんと大胆なことか、というわけである。『アメリカ建築家協会ジャーナル』誌は、この映画に対する大衆新聞の否定的批評をご機嫌でリプリントして、キャレア攻撃を支持した。[注3] もっとも敵意にみちた攻撃は、建築家にして映画デザイナーのジョージ・ネルソンによる『インテリア』誌の一文であった。わざわざキャレアの名前を出しただけでなく、ネルソンは、「今なお映画をヒットさせている近代建築を最高にばかげて茶化したもの」を制作し、そして「フォルムや構造の諸要素を全面的に曲解」したと「ハリウッド」を非難した。[注4] 大西洋岸の家は構造と機能の両面で、ひどい無礼者であると

図159 "The Fountainhead"（一九四九年）美術監督エドワード・キャレア

図160 "The Fountainhead"（一九四九年）

注2 アーキテクチュラル・フォーラムの一九三八年一月号と一九四八年一月号はフランク・ロイド・ライト特集である。

注3 『ジ・ファウンティンヘッド』（アメリカ建築家協会ジャーナル、一九三九年七月）、二七頁

注4 ジョージ・ネルソン著「ローク氏ハリウッドに行く」（インテリア誌、一九四九年四月号）、一一〇～一一一頁

図161 “The Fountainhead”（一九四九年）の中のワイナンド邸図面
図162 “The Fountainhead”（一九四九年）の中の住宅図面

列記した。「我々の見るところでは、バルコニー自体は、その構造が背後の部屋を無用なものにしてでも、連続しているのであれば、自重を支えることだけはできるだろう。そしてここで、我々はまったく新しい建築の発明に気づくのである。片持ち梁のバルコニーが片持ち梁の屋根、あるいはその下の格子棚を支えているのである。[注5]」

ネルソンの議論は、キャレアがライトの作品のうわべだけを模倣して、底にある支持装置を無視しているという論点に拠っているが、本当はその反対である。キャレアはライトの作品を

注5　注4に同じインテリア誌、一〇八頁

戯画化しているのであって、風刺家ならば誰でもするように、本質だけを誇張しているのである。つまり内部空間を外部に向かってダイナミックに突き出させることは、劇的な片持ち梁によって行われている。ネルソンはまたワイナンド邸のリビングルーム（図163）をあざ笑い、フォルムと空間を創造する人としてのライトのモジュールの原理をまったく誤解し、キャレアのインテリアは直角と六角のグリッドの不安定な衝突であるとしている。ライト自身、確かに晩年の数年を通してこの両方のグリッドを使ったが、決してこんなにギザギザには使っていない。ワイナンド邸のリビングルームでは、キャレアはまず直角のモジュールでフロアの敷き方を決め、それを部屋の直角形で強化し、さらに正方形模様に織った置きカーペ

図163 “The Fountainhead”（一九四九年）

ットで強化した。このシステムは、暖炉のフードの多角形、斜に置いたソファ、そしてソファの背後の彫りの深いマッスと矛盾している。部屋の五角形の小テーブルが二つのモジュールに曖昧に対応してはいるが、なにゆえに、この不規則な形体がネルソンの冷笑に値して、ライトの同じように計画されたハンナ邸（一九三七年）の、同じくごり押しの六角形の足のせ台が嘲笑されずに済んだのかは、明らかではない。

ここで“The Fountainhead”のデザイナーたちが厳しく批判されたとしても、それが特殊的にはキャレアの側であろうと、あるいは一般的にハリウッドの側であろうと、建築に対する感受性の自然な表現というよりは、映画のプロットが要求するものへの対応によるのである。この映画は建築家に〈関する〉ものであり、そのセットはデザインに〈関する〉ものであるから、戯画化したほうが観客にわかりやすくすることができたのである。つまりハワード・ロークがなにか別の職業人だったら、セットは近代建築にならなかっただろう。一九二〇年代と一九三〇年代の映画製作者たちは、映画の観客たちに魔力とはなにか、豊かさとはなにか、逃避とはなにかを力強く伝達する映画の神秘性に対する確信をもって、近代建築を用いてきたのに、一九四九年頃には、その神秘性が消えてしまったのである。モダニズムにはさして共鳴せず、“The Fountainhead”の近代的舞台装置は話を運ぶ必要という実用的範囲内で利用されただけだった。

どんなに近代建築の使い方がいかがわしくとも、“The Fountainhead”は大恐慌期のハリウッドのセット・デザインの成し遂げた際立った記念碑として残るものである。本流の長編大作の主役が一人の建築家というのは、プロデューサーにとっては危険な冒険に思えただろう。たとえアイン・ランドの原作小説が、印象的な売行きであったことを計算に入れてもである。しかしこの映画が製作されてしまったという事実は、この監督の才能やスターたちのもつ興行上の吸引力のみならず、映画ファンたちが近代建築をデザインする職業を映画のヒーローの活躍に匹敵するものとして、建物自体を劇的で革命的な芸術作品に匹敵するものとして、進んで受け容れたことの証左である。"The Fountainhead"の評判が良かったとすれば（モダニズムの画家・彫刻家・作曲家・小説家を扱った大衆映画にそんなことは全然なかった）、それは大衆が近代的建築物の様式に親しんでいたということが大きい。その近代様式は、本書で論じたように、一九二〇年代と一九三〇年代における映画の舞台装置の遺産というべきものであるが、この時期こそ、映画も建築もともに近代的デザインの崖っ淵に立った時期でもあったのである。

映画と建築は多くの美的類似性をもっており、その一番顕著なものは、空間の創造、人工照明および動きに対する関心を共有していることであるが、映画製作者たちもモダニズムに対し、ファンタジー・気まぐれ・ドラマなどの感覚によって貢献した。これらの特質は、近代建築があまりにまじめで羽目をはずさないために、欠けていたものである。そして、たとえ近代建築家たちが芝居がかったものにプレミアムをつけたとしても、グロリア・スワンソンやグレタ・ガルボがチラチラするような魅力的な環境をつくり出すのは、果たして映画であろうか、建築であろうか？　モダニズム独自の傑出した功績は、個人住宅や仮設のパヴィリオンの形式をとるか、あるいは提案だけになりがちで、決して大規模に実現されなかったのに、映画では近代的デザインを堂々たる規模でつくることができたのである。近代運動のヴェルサイユ宮殿はハリウッド製ミュージカルのナイトクラブであり、そのゴシック寺院は未来物語の摩天楼である。

もし映画が最終的に、豊かさとか性的魅力とか逃避という一群の含意——それをつくり出した者の意図したものから、はるかに離れてしまってはいるが——をモダニズムのせいにするならば、それはデザインの一つの不滅の遺産を残したのである。すなわち、観衆が見、鑑賞したデザインは、かつて建築家が望んだよりもはるかに遠くまで到達したということである。近代建築自体に対しては、大衆は依然として冷淡であったが、しかし映画に登場する近代建築は、身近な、かつ美しい形式で、彼らの恐怖・希望・野心を具体化することによって、彼らの想像力を捉えたのである。今日、映画の近代建築家たちの努力は、さまざまな芸術的訓練を受けた人々が合流して創造するモデルとして立ちはだかっているだけではない。彼らの後継者、すなわち未来の世代の夢のデザイナーたちが挑戦してくるのを待機して立ちふさがっているのである。

訳者あとがき

本書は、*DESIGNING DREAMS: Modern Architecture in the Movies*, © 1986 , by Donald Albrecht の全訳である。初版は、英国のテームズ・アンド・ハドソン（一九八七年）出版で、後に米国のハーパー・アンド・ロウによって刊行されているものである。

本書の特色は、著者によるこの成果が「はじめに」および「序章」でとりまとめられているように、建築家としての幅広い見識の持主であるばかりでなく、ドナルド・アルブレヒト自身の入念な調査分析と、彼への資料整理に協力してくれた多くの研究スタッフに恵まれたことによるものにほかならない。

本書が日本で刊行される一九九五年は、本文中にも紹介されているように、一八九五年にフランスでリュミエール兄弟によって初めて映画が公開され一般大衆に迎え入れられて以来、奇しくも百年を迎える記念すべき年となるのである。また本書では、二〇世紀の世界を二分した二度の大戦を経て、成長と衰退を繰り返しつつ、大衆芸術の域に熟成させた映画の果たした役割を、一六〇点余の貴重なスティール写真をふんだんに挿入して、あたかも映画の世界に溶け込ませていくような扱いで、本文での雄弁な解説とともに随所に彼の見解が展開されている。

タイトルにもあるように、近代建築の普及において、建築家による模索の側面とともに、映画製作にとって欠かすことのできないセット・デザインの成り立ちが、単に装飾としての背景のみならず、装置としてもっとも効果的な演出によるものであることを、オーナー・監督・出演者・セット・デザイナーともども如実に物語っている。

本書を訳し終わっての感想としては、どこにも著者のドナルド・アルブレヒトの略歴が示されていないので、私の推測するところ、相当の年齢になってからアメリカに来たドイツ系移民の家系の人ではないかと思ったことである。そのためか彼の英語は、いうなれば流麗で上手な英語というよりは、精緻で往々にして大げさな表現を用いすぎている感がしたのである。すばらしさを表現する形容詞にしても語彙が非常に限られていて、ときにはあまりに大げさすぎる〈感動〉の高揚ゆえではないかと思われる箇所もあり、マンネリズムを多分に感じさせられた。また、実際に映像フィルムに触れていないと理解に苦しむ情景があり、私にとってもその荷の重さから、読者に不合理な点のあることを多少なりとも危惧している。

このような内容の本を書くということは大変に難しいことに違いないのであるが、帝政ロシアに始まった映画より説き起こして、映画の世界にこの世を超えた豪華な場面《シーン》を描くことのできた、アメリカ映画最大の成熟期の最後の年代までを題材としていることは、著者の秀でた一つの見識と言えるのではないだろうか。

私が本書の原書を訳すことになったいきさつは、そもそも私の勤務した大学の図書室に置かれた一冊としてが最初であった。出版に関する複雑な取り決めをクリヤーし、いざ時間に余裕ができたこともあって作業にとりかかったが、私も国会図書館を始め各所の資料を検討してみると、改めて著者の入念で貴重な体験とひたむきな探究心への姿勢が伝わってきた。

ここに、本書の出版に編集者としてご助力いただいた鹿島出版会の小田切史夫氏、ならびに原稿整理にご協力いただいた京谷秀夫氏、脱稿にお世話いただいた五味澄子女史の方々に、衷心よりお礼申し上げる次第である。

（一九九四年一二月二五日　高輪の自室にて）

著者略歴

ドナルド・アルブレヒト（Donald Albrecht）
建築家。ニューヨークの「ムービング・イメージ」アメリカ博物館のプロダクション・デザイン部部長などを歴任。

訳者略歴

萩 正勝（はぎ・まさかつ）
一九一七年兵庫県生まれ。一九四一年東京帝国大学工学部建築学科卒業、大蔵省営繕管財局工務部勤務、一九四六年坂倉建築研究所勤務、一九四九～五四年西村建築事務所勤務、その間ガリオア留学生として米国コロンビア大学に留学、建築設計事務所所長を経て、一九六八～九〇年足利工業大学工学部建築学科教授、同大学名誉教授。一九九六年逝去。

本書は、一九九五年に小社のSDライブラリーとして刊行した
『デザイニング・ドリームス――映画に見る近代建築』の改装版です。

SD選書249
映画に見る近代建築――デザイニング・ドリームス

発行　二〇〇八年四月二〇日©
著者　D・アルブレヒト
訳者　萩 正勝
発行者　鹿島光一
発行所　鹿島出版会
〒一〇七-〇〇五二　東京都港区赤坂六-二-八
電話〇三-五五七四-八六〇〇　振替〇〇一六〇-二-一八〇八八三
印刷　三美印刷
製本　牧製本

ISBN978-4-306-05249-9　C1352
Printed in Japan

本書の内容に関するご意見・ご感想は左記までお寄せください。
URL:http://www.kajima-publishing.co.jp
e-mail:info@kajima-publishing.co.jp

SD選書目録

四六判（＊＝品切）

001 現代デザイン入門 勝見勝著
002* 現代建築12章 L・カーン他著 山本学治訳編
003* 都市とデザイン 栗田勇著
004 江戸と江戸城 内藤昌著
005 日本デザイン論 伊藤ていじ著
006* ギリシア神話と壺絵 沢柳大五郎著
007 フランク・ロイド・ライト 谷川正己著
008 きもの文化史 河鰭実英著
009 素材と造形の歴史 山本学治著
010* 今日の装飾芸術 ル・コルビュジエ著 前川国男訳
011 コミュニティとプライバシイ C・アレグザンダー著 岡田新一訳
012 新桂離宮論 内藤昌著
013* 日本の工匠 伊藤ていじ著
014 現代絵画の解剖 木村重信著
015 ユルバニスム ル・コルビュジエ著 樋口清訳
016* デザインと心理学 穐山貞登著
017 私と日本建築 A・レーモンド著 三沢浩訳
018* 現代建築を創る人々 神代雄一郎編
019 芸術空間の系譜 高階秀爾著
020 日本美の特質 吉村貞司著
021 建築をめざして ル・コルビュジエ著 吉阪隆正訳
022 メガロポリス J・ゴットマン著 木内信蔵訳
023 日本の庭園 田中正大著
024* 明日の演劇空間 尾崎宏次著
025 都市形成の歴史 A・コーン著 星野芳久訳
026* 近代絵画 A・オザンファン他著 吉川逸治訳
027 イタリアの美術 A・ブラント著 中森義宗訳
028 明日の田園都市 E・ハワード著 長素連訳
029* 移動空間論 川添登著
030* 日本の近世住宅 平井聖著
031* 新しい都市交通 B・リチャーズ著 曽根幸一他訳
032* 人間環境の未来像 W・R・イーウォルド編 磯村英一他訳
033 輝く都市 ル・コルビュジエ著 坂倉準三訳
034 アルヴァ・アアルト 武藤章著
035 幻想の建築 坂崎乙郎著
036 カテドラルを建てた人びと J・ジャンベル著 飯田喜四郎訳
037 日本建築の空間 井上充夫著
038* 環境開発論 浅田孝著
039* 都市と娯楽 加藤秀俊著
040* 郊外都市論 H・カーヴァー著 志水英樹訳
041* 都市文明の源流と系譜 藤岡謙二郎著
042 道具考 榮久庵憲司著
043 ヨーロッパの造園 岡崎文彬著
044* 未来の交通 H・ヘルマン著 岡寿麿訳
045* 古代技術 H・ディールス著 平田寛訳
046 キュビスムへの道 D・H・カーンワイラー著 千足伸行訳
047* 近代建築再考 藤井正一郎著
048* 古代科学 J・L・ハイベルク著 平田寛訳
049 住宅論 篠原一男著
050* ヨーロッパの住宅建築 S・カンタクシーノ著 山下和正訳
051* 都市の魅力 清水馨八郎、服部銈二郎著
052* 東照宮 大河直躬著
053 茶匠と建築 中村昌生著
054* 住居空間の人類学 石毛直道著
055 空間の生命 人間と建築 坂崎乙郎著
056 環境とデザイン G・エクボ著 久保貞訳
057* 日本美の意匠 水尾比呂志著
058 新しい都市の人間像 R・イールズ他編 木内信蔵監訳
059 京の町家 島村昇他編
060* 都市問題とは何か R・パーノン著 片桐達夫訳
061 住まいの原型Ⅰ 泉靖一編
062* コミュニティ計画の系譜 佐々木宏著
063* 近代建築 V・スカーリー著 長尾重武訳
064* SD海外建築情報Ⅰ 岡田新一編
065* SD海外建築情報Ⅱ 岡田新一編
066 天上の館 J・サマーソン著 鈴木博之訳
067 木の文化 小原二郎著
068* SD海外建築情報Ⅲ 岡田新一編
069* 地域・環境・計画 水谷穎介著
070* 都市虚構論 池田亮二著
071 現代建築事典 W・ペーント編 浜口隆一他日本語版監修
072 ヴィラール・ド・オヌクールの画帖 藤本康雄著
073* タウンスケープ T・シャープ著 長素連他訳
074* 現代建築の源流と動向 L・ヒルベルザイマー著 渡辺明次訳
075 部族社会の芸術家 M・W・スミス編 木村重信他訳
076 キモノ・マインド B・ルドフスキー著 新庄哲夫訳
077 住まいの原型Ⅱ 吉阪隆正他著
078 実存・空間・建築 C・ノルベルグ＝シュルツ著 加藤邦男訳
079* SD海外建築情報Ⅳ 岡田新一編
080* 都市の開発と保存 上田篤、鳴海邦碩編
081 爆発するメトロポリス W・H・ホワイトJr.他著 小島将志訳
082 アメリカの建築とアーバニズム(上) V・スカーリー著 香山壽夫訳
083 アメリカの建築とアーバニズム(下) V・スカーリー著 香山壽夫訳
084* 海上都市 菊竹清訓著
085 アーバン・ゲーム M・ケンツレン著 北原理雄訳

086* 建築2000　C・ジェンクス著　工藤国雄訳
087 日本の公園　田中正大著
088* 現代芸術の冒険　O・ビハリメリン著　坂崎乙郎他訳
089 江戸建築と本途帳　西和夫著
090* 大きな都市小さな部屋　渡辺武信著
091 イギリス建築の新傾向　R・ランダウ著　鈴木博之訳
092* SD海外建築情報V　岡田新一編
093* IDの世界　豊口協著
094* 交通圏の発見　有末武夫著
095 建築とは何か　B・タウト著　篠田英雄訳
096 続住宅論　篠原一男著
097* 建築の現在　長谷川堯著
098* 都市の景観　G・カレン著　北原理雄訳
099* SD海外建築情報VI　岡田新一編
100* 都市空間と建築　U・コンラーツ著　伊藤哲夫訳
101* 環境ゲーム　T・クロスビイ著　松平誠訳
102* アテネ憲章　ル・コルビュジエ著　吉阪隆正訳
103 プライド・オブ・プレイス　シヴィック・トラスト著　井手久登他訳
104* 構造と空間の感覚　F・ウイルソン著　山本学治他訳
105* 現代民家と住環境体　大野勝彦著
106 光の死　H・ゼーデルマイヤ著　森洋子訳
107* アメリカ建築の新方向　R・スターン著　鈴木一訳
108* 近代都市計画の起源　L・ベネヴォロ著　横山正訳
109* 中国の住宅　劉敦楨著　田中淡他訳
110 現代のコートハウス　D・マッキントッシュ著　北原理雄訳
111 モデュロールI　ル・コルビュジエ著　吉阪隆正訳
112 モデュロールII　ル・コルビュジエ著　吉阪隆正訳
113* 建築の史的原型を探る　B・ゼーヴィ著　鈴木美治訳
114 西欧の芸術1 ロマネスク上　H・フォシヨン著　神沢栄三他訳
115 西欧の芸術1 ロマネスク下　H・フォシヨン著　神沢栄三他訳
116 西欧の芸術2 ゴシック上　H・フォシヨン著　神沢栄三他訳
117 西欧の芸術2 ゴシック下　H・フォシヨン著　神沢栄三他訳
118 アメリカ大都市の死と生　J・ジェイコブス著　黒川紀章訳
119 遊び場の計画　R・ダットナー著　神谷五男他訳
120 人間の家　ル・コルビュジエ他著　西沢信弥訳
121* 街路の意味　竹山実著
122* パルテノンの建築家たち　R・カーペンター著　松島道也訳
123 ライトと日本　谷川正己著
124* 空間としての建築(上)　B・ゼーヴィ著　栗田勇訳
125 空間としての建築(下)　B・ゼーヴィ著　栗田勇訳
126 かいわい[日本の都市空間]　材野博司著
127* 歩行者革命　S・プライネス他著　岡並木監訳
128 オレゴン大学の実験　C・アレグザンダー著　宮本雅明訳
129 都市はふるさとか　F・レンツローマイス著　武基雄他訳
130 建築空間[尺度について]　P・ブドン著　中村貴志訳
131 アメリカ住宅論　V・スカーリーJr.著　長尾重武訳
132 タリアセンへの道　谷川正己著
133 建築VS.ハウジング　M・ポウリー著　山下和正訳
134 思想としての建築　栗田勇著
135* 人間のための都市　P・ペーターズ著　河合正一訳
136 都市憲章　磯村英一著
137* 巨匠たちの時代　R・バンハム著　山下泉訳
138 三つの人間機構　ル・コルビュジエ著　山口知之訳
139 インターナショナル・スタイル　H・R・ヒチコック他著　武沢秀一訳
140 北欧の建築　S・E・ラスムッセン著　吉田鉄郎訳
141 続建築とは何か　B・タウト著　篠田英雄訳
142 四つの交通路　ル・コルビュジエ著　井田安弘訳
143 ラスベガス　R・ヴェンチューリ他著　石井和紘他訳
144 ル・コルビュジエ　C・ジェンクス著　佐々木宏訳
145 デザインの認識　R・ソマー著　加藤常雄訳
146 鏡[虚構の空間]　由水常雄著
147 イタリア都市再生の論理　陣内秀信著
148 東方への旅　ル・コルビュジエ著　石井勉他訳
149 建築鑑賞入門　W・W・コーディル他著　六鹿正治訳
150 近代建築の失敗　P・ブレイク著　星野郁美訳
151* 文化財と建築史　関野克著
152 日本の近代建築(上)その成立過程　稲垣栄三著
153* 日本の近代建築(下)その成立過程　稲垣栄三著
154 住宅と宮殿　ル・コルビュジエ著　井田安弘訳
155 イタリアの現代建築　V・グレゴッティ著　松井宏方訳
156 バウハウス[その建築造形理念]　杉本俊多著
157 エスプリ・ヌーヴォー[近代建築名鑑]　ル・コルビュジエ著　山口知之訳
158 建築について(上)　F・L・ライト著　谷川睦子他訳
159 建築について(下)　F・L・ライト著　谷川睦子他訳
160* 建築形態のダイナミクス(上)　R・アルンハイム著　乾正雄訳
161 建築形態のダイナミクス(下)　R・アルンハイム著　乾正雄訳
162 見えがくれする都市　槇文彦他著
163 街の景観　G・バーク著　長素連他訳
164 環境計画論　田村明著
165* アドルフ・ロース　伊藤哲夫著
166* 空間と情緒　箱崎総一著
167 水空間の演出　鈴木信宏著
168 モラリティと建築　D・ワトキン著　榎本弘之訳
169 ペルシア建築　A・U・ポープ著　石井昭訳
170 ブルネッレスキ ルネサンス建築の開花　G・C・アルガン著　浅井朋子訳
171 装置としての都市　月尾嘉男著
172 建築家の発想　石井和紘著
173 日本の空間構造　吉村貞司著
174 建築の多様性と対立性　R・ヴェンチューリ著　伊藤公文訳
175 広場の造形　C・ジッテ著　大石敏雄訳
176 西洋建築様式史(上)　F・バウムガルト著　杉本俊多訳
177 西洋建築様式史(下)　F・バウムガルト著　杉本俊多訳
178 木のこころ 木匠回想記　G・ナカシマ著　神代雄一郎他訳

179* **風土に生きる建築** 若山滋著
180* **金沢の町家** 島村昇著
181* **ジュゼッペ・テッラーニ** B・ゼーヴィ編 鵜沢隆訳
182 **水のデザイン** D・ベーミングハウス著 鈴木信宏訳
183* **ゴシック建築の構造** R・マーク著 飯田喜四郎訳
184 **建築家なしの建築** B・ルドフスキー著 渡辺武信訳
185 **プレシジョン(上)** ル・コルビュジエ著 井田安弘他訳
186 **プレシジョン(下)** ル・コルビュジエ著 井田安弘他訳
187 **オットー・ワーグナー** H・ゲレツェッガー他著 伊藤哲夫他訳
188 **環境照明のデザイン** 石井幹子著
189 **ルイス・マンフォード** 木原武一著
190 **「いえ」と「まち」** 鈴木成文他著
191 **アルド・ロッシ自伝** A・ロッシ著 三宅理一訳
192 **屋外彫刻** M・A・ロビネット著 千葉成夫訳
193 **「作庭記」からみた造園** 飛田範夫著
194 **トーネット曲木家具** K・マンク著 宿輪吉之典訳
195 **劇場の構図** 清水裕之著
196 **オーギュスト・ペレ** 吉田鋼市著
197 **アントニオ・ガウディ** 鳥居徳敏著
198 **インテリアデザインとは何か** 三輪正弘著
199* **都市住居の空間構成** 東孝光著
200 **ヴェネツィア** 陣内秀信著
201 **自然な構造体** F・オットー著 岩村和夫訳
202 **椅子のデザイン小史** 大廣保行著
203 **都市の道具** GK研究所、榮久庵祥二著
204 **ミース・ファン・デル・ローエ** D・スペース著 平野哲行訳
205 **表現主義の建築(上)** W・ペーント著 長谷川章訳
206 **表現主義の建築(下)** W・ペーント著 長谷川章訳
207 **カルロ・スカルパ** A・F・マルチャノ著 浜口オサミ訳
208 **都市の街割** 材野博司著
209 **日本の伝統工具** 土田一郎著 秋山実写真

210 **まちづくりの新しい理論** C・アレグザンダー他著 難波和彦監訳
211 **建築環境論** 岩村和夫著
212 **建築計画の展開** W・M・ペニャ著 本田邦夫訳
213 **スペイン建築の特質** F・チュエッカ著 鳥居徳敏訳
214 **アメリカ建築の巨匠たち** P・ブレイク他著 小林克弘他訳
215 **行動・文化とデザイン** 清水忠男著
216 **環境デザインの思想** 三輪正弘著
217 **ボッロミーニ** G・C・アルガン著 長谷川正允訳
218 **ヴィオレ・ル・デュク** 羽生修二著
219 **トニー・ガルニエ** 吉田鋼市著
220 **住環境の都市形態** P・パヌレ他著 佐藤方俊訳
221 **古典建築の失われた意味** G・ハーシー著 白井秀和訳
222 **パラディオへの招待** 長尾重武著
223 **ディスプレイデザイン** 魚成祥一郎監修 清家清序文
224 **芸術としての建築** S・アバークロンビー著 白井秀和訳
225 **フラクタル造形** 三井秀樹著
226 **ウイリアム・モリス** 藤田治彦著
227 **エーロ・サーリネン** 穂積信夫著
228 **都市デザインの系譜** 相田武文、土屋和男著
229 **サウンドスケープ** 鳥越けい子著
230 **風景のコスモロジー** 吉村元男著
231 **庭園から都市へ** 材野博司著
232 **都市・住宅論** 東孝光著
233 **ふれあい空間のデザイン** 清水忠男著
234 **さあ横になって食べよう** B・ルドフスキー著 多田道太郎監修
235 **間(ま)——日本建築の意匠** 神代雄一郎著
236 **都市デザイン** J・バーネット著 兼田敏之訳
237 **建築家・吉田鉄郎の『日本の住宅』** 吉田鉄郎著
238 **建築家・吉田鉄郎の『日本の建築』** 吉田鉄郎著
239 **建築家・吉田鉄郎の『日本の庭園』** 吉田鉄郎著
240 **建築史の基礎概念** P・フランクル著 香山壽夫監訳

241 **アーツ・アンド・クラフツの建築** 片木篤著
242 **ミース再考** K・フランプトン他著 澤村明＋EAT訳
243 **歴史と風土の中で** 山本学治建築論集①
244 **造型と構造と** 山本学治建築論集②
245 **創造するこころ** 山本学治建築論集③
246 **アントニン・レーモンドの建築** 三沢浩著
247 **神殿か獄舎か** 長谷川堯著
248 **ルイス・カーン建築論集** ルイス・カーン著 前田忠直編訳
249 **映画に見る近代建築** D・アルブレヒト著 萩正勝訳